Grammar & Sente

# 英語文型完全トレーニング

### 第3版

阿部友直 著
Tomonao Abe

## ……この本で何を学ぶか……

　一見複雑に見える文章も、その構造を分析していくと、すべては5文型14パターンでできていることがわかります。この基本構造に修飾語句（副詞・形容詞）がつけられて、私たちがよく目にするような文が作られているのです。この仕組みは、すばらしい肉体と骨・筋肉の関係に似ています。基盤となる骨格に筋肉がつけられて、優れた肉体が完成します。したがって、すばらしい肉体を作り上げようとするには、この骨格の仕組みと筋肉のつけ方を学べばよいわけです。

　英文の構造にも、同じことが当てはまります。これから、その仕組み、すなわち英文の骨格（5文型）と筋肉増強法（修飾法）を学んで、すばらしい肉体を築いていきたいと思います。

### これが第1文型、第3文型?

　次の文章を読んでみましょう。
　次に書かれた文章は、男女差はどこに由来するのか、男女が育った文化の影響（環境の違い）が大なのか、それとも持って生まれた頭脳がそもそも異なっているのかを扱った文章の一部ですが、太字の文、1)と2)の文の構造はどうなっているでしょうか。また、1)と2)の文はそれぞれ第何文型なのでしょうか。チェックしてみましょう。

1) This may all sound horribly sexist, but **there is now convincing scientific evidence to show that although cultural influences are important, it is the type of brain we are born with that determines the differences in the psychology of the sexes.**

2) **Research that looked at how men and women are able to perceive emotion in other people's faces lends support to the idea that the male brain has evolved in a verbally isolated environment, which would have been the case when hunting over long distances.**

　どんなに複雑に見えても、すべての文は5文型からできています。そして、基本の5文型に修飾語句がつくと、文が複雑に見えてきます。でも、5文型と修飾法の基本を知っている人にとっては、とても複雑に見える文でも、その構造がすぐに理解できて意味が取れます。それに対して、その基本的な知識をまだ学習していない人にとっては、修飾語がつくと文の構造が見えなくなり、上のような文はかなり難解に感じてしまうでしょう。

　1）の文の構造を見てみましょう。
　最初にthere isとあるように、これは第1文型の1つthere is構文の文です。主語はevidence、動詞はthere isで、there is evidence（証拠がある）という骨格をした文です。これに修飾語句のconvincing scientific（納得を与える科学的な）がついて、there is convincing scientific evidence（納得を与える科学的な証拠がある）となっています。このevidence（証拠）を不定詞to show（示す）がさらに後ろから修飾していて、there is convincing scientific evidence to show ---（---以下を示す納得を与える科学的証拠がある）となっています。そして、このshowの目的語に、that以下の文although cultural differences are important, it is the type of brain we are born with that determines the difference in the psychology of the sexes（文化的な影響は重要だけれど、性の心理における違いを決定するものは、我々が生まれながらにして持っている頭脳のタイプなのである）が置かれています。thatの中もまた説明が必要になりますが、とりあえず全体の構造を押さえると、次のようになります。

**There is** convincing scientific **evidence**
  V   修飾語    S      [主文]
(納得を与える科学的な証拠がある)

to show that
  V O           [to不定詞]
(ということを示す)

although cultural influences are important,
接続詞   S₁   V₁  C₁    [従属文]
(文化の影響は重要だけれども)

it is the type of brain (that) we are born with
S₂ V₂  C₂   関係詞 S₃  V₃  [it is は強調構文]
(私たちが持って生まれた頭脳のタイプこそ)

that determines the differences in the psychology of the sexes.
 S₄  V₄   O₄      [that は強調構文]
(性の心理における違いを決定する)

文型：SVの第1文型

[訳] 文化の影響は重要だけれども、私たちが持って生まれた頭脳のタイプこそ性の心理における違いを決定するということを示す納得を与える科学的な証拠がある。

2) の文章の骨格を分解すると、次のようになります。

**Research** that looked at
  S  S₁ V₁      [主文の主語＋関係詞]
(調べた研究)

how men and women are able to perceive emotion in other people's faces
   S₂     V₂    O₂ [atの目的語]
(男性と女性がどのようにして他人の顔に感情を読み取れるということを)

**lends support** to the idea that
 **V**  **O**      [主文の動詞と目的語]
(という考えに支持を与えている)

the male brain has evolved in a verbally isolated environment,
  S₃   V₃      [同格that節の内容]
(男性の脳は言語的に孤立した環境の中で進化してきた)

| which would have been the case | |
|---|---|
| S₄　　V₄　　C₄ | **[environmentの関係詞節]** |
| (そのようになるであろう) | |
| when hunting over long distances. | **[従属文]** |
| (長距離に及ぶ猟をするときに) | |

文型：SVOの第3文型

[訳]　　男性と女性がどのようにして他人の顔に感情を読み取れるということを調べた研究は、男性の脳は、長距離に及ぶ猟をすればそうなってしまうのだが、言語的に孤立した環境中で進化してきたという考えに支持を与えている。

　以上のような構成になっている第3文型の文です。
　これらの文は基本的には、There is a book on the desk.やI study English.と同じ構造をした文なのです。このような文の理解には、主語や目的語になるものは何か、その主語を修飾するものにはどんなものがあるのか、また、主語の役割を果たすものは何なのかなど、基本文型に関する知識とその文を長く複雑にする拡大法に熟知することが不可欠になります。
　この本では、まず基本の5文型の構造をおさらいして、その文を豊かに複雑にしていく方法、「基本文の拡大法」を徹底トレーニングしていきます。

## 目次

この本で何を学ぶか
本書の特長と利用法
トレーニングルール一覧

### 第1章
**英文の骨格（基本文）は5文型14パターンでできている**

| | | |
|---|---|---|
| トレーニングメニュー1 | 文の骨格：主語と動詞 | ……………22 |
| トレーニングメニュー2 | 文の骨格を作る5文型と14パターン | …………28 |
| トレーニングメニュー3 | 「ガレージに車が1台入っている」は第1文型 | …37 |
| トレーニングメニュー4 | 「この新素材はとても柔らかい」は第2文型 | …42 |
| トレーニングメニュー5 | 「彼女は大都市に住むのに慣れている」も第2文型 | ……………50 |
| トレーニングメニュー6 | 「彼女はテニスをすることを本当に楽しんだ」は第3文型 | ……………56 |
| トレーニングメニュー7 | 「私は彼を弟と間違えた」も第3文型 | …………62 |
| トレーニングメニュー8 | 「私は彼女に夕食を料理してあげた」は第4文型 | ……………71 |
| トレーニングメニュー9 | 「髪を切ってもらった」は第5文型 | ……………76 |
| トレーニングメニュー10 | 「カンニングしているのを見つけた」も第5文型 | ……………81 |

### 第2章
**筋力増強法（修飾）の重要な要素、副詞とつなぎの接続詞をマスターしよう**

| | | |
|---|---|---|
| トレーニングメニュー11 | 「いつも文句を言っている」は副詞による拡大 | ……………92 |
| トレーニングメニュー12 | 「コストを考えると、—」は副詞句による拡大 | ……………98 |
| トレーニングメニュー13 | 「ダンサーなので」は分詞構文による拡大 | ……102 |

| | | |
|---|---|---|
| トレーニングメニュー14 | 「そんなことするなんて」は不定詞による拡大 | 111 |
| トレーニングメニュー15 | 「家のローンに加えて」は（群）前置詞句による拡大 | 118 |
| トレーニングメニュー16 | 「彼女は金持ちだったにも関わらず」は副詞節による拡大 | 125 |
| トレーニングメニュー17 | 「病気だったので」は等位接続詞による拡大 | 139 |
| トレーニングメニュー18 | 「監督も選手も満足していない」は相関接続詞を使って | 148 |
| トレーニングメニュー19 | 「好きではなかったが、---」は接続副詞を使って | 154 |

## 第3章
### 重要な手足の骨（名詞）はいろいろな筋肉でパワーアップされる

| | | |
|---|---|---|
| トレーニングメニュー20 | 「長嶋さんは、有名な監督で---」は同格の名詞（句）で | 164 |
| トレーニングメニュー21 | 「すばらしい、小さな白い家」イメージを豊かにする形容詞 | 170 |
| トレーニングメニュー22 | 「常識のある人」は前置詞句が名詞を豊かにする | 175 |
| トレーニングメニュー23 | 「すばらしいシーンは---」は分詞を使って | 181 |
| トレーニングメニュー24 | 「寝るためのベッド」は不定詞が活躍 | 187 |
| トレーニングメニュー25 | 「補聴器」は動名詞が活躍 | 192 |
| トレーニングメニュー26 | 「リポーターであるという事実」は同格の名詞節thatが活躍 | 198 |
| トレーニングメニュー27 | 「昨日買った本」は関係代名詞で表現 | 205 |
| トレーニングメニュー28 | 「肉食動物」は合成形容詞を使って簡潔に | 216 |
| トレーニングメニュー29 | 「温室野菜」は名詞の形容詞への転用による拡大 | 221 |

## 第4章
### 文のかなめ・背骨（動詞）を太くしてさらにパワーアップしよう

| | | |
|---|---|---|
| トレーニングメニュー30 | 「いつも文句を言っている」は現在形で表す | 228 |

| | | |
|---|---|---|
| トレーニングメニュー31 | 「同僚に電子メールを送っていた」は過去進行形で表す | 236 |
| トレーニングメニュー32 | 「ちょうど夕食を済ませた」は完了時制で表す | 243 |
| トレーニングメニュー33 | 「喜んで手伝う」は(法)助動詞willで表す | 250 |
| トレーニングメニュー34 | 「一緒にいるべきだった」は二義的用法の助動詞で表す | 263 |
| トレーニングメニュー35 | 「新しい事務所は完成した」は受け身で表す | 272 |
| トレーニングメニュー36 | 「経済が上向きになる」は句動詞で表現できる | 281 |

## 第5章
### 要素の代用・it・挿入・省略でパワーアップの総仕上げ

| | | |
|---|---|---|
| トレーニングメニュー37 | 「あなたがそれを好きかどうかは問題ではない」は主語の代用で表す | 292 |
| トレーニングメニュー38 | 「延期するよう提案した」は目的語の代用で表す | 299 |
| トレーニングメニュー39 | 「質問は父の職業が何かということだった」は補語の代用で表す | 311 |
| トレーニングメニュー40 | 「楽しませるのはむずかしい」はIt is ～の構文で | 318 |
| トレーニングメニュー41 | 「子供のために開発されたイタリアのゲーム」は形容詞的な働きの挿入で表す | 326 |
| トレーニングメニュー42 | 「その現状を考えると―」は副詞的働きをする挿入句 | 333 |
| トレーニングメニュー43 | 「どちらがよいと思うか」はdo you thinkの挿入で表す | 340 |
| トレーニングメニュー44 | 「じゃあ、またね」はI willが省略 | 347 |
| トレーニングメニュー45 | 「ファッションを意識していたが」は構文の省略で簡潔に | 353 |

•••••• **本書の構成と学習の進め方** ••••••

### 理解し、実践し、本物の基礎体力をつけることが本書の目標

　本書は、文型と要素の拡大の理解を深める「トレーニングメニュー」と理解したことを実践し駆使できる能力として身につける「英語力をアップする筋力トレーニングメニュー」から構成されています。
　さらに、トレーニングメニューは、「ポイント例文」「ルール」「チェックポイント」「クイックレビュー」から構成され、英文の総合的な理解を、「英語力をアップする筋力トレーニングメニュー」は「リスニング演習」「リーディング演習」「オーラルオーラル演習」「ライティング演習」の4パート構成で、英語の総合的な実践演習を行います。

### まず学習することを確認しよう

**この章で学ぶこと**

　　トレーニングメニューの学習を始める前に、まず目を通して、この章で学ぶことを確認します。全体の流れの中でいま学習していることがどの部分に当たるのか、また、学習するポイントは何かを理解してから、トレーニングメニューの学習に入ってください。

### 5文型14パターンとその拡大法を理解する

**トレーニングメニュー**

　　トレーニングメニューは、学習の中心に当たる部分です。「ポイント例文」「ルール」「チェックポイント」「クイックレビュー」で構成されています。もくじはメニュー一覧になっています。

#### ポイント例文

　まずポイントとなる例文が提示され、訳と解説が行われます。この部分はメニューのエッセンスを抽出したものですので、文の構成と文型をSVOCで確認し訳と解説で内容を理解したら、メニューのポイントとなる太字の意味を考えながら、できれば声に出して読んでみて確実に身につけてください。この例文1つを確実に自分のものにするだけでもあなたの英語力は格段の進歩を示すはずです。

### ルール

　メニューの骨格に当たる部分で、メニューを理解する上でかなめとなる文法規則を取り上げています。このルールを軸に豊富な例文と簡潔な解説で学習を進めていきます。

### チェックポイント

　ルールの最重要事項の確認、例外事項などぜひ覚えておきたいポイントを例文などを交えながら解説しています。

### 確認・注意

　ルールのポイントの確認と間違いやすいポイントに焦点を当てて説明しています。

### 重要表現リスト

　メニューによっては、重要単語や表現をリストアップしています。必須単語、必須表現ばかりですので、覚えておくと英語を駆使していく上で大いに役に立つはずです。

### クイックレビュー

　メニューのかなめとなる例文をリストアップして理解の確認を行うコーナーです。空所補充問題形式になっています。英文は添付CD-ROMに収録されています。音声を聞いて問題を解いてみてください。全部の空所が正確に聞けるようになるまで繰り返し聞いてください。これらの英文もポイント例文同様に、理解の成果を確認するものですから、繰り返し活用して聞いて理解でき、正確に発音できるように実践してください。この実践がトレーニングメニュー理解の仕上げとなります。

## メニューの知識を実践し英語の基礎体力をつける

**英語力をアップする筋力トレーニング**

　トレーニングメニューの実践編に当たる部分で、トレーニングメニューで学習した成果を実際に英語を運用する英語力に変える実践を行います。リスニング演習、リーディング演習、オーラルオーラル演習、ライティング演習の4パートで構成され、それぞれリスニング、リーディング、スピーキング・ライティングに対応しています。リスニング演習からオーラルオーラル演習までは繰り返し学習の効果を最大限に生かすために同じ教材を使って進めます。

### リスニング演習

レビューテスト同様、空所補充問題形式になっています。空所にはメニューのポイントとなる単語や表現が入ります。

空所補充問題10問に挑戦します。このリスニング演習が、次のリーディングとオーラルオーラル演習の出発点になりますので、全部の空所が完全に聞き取れるようになるまで繰り返し聞いてください。できれば暗記してしまってください。

### リーディング演習

リスニング演習で聞けるようになった英文を日本語に訳します。訳す際には英文の構造やポイントを理解していることが前提になります。わからない点があったらメニューに戻って理解を確認してから訳すようにしてください。訳し終わった段階では、完全に英文の構造を理解していることが目標です。

### オーラルオーラル演習

英文を見ての発話練習と日本文を見ての発話練習の2段階でスピーキングを実践します。英文を見ながらの発話は英文を正しく読み発話できる力を、また、日本文を見ての発話は日本語を英語でどう表現するかという次のライティングに通じる英語力をつけることが目標です。

### ライティング演習

文整序問題と英作文の2段階方式で学習を進めます。まず文整序問題で英作文のウォーミングアップ、文型、文の構成を考えながら英文を組み立てます。次が英作文です。この単元で理解した総力を結集して取り組んでください。必ず書ける力がついているはずですから、自信を持って取り組んでください。

## CD-ROMの収録内容と利用法

CD-ROM に収録されている音声ファイルはMP3 形式です。一般的なCDプレーヤーでの再生はできませんので、「パソコン上で再生」、「パソコンに取り込んだ音声をMP3プレーヤーで再生」のいずれかの方法でご利用ください。

### パソコンでの操作方法

CD-ROMをパソコンに挿入します。

**Windows**

●自動再生を使用していない場合、「マイコンピュータ」から、もしくは「フォルダを開いてファイルを表示」を選択し、ファイルを表示させます。
●パソコン上に作成した新規フォルダ内に、ファイルをコピーしておきます。
**Windows media player**：「マイドキュメント」内の「マイミュージック」に、コピーしたフォルダを保存しておきます。「ライブラリ」メニュー＞「ライブラリに追加」＞「詳細オプション」と進み、「監視するフォルダ」一覧の下にある「追加」から、「マイミュージック」内に保存したフォルダを選択し、「OK」をクリックします。「ライブラリに追加」画面に戻ったら、「OK」をクリックします。検索完了画面が表示されたら、「閉じる」をクリックします。
**iTunes**：「編集」＞「設定」＞「詳細」から、「ライブラリへの追加時にファイルを [iTunes Media] フォルダーにコピーする」のチェックボックスがオンになっていることを確認します。「ファイル」メニュー＞「ライブラリに追加」からフォルダを選択し、「開く」をクリックします。

**Mac**

●デスクトップ上のCD-ROMアイコンをダブルクリックして、ファイルを表示させます。
●パソコン上に作成した新規フォルダ内に、ファイルをコピーしておきます。
**iTunes**：「iTunes」メニュー＞「環境設定」＞「詳細」から、「ライブラリへの追加時にファイルを"iTunes Media（iTunes Music）"フォルダにコピーする」のチェックボックスがオンになっていることを確認します。「ファイル」メニュー＞「ライブラリに追加」からフォルダを選択し、「開く」をクリックします。

### 音声ファイルについて

　音声は、各トレーニングメニューごとのフォルダに収録されています。原則として1英文1ファイルに区切られています。1曲リピート機能などを活用して繰り返し再生し、英文を耳になじませたり口頭練習したりすることができます。以下のようにファイル名から該当するコーナー、英文を知ることができます。

## Tr01_Re01.mp3
［トレーニングメニュー１・クイックレビュー・例文１番］

## Tr01_Tr01.mp3
［トレーニングメニュー１・筋力トレーニング・リスニング例文１番］

## トレーニングルール一覧

### メニュー1　文のトレーニングルール

ルール1　文の最小単位は主語と動詞
ルール2　主語と動詞は肉づけされて、主部と述部になる
ルール3　動詞は、主部の中の修飾語ではなく、主語の数と人称に合わせる

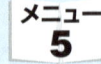

### メニュー2　文型のトレーニングルール

ルール4　基本5文型は動詞が自動詞か他動詞かで決まる
ルール5　5文型のうち、第1文型と第2文型は自動詞を使って作られる
ルール6　5文型のうち、第3文型・第4文型・第5文型は、他動詞を使って作られる

### メニュー3　第1文型のトレーニングルール

ルール7　There is (are) + [名詞] + {場所を表す語句} は「[　]は {　} にある」という意味
ルール8　主語の名詞にはtheなどで限定されないものがくる
ルール9　There is (are) 構文には場所を表す語句が必要

### メニュー4　第2文型のトレーニングルール・1

ルール10　第2文型は補語に名詞・形容詞をとり連結動詞で結ばれる
ルール11　連結動詞の後は、形容詞になる
ルール12　補語に形容詞をとる連結動詞には4つのタイプがある
ルール13　sit、stand、comeなど、補語に分詞をとるタイプの動詞もある

### メニュー5　第2文型のトレーニングルール・2

ルール14　be動詞+形容詞+前置詞の第2文型では、形容詞の後に続く前置詞は慣用的に決まっている

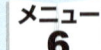

### メニュー6　第3文型のトレーニングルール・1

ルール15　第3文型は他動詞と1つの目的語でできている
ルール16　目的語の動名詞は「実際に経験していること、過去に行われたこと」を表す
ルール17　目的語の不定詞は「実現されていない可能性」「架空のケース」「未来の出来事」を表す

## メニュー7　第3文型のトレーニングルール・2

ルール18　目的語の後にくる前置詞は動詞によって決まっている
ルール19　目的語の後にくる前置詞はas、for、from、of、on、to、with の7タイプ

## メニュー8　第4文型のトレーニングルール

ルール20　第4文型は「人」と「物」、2つの目的語をとる
ルール21　直接目的語「物」を先行させるときは、toかforの前置詞が必要
ルール22　動詞によっては、toとforの両方をとるものがある

## メニュー9　第5文型のトレーニングルール・1

ルール23　第5文型は目的語と補語をとる

## メニュー10　第5文型のトレーニングルール・2

ルール24　第5文型の補語に何をとるかは動詞で決まり、7つのタイプがある

## メニュー11　副詞による拡大のトレーニングルール

ルール25　always、sometimes、usuallyなど「頻度」を表す副詞や、certainly、generally、reallyなどの副詞は、be動詞の後、一般動詞の前になる
ルール26　いくつか助動詞がある場合は、最初の助動詞の後になる
ルール27　一般に短いものが先で、長いものが後に置かれる
ルール28　方法、場所、時間や長さ、頻度、時を表す副詞が一緒に使われると、通常は［方法］→［場所］→［時間］、［長さ］→［頻度］→［時］の順序になる

## メニュー12　副詞句による拡大のトレーニングルール

ルール29　副詞句による拡大で大事なのは、分詞構文、不定詞、群前置詞、前置詞句である

## メニュー13　分詞構文による拡大のトレーニングルール

ルール30　分詞構文は文頭、文尾、文中のどこにでも置ける

## メニュー14　不定詞による拡大のトレーニングルール

ルール31　不定詞は、「目的」「原因・理由」「結果」「判断の根拠」「限定」「条件」「独立不定詞」の用法を持つ

## メニュー 15 （群）前置詞句による拡大のトレーニングルール
- ルール32　群前置詞は数語で前置詞として機能する
- ルール33　前置詞句は、「時」「期間」「場所」などを表す

## メニュー 16 副詞節による拡大のトレーニングルール
- ルール34　基本文は副詞節によってさらに拡大され複雑になっていく
- ルール35　副詞節は「原因・理由」「目的」「譲歩・対比」などさまざまな意味を表す

## メニュー 17 等位接続詞による拡大のトレーニングルール
- ルール36　等位接続詞は、and、but、or、nor、for、so、yetの7つ

## メニュー 18 相関接続詞による拡大のトレーニングルール
- ルール37　相関接続詞は接続詞と副詞などが対になって、語句や文をつなぐ

## メニュー 19 接続副詞による拡大のトレーニングルール
- ルール38　接続副詞は文と文とはつなげない

## メニュー 20 同格の名詞（句）による拡大のトレーニングルール
- ルール39　代名詞は同格の名詞によって修飾される
- ルール40　普通名詞はカンマなしに修飾できるが、固有名詞はカンマが必要

## メニュー 21 名詞を拡大する形容詞のトレーニングルール
- ルール41　形容詞の語順は数詞・主観的評価・大小・新旧・形・色・起源・材質・目的＋名詞の順
- ルール42　名詞が形容詞として使われるときは直前に置かれる
- ルール43　-thing、-oneなどの不定代名詞を修飾する場合と叙述用法の形容詞は後ろから修飾する

## メニュー 22 名詞を拡大する前置詞句のトレーニングルール
- ルール44　前置詞句は名詞を後ろから修飾する
- ルール45　of＋抽象名詞＝形容詞(---を持った)は注意すべき慣用表現

## メニュー 23 名詞を拡大する分詞のトレーニングルール
- ルール46　分詞は名詞を前と後ろから修飾する
- ルール47　自動詞と他動詞から現在分詞、過去分詞が作られる

### メニュー 24　名詞を拡大する不定詞のトレーニングルール

ルール48　不定詞も名詞を後ろから修飾する
ルール49　修飾される名詞と不定詞の関係は、主語と動詞、動詞と目的語、同格の3つ
ルール50　前置詞で終わる不定詞は要注意

### メニュー 25　名詞を拡大する動名詞のトレーニングルール

ルール51　動名詞も名詞を拡大する
ルール52　動名詞は「---のための」でfor ---で書き換えできる、現在分詞は「---している」

### メニュー 26　名詞を拡大する同格の名詞節のトレーニングルール

ルール53　同格の名詞節、that節も名詞を拡大する

### メニュー 27　名詞を拡大する関係代名詞のトレーニングルール

ルール54　関係代名詞は接続詞と代名詞、関係副詞は接続詞と副詞を兼ねる
ルール55　関係代名詞と関係副詞の区別：先行詞を関係詞節内に戻したとき、名詞だけでよければ関係代名詞、前置詞が必要なら関係副詞
ルール56　関係代名詞は先行詞が物の場合はwhich、人の場合はwho、人と動物の場合はthat
ルール57　関係代名詞に前置詞やsome、anyなどがつく場合は、関係代名詞の前につく
ルール58　制限的用法はカンマがつかず名詞の意味を限定、非制限的用法はカンマがついて名詞を補足説明
ルール59　固有名詞が先行詞のときは、通常非制限的用法

### メニュー 28　名詞を拡大する合成形容詞のトレーニングルール

ルール60　分詞を使った合成形容詞は、名詞・形容詞・副詞をハイフンでつないで作る
ルール61　分詞を使わない合成形容詞は複数にしないでそのままハイフンでつないで作る

### メニュー 29　名詞を拡大する名詞の転用のトレーニングルール

ルール62　名詞の形容詞への転用では、名詞はハイフンもつかず複数形にもならずに形容詞の働きをする

## メニュー30 動詞・基本時制のトレーニングルール

- ルール63　現在形は「現在の時点」における「永続的な状況」を表す
- ルール64　過去形は「過去のある時点」における「永続的な状況」を表す
- ルール65　未来形は「未来のある時点」における「永続的な状況」を表す

## メニュー31 動詞・進行形のトレーニングルール

- ルール66　現在形進行形は「現在の時点」における「一時的な状況」を表す
- ルール67　過去進行形は「過去のある時点」における「一時的な状況」を表す
- ルール68　未来進行形は「未来のある時点」における「一時的状況」を表す

## メニュー32 動詞・完了時制のトレーニングルール

- ルール69　現在完了形は「過去のある時から現在におよぶ時点」における「状況」を表す
- ルール70　過去完了形は「過去のある時点よりさらに前からその時点までの幅広い時間帯」での「状況」を表す
- ルール71　未来完了形は「現在から未来のある一時点までの幅広い時間帯」における「状況」を表す

## メニュー33 動詞を拡大する法助動詞・基本用法のトレーニングルール

- ルール72　willは「話者・第3者の決心・意志」「主語の強い意志」「習性・特性」「約束」「命令」「依頼」「勧誘・招待」を表す
- ルール73　wouldは「控えめな意向」「丁寧な依頼」を表す。他に仮定法、would ratherなど慣用表現で使われる
- ルール74　shallは「話者の意志」「相手の意向・勧誘」を表す
- ルール75　shouldは「拘束力のない義務・必要」「控えめな表現」「主観的判断」「感情」を表す
- ルール76　ought toは「義務」を表す
- ルール77　canは「能力」「許可」「依頼」「軽い命令・禁止」を表す
- ルール78　couldは「過去の一般的能力」「仮定の能力」「丁寧な依頼」「否定的な推定・強い疑い」を表す
- ルール79　mayは「許可」「軽い命令」「祈願」を表す
- ルール80　mightは「躊躇した許可・依頼」「軽い非難」を表す
- ルール81　mustは「避けることのできない義務」「強い禁止」「勧誘」を表す

## メニュー 34 　動詞を拡大する助動詞・二義的用法のトレーニングルール

ルール82　might / couldは過去ではなく、「確信のなさ」を表す
ルール83　過去を表すときには、完了形を使う
ルール84　should、ought to、need、cannotは完了形を使う表現では注意が必要
ルール85　used to、need、had better、had best、dareは助動詞と同じ働きをして後ろに動詞の原形をとる

## メニュー 35 　動詞を拡大する受け身のトレーニングルール

ルール86　受け身の形をとれるのは第3文型・第4文型・第5文型の文
ルール87　受け身の形は時制によってさらに拡大される
ルール88　助動詞、不定詞、動名詞などで受け身の形はさらに拡大される

## メニュー 36 　動詞を拡大する句動詞のトレーニングルール

ルール89　句動詞は［動詞＋副詞（前置詞）］、［動詞＋副詞＋前置詞］が1つにまとまって、自動詞や他動詞の働きをする
ルール90　［動詞＋副詞］で他動詞の働きをする句動詞がある
ルール91　［動詞＋副詞］の句動詞では目的語に代名詞がくると、副詞が代名詞の後に移動する
ルール92　［動詞＋前置詞］の句動詞は、目的語に代名詞が来ても後置されない

## メニュー 37 　文の要素を豊かにする主語の代用のトレーニングルール

ルール93　主語の代用となるのは、基本的に「名詞の働きをするもの」

## メニュー 38 　文の要素を豊かにする目的語の代用のトレーニングルール

ルール94　目的語となるものは主語と同様、基本的に「名詞の働きをするもの」
ルール95　目的語に不定詞をとるか、動名詞をとるかは動詞によって決まっている。未来志向の動詞は不定詞、過去志向の動詞は動名詞をとる
ルール96　目的語に不定詞と動名詞の両方をとる動詞がある。不定詞は「特定のケースでの動作・状態」、動名詞は「一般的・習慣的内容」を表す傾向がある
ルール97　提案・要求の動詞は、目的語にthatの名詞節をとり、節内は仮定法現在（原形）になる

## メニュー39 文の要素を豊かにする補語の代用のトレーニングルール

ルール98 補語になれるものは基本的に「名詞」と「形容詞」「形容詞の働きをするもの」

## メニュー40 文を拡大するIt is 〜の構文のトレーニングルール

ルール99 itは不定詞の形式主語や形式目的語の役割を果たして、文を拡大する
ルール100 第5文型の目的語は必ず形式目的語の形にする
ルール101 itは動名詞の形式主語や形式目的語の役割も果たして、文を拡大する
ルール102 itは名詞節（that、whether、疑問詞の名詞節など）の形式主語・目的語にもなり、文を拡大する

## メニュー41 形容詞的な働きをする挿入のトレーニングルール

ルール103 「形容詞の働きをするもの」が挿入され、名詞の補足説明をして文を拡大する

## メニュー42 副詞的的な働きをする挿入のトレーニングルール

ルール104 「副詞の働きをするもの」が挿入され、文全体や動詞を修飾して文を拡大する

## メニュー43 感情を伝える挿入のトレーニングルール

ルール105 強調のon earthやdo you thinkは疑問詞の後に挿入する
ルール106 関係代名詞の後にI think、we hope、she believesなどを挿入するケースがある
ルール107 主節の挿入では必ずthatを省略する
ルール108 「文」「動詞」「thatの関係代名詞」は挿入できない

## メニュー44 文を簡潔にする一般的な省略のトレーニングルール

ルール109 文の意味を損なわない限り、主語、形容詞の後の名詞などさまざまなものが省略される

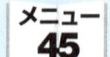

## メニュー45 文を簡潔にする構文の省略のトレーニングルール

ルール110 構文上重要な省略がある
ルール111 慣用的に省略した形が確立して使われているものがある

# 第1章 英文の骨格(基本文)は5文型14パターンでできている

この章で学ぶこと

## 英文の基本構成要素と5文型14パターンの整理

英文の基本的構造、主語・動詞・主部・述部・5文型の基礎と、それを構成する要素(名詞・動詞・形容詞)の働きを14のパターンに整理し、その文を修飾する副詞の働きを合わせて学習します。

1. 主語と動詞 　　　　**One** of the students **is** ---
2. 自動詞と他動詞 　　Will you **marry** me?
3. 第1文型　SV 　　　There **is a car** ---
4. 第2文型　SVC 　　--- **feels** very **soft** ---
5. 形容詞と前置詞 　　--- **is accustomed to** ---
6. 第3文型　SVO 　　--- **enjoyed playing** ---
7. 動詞と前置詞 　　　--- **mistook** him **for** ---
8. 第4文型　SVOO 　--- **cooked her supper** ---
9. 第5文型　SVOC 　--- **had my hair cut** ---
10. 5文型と補語 　　　--- **caught** a student **cheating** ---

この章では、これらの使い方をトレーニングして、表現力を豊かにしていきます。

トレーニングメニュー 1

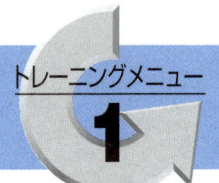

## 文の骨格：主語と動詞

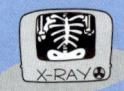

### まずは主語と動詞を押さえよう

**One** of the students **is** from America.
主語 / 動詞

[訳] その学生の1人はアメリカ出身です。

主語はOne of the studentsのOneで3人称・単数なので、動詞であるbe動詞はisになる。前置詞句（of the students）はOne（主語）という骨を肉づけする筋肉のようなもので、修飾語句と呼ばれる。

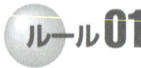

### ルール01 文の最小単位は主語と動詞

英語の文は、主語（～は、～が）と動詞（～する、～です）から成っています。主語［Subject］はSで表し、動詞［Verb］はVで表します。

| 主語（S） | 動詞（V） |
|---|---|
| Birds | fly. |

（鳥は飛ぶ）

| S | V |
|---|---|
| Dogs | Bark. |

（犬は吠える）

### ルール02 主語と動詞は肉づけされて、主部と述部になる

主語、動詞が単独で使われることはまれで、修飾する語句（筋肉）がつくのが普通です。主語や動詞を修飾する語句を修飾語［Modifier］と呼び、通常Mで表します。筋肉（Muscle）のMと考えると覚えやすいでしょう。

| 修飾語（M） | S | 修飾語（M） | V | 修飾語（M） |
|---|---|---|---|---|
| **Some** | birds | **cannot** | fly | **well.** |

（ある鳥はよく飛べない）

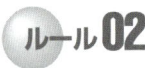

| S | M | M | V | M |
|---|---|---|---|---|
| Dogs | over there | often | bark | at night. |

(あそこにいる犬は夜よく吠える)

上の例文のsome、over thereはそれぞれ、birds、dogsという主語を修飾しています。また、cannot、wellはflyを、oftenとat nightはbarkという動詞を修飾しています。主語・動詞は中心となる単語（birds、dogsとfly、bark）のみを指すことばで、このように肉づけされた全体を主語、動詞とは呼ぶことはできません。肉づけされたものはそれぞれ、主部、述部と呼んでいます。したがって、主語（S）と動詞（V）はそれぞれ主部の中心となる単語、述部の中心となる単語を指すことになります。

| 主部 || 述部 |||
|---|---|---|---|---|
| M | S | M | V | M |
| Some | birds | cannot | fly | well. |

| 主部 || 述部 |||
|---|---|---|---|---|
| S | M | M | V | M |
| Dogs | over there | often | bark | at night. |

## チェックポイント

● 主語と動詞は一致させる

この主語と主部、動詞と述部の区別が問題になるのは、実際に英文を書いたり話したりするとき重要となる「主語と動詞の一致」を考えるときです。主語と動詞の一致とは、主語の単数・複数、1人称・2人称・3人称などに動詞の形を合わせることです。

|   |   | be動詞 || have動詞 || 一般動詞（例：go） ||
|---|---|---|---|---|---|---|---|
| 主語 | 時制 | 単数 | 複数 | 単数 | 複数 | 単数 | 複数 |
| 1人称 (I / we) | 現在 | am | are | have | have | 動詞の原形 (go) | 動詞の原形 (go) |
| 2人称 (you / you) | | are | | have | | 動詞の原形 (go) | |
| 3人称 (he・she・it / they) | | is | | has | | 動詞の原形+(e)s (goes) | |
| 1人称 | 過去 | was | were | had | had | 過去形 (went) | 過去形 (went) |
| 2人称 | | were | | | | | |
| 3人称 | | was | | | | | |

23

 **ルール03** 動詞は、主部の中の修飾語ではなく、主語の数と人称に合わせる

ここで、主語と動詞の一致の例をbe動詞で見てみましょう。

| 主部 | | | 述部 | |
|---|---|---|---|---|
| M | S | M | V | M |
| A volunteer | **group** | of students | **was** organized | to help them. |

(彼らを助けるために学生のボランティアグループが組織された)

主語はgroupで、volunteerとof studentsで肉づけされています。したがって動詞はgroupに合わせてあります。主語と動詞の一致の基本は、前置詞句 of studentsの前にある主語group（名詞）に動詞を合わせることです。

<u>**One** of the cars **was** sold yesterday.</u>
　**S**　　　　　　　**V**　　　　　　**副詞**

(車の1台が昨日売れた)

<u>**Some** of the cars **were** sold yesterday.</u>
　**S**　　　　　　　**V**　　　　　　**副詞**

(車の何台かが昨日売れた)

<u>An important **collection** of stamps **was** stolen.</u>
　　　　　　　　**S**　　　　　　　　　　**V**

(重要な切手のコレクションが盗まれた)

<u>Some important **collections** of stamps **were** stolen.</u>
　　　　　　　　　**S**　　　　　　　　　　　**V**

(いくつかの重要な切手のコレクションが盗まれた)

●主語と動詞の一致の例外に気をつけよう

％、分数、some、most、all、halfなどは、ofの後ろに来る名詞に動詞を合わせます。

| S | M | V |

Half of the money　was wasted.

(そのお金の半分は無駄になった)

＊the moneyは単数なので、動詞はwasになる。

| S | M | V | C |

Half of the passengers　were children.

(乗客の半分は子どもだった)

＊the passengersは複数なので、動詞はwereになる

---

### クイックレビュー ……1

次の(　　)にis / areのいずれかを入れなさい。

1　One of my friends (　　) from Canada.
　私の友人の1人はカナダ出身です。

2　Some of my friends (　　) from Australia.
　私の友人の何人かはオーストラリア出身です。

3　Most of my friends (　　) from the United States.
　私の友人のほとんどは合衆国出身です。

4　Ten percent of my income (　　) spent on clothing.
　私の収入の10パーセントは衣類に使われます。

5　Ten percent of my books (　　) novels.
　私の本の10パーセントは小説です。

□解答：1. is　2. are　3. are　4. is　5. are

# 英語力をアップする筋力トレーニング

●リスニング（正しく聞いてポイントの理解を深める）演習●

**1** 音声を聞いて空所に入る語を書きなさい。

1. _____ of the passengers _____ missing.
2. _____ _____ of tourists _____ on the plane.
3. Ten percent of the _____ _____ to our budget.
4. Ten percent of the _____ _____ against the plan.
5. Three-fourths of the earth's _____ _____ the ocean.
6. Three-fourths of our _____ _____ women.
7. Some of _____ _____ useless.
8. Most of _____ _____ very useful.
9. All of the _____ _____ used for drinking.
10. All of the _____ _____ very tired.

[解答]
1. One / was
2. A group / was
3. money goes
4. students are
5. surface is
6. members are
7. it is
8. them are
9. water is
10. players are

●リーディング（読めるようにする）演習●

**2** リスニング演習の解答を記入した後、その英文を日本語に訳しなさい。

訳は[4]の日本文を参照。

●オーラルオーラル（正しく発音し意味を伝えられるようにする）演習●

**3** リスニング演習の解答を記入した後、その英文を見ながら音声を聞き正しく発話しなさい。

**4** 下の日本文はリスニング演習の訳です。日本文を見て、それに該当する英文を正しく発話しなさい。
1. 乗客の一人が行方不明だった。
2. 旅行者の一団がその飛行機に乗っていた。
3. その金の10パーセントが私たちの予算になる。
4. その学生たちの10パーセントがその計画に反対である。
5. 地球の表面の4分の3は海である。

6. 私たちの会員の4分の3は女性である。
7. それのいくらかは役に立たない。
8. それのほとんどはとても役に立つ。
9. その水はすべて飲料用として使われる。
10. その選手たちはみんなとても疲れている。

### ●ライティング（書けるようにする）演習●

**5** 次の単語を並べ替えて正しい文を作りなさい。

1. [ expensive, the, collection, is, stamps, of ]

_____

2. [ were, one, of, the, rotten, percent, oranges ]

_____

3. [ budget, concerns, of, is, the, our, one ]

_____

**6** 次の日本文を英語に直しなさい。

1. 乗客の1人がひどい怪我をした。
   （怪我をする＝be injured）

_____

2. 志願者の4分の3は女性でした。

_____

3. 調査された人の50パーセントがその法案に反対していた。

_____

［解答-5］
1. The collection of stamps is expensive.
   （切手の収集品は高価である）
2. One percent of the oranges were rotten.
   （そのオレンジの1パーセントが腐っていた）
3. One of our concerns is the budget.
   （私たちの心配の1つは予算です）

［解答-6］
1. One of the passengers was seriously injured.
2. Three-fourths of the applicants were women.
3. Fifty percent of the people surveyed were against the bill.

## トレーニングメニュー 2　文の骨格を作る5文型と14パターン

**体を支える骨：自動詞と他動詞**

> Would you **marry** me?　　　　　（第3文型）
> 助動詞　S　V　O
>
> [訳] 私と結婚してくれませんか。
> 　marryは他動詞なので、目的語だけを取り、前置詞のwithなどはつかない。

　英語の文は5文型・14センテンスパターンに大別されますが、その決め手となるのが「動詞」です。動詞は他動詞（Transitive verb［Vt］）と自動詞（Intransitive verb［Vi］）に分かれます。目的語［Object］（…に、…を）をとる動詞を「他動詞」、目的語をとらない動詞を「自動詞」と呼びます。

　動詞の中には、他動詞だけ・自動詞だけに使われるものもありますが、たいていの動詞は他動詞と自動詞の両方に使われます。

 **基本5文型は動詞が自動詞か他動詞かで決まる**

・第3文型

| 主語（S） | 他動詞（Vt） | 目的語（O） | 副詞句 |
|---|---|---|---|
| I | walk | my dog | around the park. |

（私は犬を公園の周りの散歩に連れて行きます）
walkはmy dogという目的語を持っているので他動詞として使われている。

・第1文型

| 主語（S） | 自動詞（Vi） | 副詞句 |
|---|---|---|
| I | walk | around the park. |

（私は公園の周りを散歩します）
walkは目的語を持っていないので、自動詞として使われている。

28

●この自動詞・他動詞を使って英語の基本5文型が作られ、基本5文型と14パターンを理解すれば、すべての英文の基礎（骨格）が理解できる

  5文型のうち、第1文型と第2文型は自動詞を使って作られる

■第1文型：主語＋自動詞（**S + Vi**） 2パターン

主語と自動詞で構成されています。たいてい場所を表す副詞（Adverb）がついてきます。

・パターン1

| S | Vi |
|---|---|
| God | exists. |

（神は存在する）

・パターン2

| S | Vi | 副詞（**Adverb**） |
|---|---|---|
| She | is | in that room. |

（彼女はあの部屋にいます）

■第2文型：主語＋自動詞＋補語（**S + Vi + C**） 4パターン

主語、動詞と補語［Complement］で構成されます。
補語になれるもの：名詞（Noun）、形容詞（Adjective）。

●be動詞と同じように、A＝Bの関係を表す動詞look、becomeなどを「連結動詞」と呼ぶ（トレーニングメニュー4参照）

・パターン3

| S | Vi | 形容詞（**Adjective**） |
|---|---|---|
| The sky | is | blue. |

（The sky = blue）
（空は青い）

・パターン4

| S | Vi | 名詞（Noun） |
|---|---|---|
| My friend | is | a lawyer. |

（My friend = a lawyer）

（私の友達は弁護士です）

・パターン5

| S | Vi | 形容詞 |
|---|---|---|
| The sky | looks | blue. |

（The sky = blue）

（空は青く見えます）

・パターン6

| S | Vi | 名詞 |
|---|---|---|
| My friend | became | a lawyer. |

（My friend = a lawyer）

（私の友達は弁護士になりました）

 ルール06 ｜ 5文型のうち、第3文型・第4文型・第5文型は、他動詞を使って作られる

■**第3文型：主語＋他動詞＋目的語（S + Vt + O）** 1パターン

主語と他動詞と1つの目的語（Object）で構成されています。目的語はOで表します。

目的語になれるもの：名詞

・パターン7

| S | Vt | 名詞 |
|---|---|---|
| We | eat | fish. |

（私たちは魚を食べる）

■**第4文型：主語＋他動詞＋目的語＋目的語（S + Vt + O + O）**

1パターン

主語と他動詞と2つの目的語（直接目的語［人］と間接目的語［物］）で構成されています。

目的語になれるもの：名詞（人と物）

・パターン8

| S | Vt | 人 | 物 |
|---|---|---|---|
| Father | bought | his son | a car. |

（父は息子に車を買ってあげた）

■ **第5文型：主語＋他動詞＋目的語＋補語（S + Vt + O + C）** 6パターン

主語、他動詞、目的語、補語で構成されています。

**補語になれるもの**：名詞、形容詞、現在分詞、過去分詞、前置詞句、
不定詞

・パターン9

| S | Vt | O | 名詞 |
|---|----|---|------|
| I | consider | him | a fool. |

（私は彼を馬鹿者だと思います）

・パターン10

| S | Vt | O | 形容詞 |
|---|----|---|--------|
| We | eat | fish | raw. |

（私たちは魚を生で食べる）

・パターン11

| S | Vt | O | 現在分詞 |
|---|----|---|----------|
| I | watched | him | swimming. |

（私は彼が泳いでいるのを見ました）

・パターン12

| S | Vt | O | 過去分詞 |
|---|----|---|----------|
| We | found | the matter | settled. |

（私たちはその問題は解決されたとわかりました）

・パターン13

| S | Vt | O | 前置詞句 |
|---|----|---|----------|
| I | found | the machine | out of order. |

（私はその機械が故障しているとわかった）

この前置詞句は形容詞と同じ働きをしている。

・I found the machine **out of order**.

= I found the machine **broken.**

・パターン14

| S | Vt | O | 不定詞 |
|---|----|---|--------|
| I | want | you | to study. |

（私はあなたに勉強してもらいたい）

●第1文型は自動詞＋前置詞句が一般的

　自動詞が単独で文を構成していることはまれで、動詞を補足説明する前置詞句が置かれるのが普通です。

| S | Vi | 前置詞句 |

We **talk about this.**

(私たちはこのことについて話し合う)

| S | Vi | 前置詞句 |

We **talk over a cup of coffee.**

(私たちはコーヒーを飲みながら話し合う)

●自動詞＋前置詞で他動詞の働きをすることに注意

　自動詞はある特定の前置詞と結びついて他動詞のような働きをします。したがって、その自動詞がどの前置詞と結びつくかチェックしなければなりません。ただし、文型の扱いはあくまで自動詞なので、第1文型となります。

| S | Vi＋前置詞 | atのO |

We **arrived at** the station.　　= We **reached** the station.
　　　　　　　　　　　　　　　　　　　　　Vt

(私たちは駅に着きました)

誤：They **arrived** the station.

| S | Vi＋前置詞 | aboutのO |

They **talked about** the issue.　　= They **discussed** the issue.
　　　　　　　　　　　　　　　　　　　　　　Vt

(彼らはその問題について話し合いました)

誤：They **discussed about** the issue.

●自動詞と混同しやすい他動詞に注意

　自動詞と混同しやすい他動詞があるので注意。日本語に影響されて、よけいな前置詞を入れないように注意しましょう。

| S | Vt | O | 副詞句 |

We **reached** our hotel before five o'clock.

(私たちは5時前にホテルに着きました)

誤：We **reached to** our hotel before five o'clock.

| S | Vt | O | 副詞句 |

Susan **married** Bob last fall.

（スーザンは去年の秋にボブと結婚しました）

誤：Susan **married with** Bob last fall.

● 自動詞と間違えやすい他動詞

- address（〜に話しかける）
- attend（〜に出席する）
- enter（〜に入る）
- marry（〜と結婚する）
- obey（〜に従う）
- resemble（〜に似ている）
- approach（〜に近づく）
- discuss（〜について話し合う）
- inhabit（〜に住む）
- mention（〜について述べる）
- reach（〜に着く）

## クイックレビュー 2-1

次の（　）に適当な英語を入れなさい。

1. I (　　) well.
   私はよく眠ります。
2. I (　　) in bed now.
   私はいま、ベッドの中にいます。
3. My bed is (　　).
   私のベッドは新しい。
4. The watch is (　　)(　　) from my girlfriend.
   その時計は私のガールフレンドからの贈り物です。
5. The watch still (　　) new.
   その時計はまだ新しく見える。
6. My girlfriend became (　　)(　　) last year.
   私のガールフレンドは昨年医者になった。
7. I eat (　　) for breakfast.
   私は朝食にトーストを食べます。

□解答：1. sleep　2. am　3. new　4. a present　5. looks　6. a doctor　7. toast

## クイックレビュー ……2-2

次の（　）に適当な英語を入れなさい。

8. I bought my girlfriend（　　）（　　）.
   私はガールフレンドにセーターを買ってあげた。
9. I eat eggs（　　）.
   私は卵を生で食べる。
10. I consider my girlfriend（　　）（　　）.
    私のガールフレンドは天才だと思う。
11. I saw her（　　）my toast.
    私は彼女が私のトーストを食べているのを見た。
12. I found her（　　）with the toast.
    私は彼女がトーストに満足しているのがわかった。
13. I sometimes find her（　　）（　　）.
    私は時々彼女が困っているのがわかる。
14. I want her（　　）（　　）（　　）.
    私は彼女に元気を出してもらいたい。

□解答： 8. a sweater　9. raw　10. a genius　11. eating　12. satisfied　13. in trouble　14. to cheer up

# 英語力をアップする筋力トレーニング

## ●リスニング（正しく聞いてポイントの理解を深める）演習●

**1** 音声を聞いて空所に入る語を書きなさい。

1. The ship _____ the island just before dawn.
2. I didn't _____ the meeting last week.
3. We _____ the matter thoroughly.
4. He _____ the room without knocking.
5. A small group of ancient people _____ the island.
6. Do you think she'll _____ him?
7. She didn't _____ you in her letter.
8. Young people today don't _____ their fathers.
9. The party _____ the top of the mountain on schedule.
10. You _____ your father.

[解答]
1. approached
2. attend
3. discussed
4. entered
5. inhabits
6. marry
7. mention
8. obey
9. reached
10. resemble

## ●リーディング（読めるようにする）演習●

**2** リスニング演習の解答を記入した後、その英文を日本語に訳しなさい。

訳は[4]の日本文を参照。

## ●オーラルオーラル（正しく発音し意味を伝えられるようにする）演習●

**3** リスニング演習の解答を記入した後、その英文を見ながら音声を聞き正しく発話しなさい。

**4** 下の日本文はリスニング演習の訳です。日本文を見て、それに該当する英文を正しく発話しなさい。

1. その船はちょうど夜明け前にその島に近づいた。
2. 私は先週その会合に出席しなかった。
3. 私たちはその問題を議論し尽くした。
4. 彼はノックもしないで部屋に入った。
5. 古代人の小さな一団がその島に住んでいる。
6. 彼女は彼と結婚すると思いますか。
7. 彼女は手紙であなたのことに述べていなかった。
8. 現代の若者は父親の言うことに従わない。

9. その登山隊は予定通り山頂に着いた。
10. あなたはお父さんに似ている。

### ●ライティング（書けるようにする）演習●

**5** 次の単語を並べ替えて正しい文を作りなさい。

1. [ breakfast, my, did, at, mention, father, not, it ]

   _____

2. [ I, seriously, saw, something, the, discussing, women, two ]

   _____

3. [ us, attend, the, most, conference, didn't, of ]

   _____

**6** 次の日本文を英語に直しなさい。

1. 私たちはじっくり考えた後その結論に達した。
   （じっくり考えた後＝ after careful consideration）

   _____

2. 特別な許可なくこの部屋には入ることはできません。
   （特別の許可なく＝ without special permission）

   _____

3. 我々はあらゆる角度からその問題を討議した。
   （あらゆる角度から＝ from all angles）

   _____

[解答-5]
1. My father did not mention it at breakfast.
   （私の父は朝食のときそのことを言わなかった）
2. I saw the two women discussing something seriously.
   （私は2人の女性が何か深刻に話し合っているのを見た）
3. Most of us didn't attend the conference.
   （私たちのほとんどがその会議に出席していなかった）

[解答-6]
1. We reached the conclusion after careful consideration.
2. You cannot enter this room without special permission.
3. We discussed the issue from all angles.

トレーニングメニュー **3**　「ガレージに車が1台入っている」は第1文型

### 第1文型で注意が必要な There is (are) 構文

**There is a car** in the garage.
　　V　　S　　　場所を表す語句

[訳] ガレージに車が1台入っている。
　There is構文では限定された主語をとれないので、the carではなくa carになっている。

第1文型で注意する必要があるのが、There is (are) ... =「...がある」の構文。基本的な構成は次のようになります。

### ルール07　There is (are) + [名詞] + {場所を表す語句} は「[　]は{　}にある」という意味

| Vi | S | 場所を表す副詞句 |
|---|---|---|
| There | is | a computer | on the desk |

(机の上に1台のコンピュータがあります)

| Vi | S | 場所を表す副詞句 |
|---|---|---|
| There | are | several books | on the desk |

(机の上に数冊本があります)

上の例でわかるように、There is (are) は後ろに来る名詞(主語)の数に一致します。

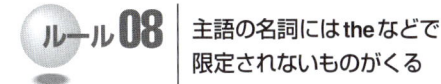

### ルール08　主語の名詞にはtheなどで限定されないものがくる

There is (are) 構文で主語になる名詞は限定されたもの (the ...) であってはなりません。

|  | Vi | S | 場所を表す副詞句 |
|---|---|---|---|
| There | is | a car | in the garage. |

(ガレージに車が1台入っている)

誤：There is {the} car in the garage. {the} → {a}

＊もし「限定されたものが…にある」と書きたい場合は次のようにします。

**The car is** in the garage.（その車はガレージの中にあります）
   S    V

<注意> 修飾語句がついて限定されたときは、the がついてもよい。
There is **the** car in the garage that had an accident yesterday.

## ルール09　There is（are）構文には場所を表す語句が必要

There is（are）構文には最後に場所を表す語句が必ず必要になります。

|  | Vi | S | 場所を表す副詞句 |
|---|---|---|---|
| There | are | many people | in the hall. |

(ホールに多くの人がいる)

誤：There are many people.

<注意> 主語に修飾語句がつくと、場所を表す語句を省略できる。
正：There are many people **waiting for the singer**.

### チェックポイント

●be動詞以外にも There is 構文で使われる動詞がある

There is（are）構文のbe動詞の代わりに使われる動詞があります。
それは「**外観**」「**存在**」「**発達**」などの意味を持った動詞です。

| V | S | 副詞句 |
|---|---|---|
| There **seems** to be | something wrong | with this machine. |

(この機械にはどこかおかしいところがあるようだ)

| 副詞 | V | S |
|---|---|---|
| There once | **lived** | a man called "honest John." |

(かつて「正直者のジョン」と呼ばれる男が住んでいた)

| Vi | S | 副詞句 |

There **developed** a primitive system of trade in this region

| 副詞句 |

a long time ago.

(ずっと以前に原始的な貿易制度がこの地域で発達した)

> ＜注意＞ 主語が並列されると、動詞は最初の主語に合わせるのが普通。
> There **is a computer** and several books on my desk.
> (私の机の上には1台のコンピュータと何冊かの本があります)
> There **are** several **books** and a computer on my desk.
> (私の机の上には何冊かの本と1台のコンピュータがあります)

> ＜注意＞ 場所を表す語句が文頭に出ると、thereは省略される場合がある。
> In the yard (**there**) was a big hairy dog.
> (庭には大きな毛のふさふさした犬がいました)

## クイックレビュー ……3

次の（　　）に適当な英語を入れなさい。

1　There（　　）an old temple in my neighborhood.
　私の近所に古いお寺がある。

2　There are（　　）（　　）（　　）in the temple.
　お寺には2つの小さな池がある。

3　There（　　）（　　）（　　）a small shrine in the nearby park .
　近くの公園には以前小さな神社があった。

4　There are different kinds of stone images（　　）（　　）（　　）.
　お寺にはいろいろな種類の石像がある。

□解答：1. is　2. two small ponds　3. used to be　4. in the temple

## 英語力をアップする筋力トレーニング

### ●リスニング（正しく聞いてポイントの理解を深める）演習●

**1** 音声を聞いて空所に入る語を書きなさい。

1. _____ _____ many departments in our company.
2. There are some departments that are _____ _____.
3. There are people _____ _____ _____ _____ _____ in these departments.
4. There _____ _____ some ways _____ _____ _____.
5. There _____ _____ problem _____ _____ _____ _____ _____ _____ _____.
6. There _____ _____ _____ a fine restaurant in that building.
7. There _____ _____ _____ differences of opinion among them.
8. There _____ _____ sporadic riots _____ near the palace.
9. _____ _____ _____ _____ _____ in that old house.
10. _____ _____ _____ _____ _____ between us.

[解答]
1. There are
2. considered useless
3. working hard all day long
4. should be / to reward them
5. developed a / that drew the serious attention of the manager
6. used to be
7. seem to be
8. have been / occurring
9. There lived a strange man
10. There should be no misunderstanding

### ●リーディング（読めるようにする）演習●

**2** リスニング演習の解答を記入した後、その英文を日本語に訳しなさい。

訳は[4]の日本文を参照。

### ●オーラルオーラル（正しく発音し意味を伝えられるようにする）演習●

**3** リスニング演習の解答を記入した後、その英文を見ながら音声を聞き正しく発話しなさい。

**4** 下の日本文はリスニング演習の訳です。日本文を見て、それに該当する英文を正しく発話しなさい。

1. 私たちの会社には多くの部がある。
2. 無駄だと思われる部門がいくつかある。
3. この部には1日中一生懸命働く人がいる。
4. 彼らに報いるいくつかのやり方があるはずだ。
5. 経営者の深刻な注意を引く問題が発生した。
6. あのビルに昔すばらしいレストランが入っていた。
7. 彼らの間には意見の相違があるようだ。
8. 宮殿のそばで散発的な暴動が起こっている。
9. 丘の上のあの古い家にかつて見知らぬ男が住んでいた。
10. 私たちの間に誤解があってはならない。

●ライティング（書けるようにする）演習●

**5** 次の単語を並べ替えて正しい文を作りなさい。

1. [ there, yard, is, front, the, a, tall, in, tree ]

   _____

2. [ mower, in, backyard, the, is, the ]

   _____

3. [ here, there, building, used, government, to , be, a ]

   _____

**6** 次の日本文を英語に直しなさい。

1. 丘の上に昔は古いお城があった。

   _____

2. いま日本の経済を改善するためになされるべきことは多そうだ。（日本の経済＝Japanese economy）

   _____

3. 門のそばに車が1台止められている。

   _____

[解答-5]
1. There is a tall tree in the front yard.
（前庭には高い木が生えています）
2. The mower is in the backyard.
（草刈り機は裏庭にあります）
3. There used to be a government building here.
（ここは以前政府の建物がありました）

[解答-6]
1. There used to be an old castle on the hill.
2. There seems to be much to be done to improve the Japanese economy now.
3. There is a car parked by the gate.

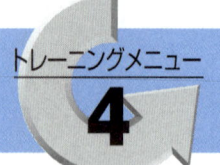

## トレーニングメニュー 4 「この新素材はとても柔らかい」は第2文型

### 注意する第2文型の形

**This new material feels very soft.**

| S | V | 副詞 | C（形容詞） |

[訳] この新素材はとても柔らかい。

feelは補語に形容詞をとる動詞。

### ルール 10　第2文型は補語に名詞・形容詞をとり連結動詞で結ばれる

| S | Vi | C（名詞） |
|---|---|---|
| Our approach | was | a success. |

（私たちの方法は成功でした）

| S | Vi | C（形容詞） |
|---|---|---|
| Our approach | was | successful. |

（私たちの方法は成功でした）

ここで使われているbe動詞は、主語（approach）＝補語（a success / successful）の関係を示す働きをしています。数学のA＝Bのようにイコールの関係で結ぶため「連結動詞（Linking Verb［LV］）」と呼ばれます。この補語は主語の後に来ていますので、「主格補語」と呼ばれます。

### ルール 11　連結動詞の後は、形容詞になる

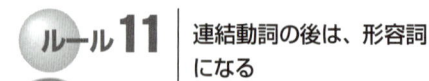

主格補語をとるbe動詞と同じ働きをする動詞があります。連結動詞で気をつけたいことは、これらの動詞の後は、副詞ではなく形容詞になるということです。

| S | Vi | C（形容詞） |
|---|---|---|
| These apples | taste | sour. |

（これらのリンゴは酸っぱい味がする）

誤：These apples taste sourly.

| S | Vi | 副詞 | C（形容詞） |
|---|---|---|---|
| The bride | looks | very | happy. |

（花嫁はとても幸せそうに見える）

誤：The bride looks very happily.

### チェックポイント

- be動詞は連結動詞の1つなので、形容詞か、副詞かで迷ったときは、動詞をbe動詞に置き換えてみれば判断しやすくなる

例：These apples **taste sourly.**
誤：These apples **are sourly.**
正：These apples **taste sour.**
例：The bride **looks** very **happily.**
誤：The bride **is** very **happily.**
正：The bride **looks** very **happy.**

## ルール12 補語に形容詞をとる連結動詞には4つのタイプがある

補語に形容詞をとる連結動詞は、4つのタイプに大別されます。

### 1)「---である、---を続ける」の状態を表す連結動詞

| S | 法助動詞 | Vi | C（形容詞） | 副詞句 |
|---|---|---|---|---|
| The weather | will | stay | humid | for a while. |

（天候はしばらくの間、湿気の多い状態が続くでしょう）

Most of the audience **kept silent** after the performance.
　　　S　　　　　　　　Vi　　C　　　副詞句

（聴衆のほとんどが演奏の後、声を出さずにいた）

The old regulation still **remains effective** for some cases.
　　S　　　　　　副詞　Vi　　　C　　　副詞句

（その古い規則は、いくつかのケースにおいては、なお有効である）

43

● このタイプに使用される連結動詞

> ・continue（---の状態を続ける）　・hold（---の状態のままでいる）
> ・keep（---を続ける）　・remain（---のままでいる）
> ・stay（---のままでいる）　・stand（---状態にある）

2)「---になる」の状態の変化を表す動詞

| S | 法助動詞 | Vi | C (形) | 副詞節 |
|---|---|---|---|---|
| The well | will | **run** | **dry** | if the weather continues like this. |

（もし天気がずっとこうなら、井戸は間もなく枯れてしまうでしょう）

My dream will **come true** some day.
　S　　助動詞　Vi　C　　副詞句
（私の夢はいつか実現するでしょう）

I am **growing weaker** year by year.
S　　Vi　　　C　　　副詞句
（私は年々弱くなっています）

Please don't **get mad** at me.
　　　　　　Vi　C　副詞句
（どうぞ私を怒らないでください）

cf. If you continue doing it, you will **go mad.**
　　（もしそんなことを続けていたら、頭がおかしくなってしまうでしょう）

● このタイプに使用される連結動詞

> ・become（---になる）　　　　・come（---になる）
> ・fall（---になる）　　　　　　・get（---になる）
> ・go（---になる）　　　　　　・grow（徐々に---なる）
> ・prove（---だとわかる）　　　・run（---になる）
> ・turn（---になる）

### チェックポイント

●fall、go / run、turnの用法

§ **fall**は「突然そのような状態になる」ときに使います。

| S | Vi | C (形) | 副詞節 |
|---|---|---|---|

Bill **fell　sick**　just as he arrived at his apartment.
（ビルはアパートに着いたとたん気分が悪くなった）

§ go / run は「あまり好ましくない状態になる」ときに使います。

| S | Vi | C（形） | 副詞 | 副詞句 |

Milk **goes bad** quickly in hot weather.
（ミルクは暑い天候のもとではすぐに悪くなってしまう）

| S | 助動詞 | Vi | C（形） | ofの目的語 | 副詞 |

We will **run short of** money soon.
（お金がすぐに不足するでしょう）

§ turnの後に名詞が来ると、無冠詞になります。

| S | 副詞 | Vi | C（名） | 副詞句 |

He suddenly **turned socialist** after having lectured on the significance of democracy for twenty years at college.

（彼は大学で民主主義の重要性を20年間講義してきた後で、突然社会主義者になってしまった）

---

3) 感覚・知覚を表す動詞

| S | Vi | 副詞 | C（形容詞） | 副詞句 |
|---|----|------|-----------|-------|
| I | felt | very | tired | after the hard work. |

（私はそのきつい仕事の後で非常に疲れた感じがした）

His remarks may **sound strange** to you.
　S　　助動詞　Vi　　C　　副詞句

（彼の発言はあなたには奇妙に感じられるかもしれません）

● このタイプに使用される連結動詞

- feel（---のように感じる）
- smell（---の臭いがする）
- sound（---のように思われる）
- taste（---の味がする）

＜注意＞ feelの主語が物になると「---の感触がする」の意味になる。
　　　　The new material **feels** very **soft**.
　　　　（その新しい材料はとても柔らかな肌触りがする）

4) 外観を表す動詞

| S | Vi | 副詞 | C（形容詞） |
|---|----|------|-----------|
| You | look | very | excited. |

（とても興奮しているように見える）

● このタイプに使用される連結動詞

- appear（---のように見える）　　・seem（---のように見える）
- look（---のように見える）

### チェックポイント

● 次の違いに注意

- <u>She</u> **looks** very **careful.**
  S　V　　　　C

  （彼女は非常に注意深く見える）

  ＊形容詞carefulがlookの補語になっています。

- <u>She</u> **looks** very **carefully at** the painting.
  S　V　　　　副詞

  （彼女は非常に注意してその絵を見る）

  ＊副詞carefullyがlook atという動詞を修飾しています。

---

## ルール13　sit、stand、come など、補語に分詞をとるタイプの動詞もある

知覚以外に補語に分詞をとるものがあるので注意しよう。

| S | Vi | C（過去分詞） | 副詞句 |
|---|---|---|---|
| The professor | sat | surrounded | by students. |

（その教授は学生たちに囲まれて座っていた）

<u>She</u>　<u>**came**</u>　<u>**skipping**</u>　<u>toward us</u>.
S　　Vi　　C（現在分詞）　副詞句

（彼女がスキップを踏みながら私たちのほうにやってきた）

＜注意＞　次の名詞 a bachelor の用法にも気をつけよう。

**One** of my cousins **died a bachelor** at the age of 40.
S　　　　　　　　V　　C

（いとこの1人は独身のままで40歳で亡くなった）

## クイックレビュー ……4

次の（　　）に適当な英語を入れなさい。

1. The lemon（　　）really sour.
そのレモンは本当に酸っぱい味がする。
2. The leaves in the park（　　）red and yellow.
公園の葉は赤や黄色に変わった。
3. My wife and I（　　）silent for a while looking at the beautiful leaves.
家内と私はその美しい葉を見てしばし沈黙したままだった。
4. My daughter（　　）satisfied with the result of the test.
私の娘はテストの結果に満足しているようだ。

解答：1. tastes　2. turned　3. remained　4. looks

# 英語力をアップする筋力トレーニング

## ●リスニング（正しく聞いてポイントの理解を深める）演習●

**1** 音声を聞いて空所に入る語を書きなさい。

1. My friend _____ _____ to me all his life.
2. All the students _____ _____ during the speech.
3. A convenience store _____ _____ 24 hours a day.
4. Milk _____ _____ quickly in hot weather.
5. The soup I made yesterday _____ _____ already.
6. Her worries _____ _____.
7. These oranges _____ very _____.
8. All the applicants _____ _____ before the interview.
9. They _____ _____ _____ after the fight.
10. She _____ _____ _____ _____ on a hot summer night.

[解答]
1. stayed loyal
2. kept quiet
3. stays open
4. goes bad
5. turned sour
6. proved unnecessary
7. taste / sweet
8. appeared serious
9. parted good friends
10. stood gazing at stars

## ●リーディング（読めるようにする）演習●

**2** リスニング演習の解答を記入した後、その英文を日本語に訳しなさい。

訳は[4]の日本文を参照。

## ●オーラルオーラル（正しく発音し意味を伝えられるようにする）演習●

**3** リスニング演習の解答を記入した後、その英文を見ながら音声を聞き正しく発話しなさい。

**4** 下の日本文はリスニング演習の訳です。日本文を見て、それに該当する英文を正しく発話しなさい。

1. 私の友達は生涯私に対して忠誠を尽くし続けた。
2. 学生たちはみんな演説の間静かにしていた。
3. コンビニエンスストアは24時間開店している。
4. ミルクは暑いとすぐに駄目になってしまう。

5. 私が昨日作ったスープはもう酸っぱくなっていた。
6. 彼女の心配は無用だとわかった。
7. これらのオレンジはとても甘い味がする。
8. すべての応募者は面接の前で緊張しているように見えた。
9. 彼らはけんかの後親友として別れた。
10. 彼女は暑い夏の夜、星を見ながら立っていた。

●ライティング（書けるようにする）演習●

**5** 次の単語を並べ替えて正しい文を作りなさい。

1. [ exhausted, game, he, the, looked, after ]

2. [ my, student, friend, college, turned, a, socialist, was, when, he ]

3. [ fine, the, out, result, turned, of, test, the ]

**6** 次の日本文を英語に直しなさい。

1. このコーヒーは苦いというよりは酸っぱい味がする。
（---というより＝ rather than ---）

2. 彼らはその説明の後でも非常に慎重だった。
（慎重＝ cautious）

3. 彼女は軽音楽を聴きながら座っていた。
（軽音楽＝ light music）

[解答-5]
1. He looked exhausted after the game.
（彼は試合の後疲れて見えた）
2. My friend turned socialist when he was a college student.
（私の友達は大学生のときに社会主義者になった）
3. The result of the test turned out fine.
（そのテストの結果は上できだとわかった）

[解答-6]
1. This coffee tastes sour rather than bitter.
2. They remained cautious even after the explanation.
3. She sat listening to some light music.

## トレーニングメニュー 5 「彼女は大都市に住むのに慣れている」も第2文型

### 第2文型で注意が必要なのは＜be動詞＋形容詞＋前置詞＞

She **is accustomed to** living in a big city.
　S　　V　　C（形容詞）　　　前置詞　　動名詞　　　副詞句

[訳] 彼女は大都市に住むのに慣れている。
　be accustomed to ---のtoは前置詞なので、その後ろには名詞相当語句が来る。

### ルール 14　be動詞＋形容詞＋前置詞の第2文型では、形容詞の後に続く前置詞は慣用的に決まっている

第2文型はbe動詞の後に形容詞（分詞を含む）が置かれるが、その形容詞の後に前置詞が続きます。どんな前置詞がくるかは、慣用的に決まっています。

・atがくる場合

　The children **are** very **good at** drawing pictures.
　　　S　　　　　Vi　副詞　形容詞　前置詞　　名詞句
　（その子どもたちは絵を描くのが得意です）

・ofがくる場合

　She **is afraid of** large animals.
　　S　　Vi　形容詞　前置詞　　名詞句
　（彼女は大きな動物がこわい）

・withがくる場合

　The professor **is popular with** freshman students.
　　　S　　　　Vi　形容詞　前置詞　　　名詞句
　（その教授は1年生の学生に人気がある）

### チェックポイント

●形容詞の後の前置詞がtoになったときには、不定詞のtoと勘違いしやすいので注意する

正：He is likely to **succeed.**
誤：He is used to **be criticized.**
正：He is used to **being criticized.**

　be likely toのtoは不定詞のtoで、その後には原形がきます。be used toのusedは「慣れている」という意味の形容詞でtoは前置詞。そこでその後には名詞（動名詞）が置かれます。

### クイックレビュー　......5

次の（　　）に適当な英語を入れなさい。

1　I am nervous (　　) the interview.
　　私はインタビューに気後れしている。
2　I am not adept (　　) talking in front of people.
　　私は人前で話すのに長けていない。
3　I am not ready (　　) this interview at all.
　　私はこのインタビューの用意がまったくできていない。
4　I am tired (　　) worrying about the interview too much.
　　私はあまりにもインタビューを心配しすぎて疲れてしまっている。
5　Liver is rich (　　) minerals.
　　レバーはミネラルが豊富だ。
6　I am sick (　　) eating so much liver.
　　私はレバーの食べ過ぎでうんざりしている。
7　I am keen (　　) playing golf.
　　私はゴルフに熱心である。
8　I am actually addicted (　　) playing golf.
　　私は実際、ゴルフ中毒にかかっている。
9　I am content (　　) my life.
　　私は私の人生に満足している。

□解答：1. about　2. at　3. for　4. from　5. in　6. of　7. on　8. to　9. with

## ● [be + 形容詞 + 前置詞] をとる重要表現リスト

| | |
|---|---|
| 1) **about**がくる場合 | ・be anxious about（for）...（...を心配している）<br>・be enthusiastic about ...（...に熱心である）<br>・be nervous about（of）...（...に気後れする）<br>・be optimistic about ...（...に楽観的である）<br>・be particular about ...（...に対してうるさい）<br>・be sensitive about ...（...を気にかけている）<br>・be suspicious about（of）...（...を疑っている） |
| 2) **at**がくる場合 | ・be adept at ...（...に熟達している）<br>・be clever at ...（...が得意である）<br>・be proficient at（in）...（...に熟達している） |
| 3) **for**がくる場合 | ・be convenient for（to）...（...に都合が良い）<br>・be eligible for ...（...にふさわしい）<br>・be liable for ...（...に対して責任がある）<br>・be ready for ...（...の用意ができている） |
| 4) **from**がくる場合 | ・be distinct from ...（...とは別である）<br>・be exempt from ...（...を免除されている）<br>・be tired from ...（...して疲れている） |
| 5) **in**がくる場合 | ・be instrumental in ...（...において役立つ）<br>・be rich in ...（...が豊富である） |
| 6) **of**がくる場合 | ・be capable of ...（...する能力がある）<br>・be cautious of（about）...（...に用心する）<br>・be characteristic of ...（...に特有である）<br>・be clear of ...（...がない）<br>・be confident of ...（...を確信している）<br>・be conscious of ...（...に気づいている）<br>・be critical of ...（...に批判的である）<br>・be envious of ...（...をねたんでいる）<br>・be free of（from）...（...がない）<br>・be ignorant of ...（...を知らない）<br>・be innocent of ...（...を犯していない）<br>・be jealous of ...（...をねたんでいる）<br>・be sick of ...（...にうんざりしている）<br>・be tired of ...（...に飽きている）<br>・be tolerant of ...（...に対して寛容である）<br>・be weary of ...（...に飽きている）<br>・be worthy of ...（...する価値がある、...にふさわしい） |
| 7) **on**がくる場合 | ・be dependent on ...（...に依存している）<br>・be keen on ...（...に熱心である） |

| | |
|---|---|
| **8) to がくる場合** | ・be addicted to ... (...に中毒になっている)<br>・be adverse to ... (...に反対［不利］である)<br>・be allergic to ... (...にアレルギーになっている)<br>・be blind to ... (...を見る目がない)<br>・be contrary to ... (...に反する)<br>・be deaf to ... (...に耳を貸さない)<br>・be faithful to ... (...に忠実である)<br>・be fatal to ... (...に致命的である)<br>・be foreign to ... (...と無関係である)<br>・be given to ... (...する癖がある)<br>・be grateful to (人) for (物) (...に感謝している)<br>・be hostile to ... (...に対して敵対的である)<br>・be immune to ... (...を免れている)<br>・be indifferent to ... (...に無関心である)<br>・be inferior to ... (...より劣っている)<br>・be loyal to ... (...に対して忠実である)<br>・be native to ... (...に土着である)<br>・be obliged to (人) for (物) (...に感謝する)<br>・be open to ... (...に開放されている)<br>・be opposed to ... (...に反対である)<br>・be preferable to ... (...より好ましい)<br>・be prone to ... (...の傾向がある、...しがちである)<br>・be related to ... (...と親戚である)<br>・be relevant to ... (...に適切である)<br>・be sensitive to ... (...に敏感である)<br>・be similar to ... (...に類似している)<br>・be subject to ... (...にかかりやすい)<br>・be superior to ... (...より優れている)<br>・be true to ... (...に忠実である)<br>・be used to ... (...に慣れている)<br>・be vital to ... (...に絶対必要である) |
| **9) with がくる場合** | ・be acquainted with ... (...に精通している、...と知り合いである)<br>・be blessed with ... (...に恵まれている)<br>・be content with ... (...に満足している)<br>・be familiar with ... (...に精通している)<br>・be popular with ... (...に人気がある)<br>・be preoccupied with ... (...に心を奪われている)<br>・be taken with ... (...を気に入っている) |

# 英語力をアップする筋力トレーニング

## ●リスニング（正しく聞いてポイントの理解を深める）演習●

**1** 音声を聞いて空所に入る語を書きなさい。

1. My mother is able _____ _____ _____.
2. My mother is capable of _____ _____.
3. I used to _____ _____ _____ _____.
4. I am used to _____ _____ _____ _____.
5. Japan is dependent on _____ _____ _____.
6. He is given to _____ _____ _____.
7. We are averse to _____ _____ _____ _____ _____.
8. It is similar to _____ _____ _____ _____.
9. The players are opposed _____ _____ _____ _____.
10. My father is indifferent to _____ _____ _____ _____ _____.

[解答]
1. to read lips
2. reading lips
3. study in the attic
4. studying in the attic
5. exporting finished products
6. criticizing his superiors
7. asking a favor of her
8. shooting in the dark
9. to postponing the game
10. learning how to use a computer

## ●リーディング（読めるようにする）演習●

**2** リスニング演習の解答を記入した後、その英文を日本語に訳しなさい。

訳は[4]の日本文を参照。

## ●オーラルオーラル（正しく発音し意味を伝えられるようにする）演習●

**3** リスニング演習の解答を記入した後、その英文を見ながら音声を聞き正しく発話しなさい。

**4** 下の日本文はリスニング演習の訳です。日本文を見て、それに該当する英文を正しく発話しなさい。

1. 私の母は唇を読むことができる。
2. 私の母は唇を読むことができる。
3. 私は昔よく屋根裏部屋で勉強したものだ。

4. 私は屋根裏部屋で勉強するのに慣れている。
5. 日本は完成品の輸出に依存している。
6. 彼は上司を批判するのに夢中である。
7. 私たちは彼女に頼むのに反対している。
8. それは暗闇で銃を撃つのに似ている。
9. 選手たちは試合を延期することに反対している。
10. 私の父はコンピュータの使い方を学ぶことに無関心である。

### ●ライティング（書けるようにする）演習●

**5** 次の単語を並べ替えて正しい文を作りなさい。

1. [ computer, used, using, they, to, are, a ]

___

2. [ assistance, you, I, to, am, obliged, for, your ]

___

3. [ singer, people, the, young, rock, with, is, popular ]

___

**6** 次の日本文を英語に直しなさい。

1. 私のアメリカの友人は日本の古い伝統に精通している。
   （精通している＝be familiar with）

___

2. 試験の準備はできていますか。
   （準備ができている＝be ready for）

___

3. これらのコンピュータの価格は変更することがあります。
   （…することがある＝be subject to …）

___

[解答-5]
1. They are used to using a computer.
   （彼らはコンピュータを使うのに慣れている）
2. I am obliged to you for your assistance.
   （私はあなたの援助には感謝しています）
3. The rock singer is popular with young people.
   （そのロック歌手は若者の間で人気がある）

[解答-6]
1. An American friend of mine is familiar with old Japanese traditions.
2. Are you ready for the test?
3. The prices of these computers are subject to change.

## トレーニングメニュー 6

「彼女はテニスすることを本当に楽しんだ」は第3文型

### 目的語に不定詞をとる動詞、動名詞をとる動詞

She really **enjoyed playing** tennis.
| S | 副詞 | Vt | O |

[訳] 彼女はテニスすることを本当に楽しんだ。
　enjoyは目的語に動名詞をとる。

### ルール 15 | 第3文型は他動詞と1つの目的語でできている

　第3文型は目的語を1つとる文です。目的語になるのは名詞の働きをするものですが、その中でも特に注意したいのが動名詞と不定詞です。動名詞と不定詞のどちらをとるかは動詞によって決まっています。

・suggestが名詞を目的語にとる場合

| S | Vt | O（目的語） |
| He | suggested | a plan. |

（彼は1つのプランを提案した）

・suggestは動名詞を目的語にとる動詞の仲間

| S | Vt | O（目的語） | 副詞句 |
| He | suggested | going there | in his car. |

（彼は自分の車でそこへ行くと言った）

suggestの目的語に不定詞を使うのは誤りです。

誤：He **suggested to go** there in his car.
　　S　　Vt　　　O

56

- refuse が名詞を目的語にとる場合

| S | Vt | O（名詞） |
|---|---|---|
| I | refused | the offer. |

（私はその申し出を断った）

- refuse が不定詞を目的語にとる場合

| S | Vt | O（不定詞） |
|---|---|---|
| I | refused | to accept the offer. |

（私はその申し出を受け入れることを断った）

refuse の目的語に動名詞を使うのは誤りです。

誤：I **refused** **accepting** the offer.
　　S　　Vt　　　　O

## ルール16 目的語の動名詞は「実際に経験していること、過去に行われたこと」を表す

| S | 法助動詞 | Vt | O（動名詞） | 動名詞のO |
|---|---|---|---|---|
| I | cannot | finish | painting | the fence. |

（私はフェンスを塗り終えることはできない）

The congressman **denied** **taking** the bribe.
　　S　　　　　　　Vt　　O（動名詞）　動名詞のO

（その議員は収賄を否定した）

● 動名詞を目的語にとる重要動詞

| | |
|---|---|
| ・admit (to)（...を認める） | ・appreciate（...を感謝する） |
| ・avoid（...を避ける） | ・consider（...を考える） |
| ・defer（...を延ばす） | ・delay（...を遅らせる） |
| ・deny（...を否定する） | ・detest（...をひどく嫌う） |
| ・dislike（...を嫌う） | ・endure（...を我慢する） |
| ・enjoy（...を楽しむ） | ・escape（...を逃れる） |
| ・excuse（...を許す） | ・fancy（...を想像する） |
| ・finish（...を終える） | ・forgive（...を許す） |
| ・(can't) help（...をせざるを得ない） | ・hinder（...を妨げる） |
| ・imagine（...を想像する） | ・involve（...を伴う） |
| ・mention（...を述べる） | ・mind（...を迷惑がる） |
| ・miss（...を逃す） | ・practice（...を練習する） |
| ・postpone（...を延期する） | ・risk（...の危険を冒す） |

## ● 動名詞を目的語にとる重要動詞（続き）

- ・recall（...を思い出す）
- ・report（...を報告する）
- ・(can't) stand（...を我慢できない）
- ・understand（...を理解する）
- ・repent（...を悔いる）
- ・resist（...を抵抗する）
- ・suggest（...を提案する）

### ルール17　目的語の不定詞は「実現されていない可能性」「架空のケース」「未来の出来事」を表す

| S | Vt | O（不定詞） | 不定詞のO | 副詞 |
|---|---|---|---|---|
| She | has decided | to do | it | tomorrow. |

（彼女はそれを明日行うことを決心した）

They **refused** **to follow** her advice.
　S　　Vt　　O（不定詞）不定詞のO

（彼らは彼女の忠告に従うことを拒絶した）

## ● 不定詞をとる重要動詞

- ・agree（...することに同意する）
- ・attempt（...することを試みる）
- ・claim（...することを主張する）
- ・dare（あえて...する）
- ・demand（...することを要求する）
- ・expect（...することを期待する）
- ・hope（...することを希望する）
- ・learn（...するようになる）
- ・offer（...することを提案する）
- ・prefer（...することを好む）
- ・pretend（...するふりをする）
- ・refuse（...することを拒絶する）
- ・tend（...する傾向がある）
- ・try（...することを試みる）
- ・wish（...することを望む）
- ・arrange（...することを取り決める）
- ・choose（...することを選ぶ）
- ・consent（...することに同意する）
- ・decide（...することを決心する）
- ・determine（...することを決意する）
- ・fail（...し損なう）
- ・intend（...することを意図する）
- ・need（...することを必要とする）
- ・plan（...することを計画する）
- ・prepare（...する準備をする）
- ・promise（...することを約束する）
- ・resolve（...する決心をする）
- ・threaten（...すると威嚇する）
- ・want（...したいと思う）

## クイックレビュー ……6

次の（　　）に適当な英語を入れなさい。

1  I admit (to) (　　　) lazy in my youth.
　私は若いころは怠惰であったことを認めます。
2  I disliked (　　　) until late at night.
　私は夜遅くまで働くことが嫌いだった。
3  I avoid (　　　) this with my friend.
　私はこれを私の友達と話し合うのを避けている。
4  I decided (　　　)(　　　) my friend's advice.
　私は友達の忠告を拒否する決心をした。
5  I tend (　　　)(　　　) an easy way out.
　私は簡単な解決を求める傾向がある。
6  I promise (　　　)(　　　) myself from now on.
　私はこれから自分を高める約束をします。

□解答： 1. being  2. working  3. discussing  4. to reject  5. to seek  6. to improve

# 英語力をアップする筋力トレーニング

## ●リスニング（正しく聞いてポイントの理解を深める）演習●

**1** 音声を聞いて空所に入る語を書きなさい。

1. Her method _____ _____ every stage of development.
2. The manager _____ _____ _____ me if I am late for work again.
3. I _____ _____ _____ as much money as possible.
4. I _____ _____ _____ television when I have time.
5. He _____ _____ enjoy _____ with her.
6. She _____ _____ avoid _____ him.
7. He _____ _____ go _____ with her.
8. They _____ _____ keep _____ _____ a job for her.
9. They _____ _____ practice _____ pictures.
10. She _____ _____ resist _____ _____ as captain.

[解答]
1. involves checking
2. threatens to dismiss
3. determined to earn
4. prefer to watch
5. hopes to / working
6. tried to / visiting
7. promised to / swimming
8. agreed to / looking for
9. decided to / drawing
10. pretends to / being nominated

## ●リーディング（読めるようにする）演習●

**2** リスニング演習の解答を記入した後、その英文を日本語に訳しなさい。

訳は[4]の日本文を参照。

## ●オーラルオーラル（正しく発音し意味を伝えられるようにする）演習●

**3** リスニング演習の解答を記入した後、その英文を見ながら音声を聞き正しく発話しなさい。

**4** 下の日本文はリスニング演習の訳です。日本文を見て、それに該当する英文を正しく発話しなさい。

1. 彼女の方法は発展のあらゆる段階をチェックすることを含んでいる。

2. 支配人はまた遅刻したら解雇すると私を脅す。
3. 私はできるだけ金を稼ぐことに決めた。
4. 私は時間があるときはテレビを見るほうを選ぶ。
5. 彼は彼女と一緒に働けるのを楽しみにしている。
6. 彼女は彼を訪ねることを避けようとした。
7. 彼は彼女と泳ぎに行く約束をした。
8. 彼らは彼女のために仕事を探し続けることで一致した。
9. 彼らは絵を描く練習をすることにした。
10. 彼女はキャプテンに指名されるのを嫌がっているようなふりをしている。

●ライティング（書けるようにする）演習●

**5** 次の単語を並べ替えて正しい文を作りなさい。

1. [ proposal, all, his, accept, they, to, agreed ]
   _____

2. [ then, she, promise, avoided, making, any ]
   _____

3. [ being, youth, he, his, repents, in, idle ]
   _____

**6** 次の日本文を英語に直しなさい。

1. 彼の勇気ある行為を賞賛せずにはいられない。
   （勇気ある行為＝ courageous behavior）
   _____

2. 私の英語を見ていただけますか？
   （英語を見る＝ help someone with his/her English）
   _____

3. そのうちにコンピュータの価値がわかるようになるでしょう。
   （価値がわかる＝ appreciate the value）
   _____

［解答-5］
1. They all agreed to accept his proposal.
   （彼らはみんな彼の申し出を受け入れることに同意した）
2. She avoided making any promise then.
   （彼女はそのとき約束することを避けた）
3. He repents being idle in his youth.
   （彼は若いとき怠けたことを悔いている）

［解答-6］
1. I cannot help admiring his courageous behavior.
2. Would you mind helping me with my English?
3. You will learn to appreciate the value of computers soon / sooner or later.

61

## トレーニングメニュー 7

「私は彼を弟と間違えた」も第3文型

### 目的語の後に前置詞句をとる動詞

**I mistook him for his brother.**

| S | Vt | O | 前置詞句 |

[訳] 私は彼を弟と間違えた。

mistake A for B で「AとBを間違える」。

### ルール 18 │ 目的語の後にくる前置詞は動詞によって決まっている

第3文型の文は1つの目的語をとり、意味が完結するのが一般的ですが、目的語の後に前置詞句をとって初めて、文の意味が完結する動詞もあります。どのような前置詞をとるかは動詞によって決まっています。

・ofの前置詞句をとる動詞

| S | Vt | O | ofの前置詞句 |
|---|----|---|------------|
| Bob | robbed | her | of the money. |

(ボブは彼女からお金を盗んだ)

・asの前置詞句をとる動詞

| S | Vt | O | asの前置詞句 |
|---|----|---|------------|
| Bob | regards | her | as a wonderful leader. |

(ボブは彼女をすばらしいリーダーとみなしている)

・forの前置詞句をとる動詞

| S | Vt | O | forの前置詞句 |
|---|----|---|-------------|
| Bob | asked | her | for her help. |

(ボブは彼女に助けを求めた)

> **チェックポイント**
>
> ●このパターンの特徴は最初に {人} が来て、その後に {具体的な物} が来ていること

・ボブは彼女に |悲しい知らせを| 伝えた→ボブは彼女に伝えた |悲しい知らせを|。
Bob **informed** her **of** the sad news.

このように英語に直せるかどうかは、**inform A of B** ような結びつきをどれくらい多く知っているかによって決まってしまいますので、基本的なものはぜひ覚えておきましょう。

## ルール19 目的語の後にくる前置詞は as、for、from、of、on、to、with の7タイプ

動詞によってとる前置詞が決まっていると述べましたが、次の①〜⑦がその代表的なものです。ぜひ覚えて使えるようにしましょう。これをマスターすると表現力に幅が出てきます。

### ① as をとるもの

| S | Vt | O | as の前置詞句 |
|---|---|---|---|
| We | regard | her | as an excellent teacher. |

（私たちは彼女を優れた先生とみなす）

= We **think of** her **as** an excellent teacher.
= We **look upon** her **as** an excellent teacher.

● **as をとる重要動詞**

＜AをBとして...するタイプ＞
・accept A as B（AをBと認める）
・condemn A as B（AをBであると非難する）
・describe A as B（AをBと評する）
・dismiss A as B（AをBとして退ける）
・recognize A as B（AをBと認める）

＜AをBとみなすタイプ＞
・regard A as B（AをBとみなす）
・look upon A as B（AをBとみなす）
・think of A as B（AをBとみなす）

We regard her as an excellent teacher. は、her = an excellent teacher の関係になっているので、第5文型とみなすこともできます（31ページ参照）。しかし、前置詞句は従来の見方では修飾語になり、また、この文型の他のパターンとの類似性による覚えやすさのため、とりあえず第3文型の扱いをしておきます（30ページ参照）。

② for をとるもの

| S | Vt | O | for の前置詞句 |
|---|---|---|---|
| They | criticize | us | for our slow pace. |

（彼らは私たちをペースが遅いと批判する）

<u>She **mistook** me **for my elder brother.**</u>
**S　　Vt　　O　　for の前置詞句**

（彼女は私を私の兄と間違えた）

= She **took** me **for** my elder brother.

● **for をとる重要動詞**

- blame A for B（AをBだと非難する）
- criticize A for B（AをBだと非難する）
- change A for B（AをBと取り替える）
- exchange A for B（AをBと交換する）
- excuse A for B（AのBを許す）
- mistake A for B（AとBを間違える）
- take A for B（AとBを間違える）
- name A for (after) B（BにちなんでAと名づける）
- substitute A for B（AをBの代わりにする）
- thank A for B（Bに対してAに感謝する）

③ from をとるもの

| S | Vt | O | from の前置詞句 | 副詞句 |
|---|---|---|---|---|
| High fever | prevented | me | from sleeping | at night. |

（高熱のため私は夜眠れなかった）

= High fever **kept** me **from** sleeping at night.

= High fever **hindered** me **from** sleeping at night.

= High fever **stopped** me **from** sleeping at night.

Lincoln **freed** black people **from slavery.**
　S　　Vt　　　O　　　fromの前置詞句

(リンカーンは黒人を奴隷制度から解放した)

● **fromをとる重要動詞**

- distinguish A from B（AとBを区別する）
- tell A from B（AとBを区別する）
- free A from B（BからAを自由にする）
- hide A from B（AをBから隠す）
- hinder A from B（AがBするのを妨げる）
- keep A from B（AがBするのを妨げる）
- prevent A from B（AがBするのを妨げる）
- stop A from B（AがBするのを妨げる）
- order A from B（AをBに注文する）
- prohibit A from B（AがBするのを禁止する）
- protect A from B（AをBから守る）
- shelter A from B（AをBから保護する）
- shield A from B（AをBから保護する）

④ ofをとるもの

| S | Vt | O | ofの前置詞句 |
|---|---|---|---|
| They | informed | us | of the car accident. |

(彼らは私たちに自動車事故の報告をしてくれた)

He **robbed** the man **of his watch.**
　S　Vt　　　O　　ofの前置詞句

(彼はその男から腕時計を盗んだ)

● **ofをとる重要動詞**

＜AにBを…するタイプ＞
- assure A of B（AにBを保証する）
- ask A of B（BにAを依頼する）
- beg A of B（BにAを乞う）
- convince A of B（AにBを確信させる）
- inform A of B（AにBを知らせる）
- remind A of B（AにBを思い出させる）
- suspect A of B（AのBを疑う）

● **ofをとる重要動詞（続き）**

> ＜AからBを奪うタイプ＞
> ・clear A of B（AからBを取り除く）
> ・deprive A of B（AからBを奪う）　・relieve A of B（AからBを取り除く）
> ・rid A of B（AからBを奪う）　　・rob A of B（AからBを奪う）

⑤ onをとるもの

| S | Vt | O | onの前置詞句 |
|---|----|---|------------|
| I | congratulated | her | on her success |

（私は彼女の成功を祝った）

They **imposed** their opinions **on us.**
　S　　Vt　　　　O　　　onの前置詞句
（彼らは彼らの意見を私たちに押しつけた）

● **onをとる重要動詞**

> ・compliment A on B（AのBを誉める）
> ・confer A on B（AをBに授与する）　・congratulate A on B（AのBを祝う）
> ・impose A on B（AをBに強いる）　・spend A on B（AをBに費やす）

⑥ toをとるもの

| S | Vt | O | toの前置詞句 |
|---|----|---|------------|
| He | attributed | his failure | to lack of concentration. |

（彼は彼の失敗を集中力の欠如のためだとした）

She **confessed** her secret **to her friend.**
　S　　Vt　　　　O　　　toの前置詞句
（彼女は彼女の秘密を友達に打ち明けた）

● **toをとる重要動詞**

> ＜AをBに...するタイプ＞
> ・add A to B（AをBに加える）　　　・adapt A to B（AをBに適合させる）
> ・adjust A to B（AをBに合わせる）　・attribute A to B（AをBのせいにする）
> ・donate A to B（AをBに寄付する）　・introduce A to B（AをBに紹介する）
> ・leave A to B（AをBに任せる）　　・limit A to B（AをBに制限する）
> ・owe A to B（AをBに負っている）　・prefer A to B（BよりAを好む）
> ・submit A to B（AをBに提出する）

● to をとる重要動詞（続き）

＜AをB（人）に…するタイプ＞
- announce A to B（AをBに知らせる）
- confess A to B（AをBに打ち明ける）
- explain A to B（AをBに説明する）
- indicate A to B（AをBに示唆する）
- mention A to B（AをBに言う）　・propose A to B（AをBに提案する）
- reveal A to B（AをBに明かす）　・suggest A to B（AをBに提案する）

⑦ with をとるもの

| S | 助動詞 | Vt | O | with の前置詞句 |
|---|---|---|---|---|
| You | should | compare | our system | with theirs. |

（我々のシステムと彼らのを比べるべきだ）

We will provide you with the necessary equipment.
S 助動詞　Vt　O　　　with の前置詞句
（私たちはあなた方に必要な備品を提供します）

= We will **furnish** you **with** the necessary equipment.
= We will **supply** you **with** the necessary equipment.

● with をとる重要動詞

＜AとBを…するタイプ＞
- acquaint A with B（AにBを知らせる）
- charge A with B（AをBのかどで責める）
- compare A with B（AとBを比較する）
- contrast A with B（AとBを対比する）
- confuse A with B（AとBを混同する）
- face A with B（AにBと直面させる）
- help A with B（AのBを手伝う）
- identify A with B（AとBを同一視する）
- replace A with B（AをBと取り替える）
- share A with B（AをBと分かち合う）

＜AにBを提供するのパターン＞
- furnish A with B（AにBを提供する）
- provide A with B（AにBを提供する）
- supply A with B（AにBを提供する）

## クイックレビュー ……7

次の（　）に適当な英語を入れなさい。

1. I dismissed his proposal (　　) impractical.
   私は彼の提案を非実用的あるとして退けた。
2. I blamed him (　　) his negligence.
   私は彼の怠慢を非難した。
3. I can distinguish a genuine coin (　　) a fake one.
   私は本物のコインとにせ物を区別できる。
4. I congratulated her (　　) her success.
   私は彼女の成功を祝った。
5. I will leave it (　　) you.
   それはあなたにお任せします。
6. I compared our system (　　) that of our competitor.
   私は我々のシステムと競争相手のシステムを比較した。

□解答： 1. as  2. for  3. from  4. on  5. to  6. with

# 英語力をアップする筋力トレーニング

## ●リスニング（正しく聞いてポイントの理解を深める）演習●

**1** 音声を聞いて空所に入る語を書きなさい。

1. The storm _____ us _____ going out tonight.
2. He _____ the fact _____ his best friend.
3. The teacher _____ us _____ the result of the test.
4. The recession _____ us _____ a budget for new clothes.
5. Most of the members _____ him _____ their new leader.
6. Her argument _____ rules _____ exceptions.
7. His objective viewpoint _____ him _____ making a serious mistake.
8. The students _____ the teacher _____ their unfair treatment.
9. They _____ the report _____ the committee.
10. She _____ a lot of time _____ her English homework.

[解答]
1. prevented / from
2. confessed / to
3. informed / of
4. deprived / of
5. regard / as
6. confuses / with
7. keeps / from
8. blamed / for
9. submitted / to
10. spends / on

## ●リーディング（読めるようにする）演習●

**2** リスニング演習の解答を記入した後、その英文を日本語に訳しなさい。

訳は[4]の日本文を参照。

## ●オーラルオーラル（正しく発音し意味を伝えられるようにする）演習●

**3** リスニング演習の解答を記入した後、その英文を見ながら音声を聞き正しく発話しなさい。

**4** 下の日本文はリスニング演習の訳です。日本文を見て、それに該当する英文を正しく発話しなさい。

1. 嵐で今晩外出できなかった。
2. 彼は一番の親友にその事実を告白した。
3. 先生は私たちにテストの結果を知らせた。

69

4. 不景気が新しい服の予算を奪ってしまった。
5. 会員のほとんどは彼を新しいリーダーとみなしている。
6. 彼女の議論は規則と例外を取り違えている。
7. 客観的な見方のおかげで彼は深刻な間違いをしないですんでいる。
8. 学生たちは扱いが不公平だと言って先生を責めた。
9. 彼らはその報告を委員会に提出した。
10. 彼女は英語の宿題に多くの時間を費やす。

## ●ライティング（書けるようにする）演習●

**5**　次の単語を並べ替えて正しい文を作りなさい。

1. [ illness, we, from, congratulated, recovery, her, her, on ]

2. [ character, herself, leading, identifies, the, she, with ]

3. [ people, should, other, not, with, compare, you, yourself ]

**6**　次の日本文を英語に直しなさい。

1. コンピュータは煩雑な計算から人間を解放した。
   （煩雑な計算＝ complex calculation）

2. その母親はしつけのなさをやさしさと混同している。
   （しつけのなさ＝ lack of discipline）

3. 父は試験の合格を心の底から祝ってくれた。
   （心の底から＝ from the bottom of one's heart）

［解答-5］
1. We congratulated her on her recovery from illness.
   （私たちは彼女の病気の回復を祝福した）
2. She identifies herself with the leading character.
   （彼女は自分を主役と同一視している）
3. You should not compare yourself with other people.
   （あなたは自分を他の人と比較すべきでない）

［解答-6］
1. Computers have freed man from complex calculation.
2. The mother confuses lack of discipline with gentleness.
3. Father congratulated me on my passing the examination from the bottom of his heart.

## トレーニングメニュー 8

「私は彼女に夕食を料理してあげた」は第4文型

### 第4文型の確認

**I cooked her supper.**
| S | Vt | IO | DO |

[訳] 私は彼女に夕食を料理してあげた。

cookは「人」herと「物」supperの2つの目的語をとる。

### ルール20 | 第4文型は「人」と「物」、2つの目的語をとる

第4文型は目的語を2つとります。最初に人（間接目的語 = Indirect Object [IO]）が来て、その後に物（直接目的語 = Direct Object [DO]）がきます。

| S | Vt | IO | DO |
|---|---|---|---|
| I | gave | her | a present. |

（私は彼女にプレゼントをあげた）

| S | Vt | IO | DO |
|---|---|---|---|
| They | showed | us | a map. |

（彼らは私たちに地図を見せてくれた）

### ルール21 | 直接目的語「物」を先行させるときは、toかforの前置詞が必要

これらの文は物（DO）を先に持って来ることもできます。しかし、そのときに、人（ID）の前にtoかforの前置詞が必要となります。どちらの前置詞をとるかは動詞の種類によって決定されます。また、文型は第3文型になります。

I gave **a present** **to her.**
S  Vt    DO    toの前置詞

I cooked **supper** **for her.**
**S　　Vt　　　DO　　for**の前置詞

1) toは動作のおよぶ対象を表す

| S | Vt | DO | toの前置詞句 |
|---|---|---|---|
| He | sent | a love letter | to her. |

(彼は彼女にラブレターを送った)

＊「送る」という動作の対象が彼女になります。

### ●toをとる重要動詞

- allow（人に時間・金を与える）
- do（利益・損害などを与える）
- give（人に物などを与える）
- hand（人に物などを手渡す）
- lend（人に援助を与える）
- offer（人に物・援助などを申し出る）
- owe（人に代金を借りている）
- pass（人に物を渡す）
- promise（人に...を約束する）
- recommend（人に...を推薦する）
- send（人に物などを送る）
- show（人に物を見せる）
- teach（人に...を教える）
- tell（人に話などを伝える）
- throw（人に物など投げる）
- write（人に手紙を書く）

2) forは人に「わざわざ...してあげる」という好意のおよぶ対象を表す

| S | Vt | DO | forの前置詞句 |
|---|---|---|---|
| She | made | a sweater | for him. |

(彼女は彼にセーターを作ってあげた)

＊わざわざセーターを作ってあげた好意の対象が彼になる。

### ●forをとる重要動詞

- build（人に...を作ってあげる）
- buy（人に物を買ってあげる）
- call（人に...を呼んであげる）
- choose（人に...を選んであげる）
- cook（人に料理してあげる）
- find（人に...を捜してあげる）
- make（人に物を作ってあげる）
- order（人に物を注文してあげる）
- paint（人に...を塗ってあげる）
- play（人に...を演奏してあげる）
- prepare（人に...を用意してあげる）
- reserve（人に...を予約してあげる）
- save（人に...をとっておいてあげる）
- spare（人に時間・金などをさいてあげる）

## ルール22 動詞によっては、toとforの両方をとるものがある

| S | Vt | DO | toの前置詞句 |
|---|---|---|---|
| He | left | a house and ten million yen | to his wife. |

(彼は彼の妻に家と1千万円を残して死んだ)

| S | Vt | DO | forの前置詞句 |
|---|---|---|---|
| He | left | nothing to eat | for us. |

(彼は私たちに食べ物を何も取っておいてくれなかった)

### ● toとforの両方をとる重要動詞

- bring（人に物を持ってくる）
- cause（人に面倒などをかける）
- get（人に...を買ってあげる）
- read（人に...を読んであげる）
- leave（人に...を残す／任せる）{to}
- leave（人に...を取っておく／残しておく）{for}

### クイックレビュー ......8

次の（　）に適当な英語を入れなさい。

1. I offered (　) (　) (　).
   I offered a job (　) him.
   私は彼に仕事を提供した。

2. I teach (　) (　) twice a week.
   I teach English (　) her twice a week.
   私は彼女に1週間に2度英語を教えている。

3. I called (　) (　) (　).
   I called a taxi (　) her.
   私は彼女にタクシーを呼んであげた。

4. I bought (　) (　) (　) (　).
   I bought a CD (　) my son.
   私は息子にCDを買ってあげた。

解答：1. him a job; to　2. her English; to　3. her a taxi; for　4. my son a CD; for

# 英語力をアップする筋力トレーニング

## ●リスニング（正しく聞いてポイントの理解を深める）演習●

**1** 音声を聞いて空所に入る語を書きなさい。

1. He always _____ a lot of trouble _____ us.
2. She _____ a nice restaurant _____ us.
3. Please _____ a picture postcard _____ us when you get to the States.
4. Would you _____ a taxi _____ me?
5. The teacher _____ the new text _____ us.
6. Her mother _____ a meal _____ us.
7. My mother used to _____ a bedtime story _____ us.
8. The teacher _____ a reading list _____ us.
9. She _____ the old album _____ me.
10. The bell captain _____ a taxi _____ us.

［解答］
1. causes / for
2. recommended / to
3. send / to
4. call / for
5. ordered / for
6. prepared / for
7. read / to
8. made / for
9. showed / to
10. called / for

## ●リーディング（読めるようにする）演習●

**2** リスニング演習の解答を記入した後、その英文を日本語に訳しなさい。

訳は[4]の日本文を参照。

## ●オーラルオーラル（正しく発音し意味を伝えられるようにする）演習●

**3** リスニング演習の解答を記入した後、その英文を見ながら音声を聞き正しく発話しなさい。

**4** 下の日本文はリスニング演習の訳です。日本文を見て、それに該当する英文を正しく発話しなさい。

1. 彼はいつも私たちに多くの面倒をかける。
2. 彼女はすてきなレストランを私たちに勧めてくれた。
3. アメリカに着いたら、絵はがきを送ってください。
4. タクシーを呼んでいただけますか。
5. 先生は新しいテキストを私たちのために注文した。
6. 彼女の母は私たちのために食事を用意した。

7. 私の母は寝るときの物語を私たちに読んでくれたものです。
8. 先生は私たちのためにリーディングリストを作ってくれた。
9. 彼女は古いアルバムを私に見せてくれた。
10. ボーイ長は私たちにタクシーを呼んでくれた。

●ライティング（書けるようにする）演習●

**5** 次の単語を並べ替えて正しい文を作りなさい。

1. [ she, us, meal, prepared, quick, for, a ]
   _____

2. [ us, a, to, recommended, novel, he, historical ]
   _____

3. [ mother, son, bought, her, a, for, new, game, computer, the ]
   _____

**6** 次の日本文を英語に直しなさい。

1. 現在の私があるのはあなたのおかげです。（第4文型と第3文型で）
   （現在の私＝what I am）
   _____

2. この前言っていた本を注文しておきました。
   （この前言っていた本＝the book you mentioned the other day）
   _____

3. これが先生が推薦してくれた参考書です。
   （参考書＝a reference book）
   _____

[解答-5]
1. She prepared a quick meal for us.
   （彼女は私たちに急いで食事を用意してくれた）
2. He recommended a historical novel to us.
   （彼は私たちに歴史小説を勧めてくれた）
3. The mother bought a new computer game for her son.
   （その母親は新しいコンピュータゲームを息子に買ってあげた）

[解答-6]
1. I owe you what I am.
   I owe what I am to you.
2. I ordered the book you mentioned the other day for you.
3. This is a reference book that the teacher recommended to us.

## トレーニングメニュー 9 「髪を切ってもらった」は第5文型

### 第5文型はSV＋他の文型

**I had my hair cut.**
S　Vt　O　C

[訳] 私は髪を切ってもらった。
　第5文型はSV（I had）＋他の文型（My hair is cut.）になっている。

## ルール23　第5文型は目的語と補語をとる

　第5文型は動詞の後に目的語と補語をとる文型ですが、補語になるものはさまざまです。補語に何をとるかによっていろいろなパターンになりますが、すべてのパターンに共通する基本構造は、SV＋他の文型の形になっていることです。「トレーニングメニュー2」の第5文型の例文をもう一度見てみましょう。

・パターン9

| S | Vt | O(名詞) | C(名詞) |
|---|---|---|---|
| I | consider | him | a fool |

（私は彼を馬鹿者だと思います）
　補語に名詞をとっているが、これはI consider ＋ he (is) a fool.（第2文型）が短くなったものです。

・パターン10

| S | Vt | O(名詞) | C(形容詞) |
|---|---|---|---|
| We | eat | fish | raw |

（私たちは魚を生で食べる）
　このパターンは補語に形容詞をとっているが、これはWe eat ＋ fish (are) raw.（第2文型）が短くなったと考えられます。

・パターン11

| S | Vt | O(名詞) | C(現在分詞) |
|---|---|---|---|
| I | watched | him | swimming. |

(私は彼が泳いでいるのを見ました)

補語に現在分詞をとっているが、he (was) swimming (第1文型) が短くなったもの。

・パターン12

| S | Vt | O(名詞) | C(過去分詞) |
|---|---|---|---|
| We | found | the matter | settled. |

(私たちはその問題は解決されたとわかりました)

補語に過去分詞をとっているが、the matter (was) settled. (第1文型) が短くなったもの。

・パターン13

| S | Vt | O(名詞) | C(前置詞句) |
|---|---|---|---|
| I | found | the machine | out of order. |

(私はその機械が故障しているとわかった)

補語に前置詞句をとっているが、The machine (was) out of order. (第1文型) が短くなったもの。

・パターン14

| S | Vt | O(名詞) | C(to不定詞) |
|---|---|---|---|
| I | want | you | to study. |

(私はあなたに勉強してもらいたい)

補語にto不定詞をとっているが、you (are) to study. (第2文型) が短くなったもの。

---

＜注意＞ I had my hair cut. (私は髪を切ってもらった)
　　　　 I had him cut my hair. (私は彼に髪を切らせた)
　　　　 **も同様に考えられる。**
　　　・I had + my hair (was) cut. → I had my hair cut.
　　　・I had + he cut my hair. → I had him cut my hair.

---

77

## チェックポイント

●第4文型と第5文型の違い

　第4文型の文と第5文型の文との違いは、第4文型がSV + 他の文型の形をとれないことです。

・I sent **her a letter.**（私は彼女に手紙を送った）は第4文型になります。
　× = **I sent + she (was) a letter.**
　**she was a letter**（彼女は手紙です）はあり得ません。

・I will make **her a doctor.**（私は彼女を医者にする）は第5文型。
　○ = **I will make + she (is) a doctor**の形が成り立っています。

・I will make **her a hamburger.**（私は彼女にハンバーガーを作ってあげる）は第4文型。
　× = **I will make + she (is) a hamburger.**
　**she is a hamburger**（彼女はハンバーガーです）はあり得ません。

---

### クイックレビュー ……9

次の（　）に適当な英語を入れなさい。

1. I usually have my steak (　　　).
   私はたいていステーキはミーディアムレアーにします。

2. I consider the project (　　　) (　　　).
   私はそのプロジェクトは成功だと思っています。

3. I saw my colleague (　　　) in the park.
   私は同僚が公園をジョギングしているのを見た。

4. I found the front door (　　　).
   正面のドアにかぎがかかっていた。

5. I found my friend (　　　) (　　　).
   私の友達が困っていることがわかった。

6. I permitted my daughter (　　　) (　　　) (　　　) after the curfew today.
   私は娘に今日は門限を過ぎて帰ってくることを許可した。

□解答： 1. medium-rare　2. a success　3. jogging　4. locked　5. in trouble
　　　　6. to come home

## 英語力をアップする筋力トレーニング

### ●リスニング（正しく聞いてポイントの理解を深める）演習●

**1** 音声を聞いて空所に入る語を書きなさい。

1. I found her very _____.
2. I consider the new project _____ _____.
3. I saw him _____ with his boss.
4. I'll get it _____ by the end of this week.
5. I found the machine still _____ _____ _____.
6. I would like you _____ _____ the matter.
7. I _____ a neighbor's boy _____ windows with stones.
8. She couldn't _____ herself _____ in French.
9. They _____ us _____ _____ a copy of the contract.
10. We _____ you _____ _____ all the words in the list by tomorrow.

[解答]
1. gentle
2. a success
3. fighting
4. done
5. out of order
6. to consider
7. caught / breaking
8. make / understood
9. required / to keep
10. expect / to memorize

### ●リーディング（読めるようにする）演習●

**2** リスニング演習の解答を記入した後、その英文を日本語に訳しなさい。

訳は[4]の日本文を参照。

### ●オーラルオーラル（正しく発音し意味を伝えられるようにする）演習●

**3** リスニング演習の解答を記入した後、その英文を見ながら音声を聞き正しく発話しなさい。

**4** 下の日本文はリスニング演習の訳です。日本文を見て、それに該当する英文を正しく発話しなさい。

1. 私は彼女はとても優しいことがわかった。
2. 私はその新しいプロジェクトは成功だったと思う。
3. 私は彼が上司と争っているのを見た。
4. 私は今週末までにそれを終わらせます。
5. 私はこの機械が依然として壊れているのに気づいた。

6. 私はあなたにその問題を考えてもらいたい。
7. 私は隣の少年が石で窓を壊しているのを目撃した。
8. 彼女はフランス語で用を足すことができなかった。
9. 彼らは私たちに契約書のコピーを保存しておくよう要請した。
10. 私たちはあなたが明日までにリストの単語をすべて覚えるだろうと期待している。

### ●ライティング（書けるようにする）演習●

**5** 次の単語を並べ替えて正しい文を作りなさい。

1. [ not, could, make, speaker, his, guest, voice, the, heard ]

2. [ the, essay, teacher, another, made, write, us ]

3. [ failure, project, complete, the, a, consider, we ]

**6** 次の日本文を英語に直しなさい。

1. その最新型のコンピュータは買い得だと思う。
   （買い得＝ a good buy/a bargain）

2. 我々は非常に困難な状況にいることがわかった。
   （非常に困難な状況にいる＝ be in deep trouble）

3. 私は騒がしい群集のせいで自分の名前が呼ばれるのが聞こえなかった。
   （騒がしい群集のせいで＝ because of the noisy crowd）

[解答-5]
1. The guest speaker could not make his voice heard.
   （ゲストスピーカーは彼の声を聞かせることはできなかった）
2. The teacher made us write another essay.
   （先生は私たちにエッセイをもう1つ書かせた）
3. We consider the project a complete failure.
   （私たちはそのプロジェクトは完全な失敗だったと思っている）

[解答-6]
1. I consider the newest model of the computer a bargain.
2. We found ourselves in deep trouble.
3. I couldn't hear my name called because of the noisy crowd.

## トレーニングメニュー 10 「カンニングしているのを見つけた」も第5文型

### 補語に現在分詞をとる形

The teacher **caught a student cheating** in the exam.

S / Vt / O / C / 副詞句

[訳] 先生は学生が試験でカンニングしているのを見つけた。

caught + O + ...ing で「Oが...するのを目撃する」の意。

### ルール 24 第5文型の補語に何をとるかは動詞で決まり、7つのタイプがある

第5文型の補語には、形容詞、名詞、現在分詞、過去分詞、不定詞などいろいろなものがきますが、どんな補語をとるかは動詞の種類で決まっています。

#### 1) 形容詞を補語にとるもの

| S | Vt | O | C(形容詞) |
|---|---|---|---|
| Her nagging | **drives** | me | **crazy.** |

(彼女の口やかましさに気が変になりそうだ)

| S | Vt | O | C(形容詞) |
|---|---|---|---|
| I | **found** | the box | **empty.** |

(その箱が空だとわかった)

#### ● 形容詞をとる重要動詞

- bake（焼いて...の状態にする）
- cut（〜を...に切る）
- eat（物を...の状態で食べる）
- get（〜を...の状態にする）
- color（〜を...に色を塗る）
- drive（人を...の状態にする）
- find（〜が...だとわかる）
- hold（〜を...だと考える）

## ● 形容詞をとる重要動詞（続き）

- keep（〜を...の状態にしておく）
- leave（〜を...の状態にする）
- make（〜を...にする）
- turn（〜を回して...にする）
- wipe（〜を拭いて...にする）
- lay（〜を...の状態にしておく）
- like（〜が...であるのを好む）
- paint（〜を...に塗る）
- wash（〜を洗って...にする）
- wish（〜が...だと願う）

### 2) 名詞を補語にとるもの

| S | Vt | O | C（名詞） |
|---|----|---|---------|
| They | named | their first son | Tsuyoshi. |

（彼らは彼らの最初の息子を剛と名づけた）

| S | Vt | O | C（名詞） |
|---|----|---|---------|
| She | called | her boss | a traitor. |

（彼女は彼女のボスを裏切り者と呼んだ）

## ● 名詞をとる重要動詞

- appoint（〜を...に任命する）
- choose（〜を...に選ぶ）
- declare（〜を...と宣言する）
- wish（〜であればよいと望む）
- call（〜を...と呼ぶ）
- elect（〜を...に選出する）
- make（〜を...する）

### 3) 現在分詞を補語にとるもの

このパターンの動詞は大きく見て、次の3つのカテゴリーに分かれます。

#### a. 知覚動詞

| S | Vt | O | C（現在分詞） | 副詞句 |
|---|----|---|-------------|-------|
| I | noticed | a strange man | looking | at us. |

（私は見知らぬ男が私たちを見ているのに気がついた）

#### b.「...しているところを目撃する」

| S | Vt | O | C（現在分詞） | 副詞句 |
|---|----|---|-------------|-------|
| I | caught | the man | breaking | into the house. |

（私はその男が家に侵入しているところを目撃した）

#### c.「...の状態にする・しておく」

| S | 法助動詞 | Vt | O | C（現在分詞） |
|---|--------|----|---|-------------|
| You | can | leave | the engine | running. |

（エンジンをかけたままにしておいてもいいです）

## ● 現在分詞を補語にとる重要動詞

- feel（〜が...しているのを感じる）
- glimpse（〜が...しているのをちらりと見る）
- notice（〜が...しているのに気がつく）
- observe（〜が...しているのを見る）
- perceive（〜が...しているのに気がつく）
- see（〜が...しているのを見る）　・smell（〜が...している臭いがする）
- watch（〜が...しているのを見る）・look at（〜が...しているのを見る）
- listen to（〜が...しているのに耳を傾ける）
- catch（〜が...しているところを目撃する、押さえる）
- depict（〜が...しているところを描く）
- discover（〜が...しているところを発見する）
- draw（〜が...しているところを描く）
- find（〜が...しているところを見つける）
- paint（〜が...しているところを描く）
- get（〜が...している状態にする）
- imagine（〜が...しているところを想像する）
- keep（〜が...している状態にさせておく）
- leave（〜が...している状態にしておく）
- send（〜が...している状態にする）・set（〜が...している状態にする）
- start（〜が...している状態にする）

4) 過去分詞を補語にとるもの

この文型はSVと受け身の文型の組み合わせになっているので、文の後半で受け身の文を作るようにする。

| S | Vt | O | C（過去分詞） | 副詞句 |
|---|---|---|---|---|
| The teacher | wanted | the paper | typed | double space. |

→　the paper **is typed** double space.
（先生は論文をダブルスペースでタイプしてもらいたかった）

| S | 法助動詞 | Vt | O | C（過去分詞） |
|---|---|---|---|---|
| I | couldn't | make | my voice | heard |

| 副詞句 |
|---|
| above the noise from outside. |

→　my voice **was heard** above the noise from outside
（外からの雑音で私の声はかき消されてしまった）

83

### ● 過去分詞をとる重要動詞

> ・find（...が...されたことに気がつく）・hear（...が...されるのを聞く）
> ・make（...が...されるようにする）　・see（...が...されるのを見る）
> ・want（...が...されるように望む）

### 5) 不定詞を補語にとるもの

| S | Vt | O | C(不定詞) | 不定詞のO |
|---|---|---|---|---|
| They | allowed | us | to investigate | the case. |

（彼らは我々がその事件を調査することを許可した）

| S | Vt | O | C(不定詞) | withのO | 副詞句 |
|---|---|---|---|---|---|
| They | forbade | us | to deal with | the case | without permission. |

（彼らは私たちがその事件を許可なく扱うことを禁止した）

### ● to不定詞をとる重要動詞

> ・advise（人に...するように忠告する）
> ・allow（人に...することを許可する）
> ・ask（人に...するように頼む）　・beg（人に...して欲しいと頼む）
> ・cause（人・物に...させる）　・command（人に...するよう命令する）
> ・compel（人に...するように強いる）・direct（人に...するよう指示する）
> ・enable（人が...するのを可能にする）
> ・encourage（人に...するよう奨励する）
> ・entitle（人に...する資格を与える）
> ・expect（人が...することを期待する）
> ・forbid（人が...することを禁止する）
> ・force（人に...するように強制する）
> ・instruct（人に...するように指示する）
> ・invite（人に...することを勧める）
> ・permit（人が...することを許可する）
> ・persuade（人を説得して...させる）
> ・request（人に...するように依頼する）
> ・require（人に...するよう要求する）
> ・teach（人に...するようにやり方を教える）
> ・tell（人に...するように言う）
> ・tempt（人に...する気にさせる）
> ・urge（人に...するようしきりに促す）
> ・warn（人に...するように警告する）

6）原型不定詞を補語にとるもの

知覚動詞、使役動詞は原型不定詞をとる代表的な動詞である。

| S | Vt | O | C（原形不定詞） | 不定詞のO |
|---|---|---|---|---|
| I | saw | her | cook | a traditional Japanese dish. |

（私は彼女が伝統的な日本料理を作るのを見た）

| S | Vt | O | C（原形不定詞） | 不定詞のO |
|---|---|---|---|---|
| We | let | her | cook | whatever dishes she liked. |

（私たちは彼女に何でも好きな料理を作らせてあげた）

● 原型不定詞をとる重要動詞

- feel（...するのを感じる）
- hear（...するのを聞く）
- notice（...するのに気づく）
- observe（...するのを見る）
- see（...するのを見る）
- smell（...する臭いを嗅ぐ）
- watch（...するのを見つめる）
- listen to（...するのを聴く）
- have（...させる）
- let（...させてあげる）
- make（...させる）
- help（...するのを助ける）

7）to be をとるもの

to不定詞を補語にとるパターンの中に、このto be ...をとるものが含まれます。

| S | Vt | O | C（to be の不定詞） |
|---|---|---|---|
| I | believed | the man | to be your father. |

（私はその男の人があなたのお父さんと思った）

| S | Vt | O | C（to be の不定詞） |
|---|---|---|---|
| They | acknowledged | it | to be genuine. |

（彼らはそれが本物であると認めた）

● to be をとる重要動詞

- acknowledge A to be B（AがBであると認める）
- believe A to be B（AがBであると信じる）
- consider A to be B（AがBであると考える）
- declare A to be B（AがBであると宣言する）
- estimate A to be B（AがBであると見積もる）
- feel A to be B（AがBであると感じる）
- find A to be B（AがBであるとわかる）

## ● to be をとる重要動詞（続き）

- guess A to be B（AがBであると推測する）
- know A to be B（AがBであると知っている）
- presume A to be B（Aが であると推定する）
- suppose A to be B（AがBであると思う）

### チェックポイント

●make、get、haveは補語にいろいろな形のとれる特殊な動詞

**make、get、haveは目的語によって補語にいろいろな形がとれるので注意しましょう。**

◇ make

| S | 助動詞 | Vt | O | C（原形不定詞） | 不定詞のO | 副詞句 |

I will **make** him **do** the job before Wednesday.
（私は彼にその仕事を水曜日までにやらせる）

| S | 助動詞 | Vt | O | C（過去分詞） | 副詞句 |

I couldn't **make** my voice **heard** across the room.
（私は声を部屋の後ろまで届かすことができなかった）

◇ get

| S | 助動詞 | Vt | O | C（不定詞） | 不定詞のO | 副詞句 |

I will **get** him **to do** the job before Wednesday.
（私は彼にその仕事を水曜日までにやらせる）

| S | 助動詞 | Vt | O | C（過去分詞） | 副詞句 |

He will **get** the job **done** before Wednesday.
（彼がその仕事を水曜日までにやってくれるだろう）

◇ have

| S | 助動詞 | Vt | O | C（原形不定詞） | 不定詞のO | 副詞句 |

I will **have** him **do** the job before Wednesday.
（私は彼にその仕事を水曜日までにやらせる）

| S | 助動詞 | Vt | O | C（過去分詞） | 副詞句 | 副詞句 |

I will **have** the job **done** by him before Wednesday.
（私は彼にその仕事を水曜日までにやってもらう）

| S | 助動詞 | Vt | O | C（現在分詞） | 副詞 |

I cannot **have** him **fooling** around.
（私は彼をぶらぶらさせておくわけにはいかない）

> <注意> 知覚動詞は補語に現在分詞と原形動詞の両方をとるが、現在分詞は「その動作がまだ終わっていない—その最中」を表し、原形動詞は「その動作の一部始終—始めから終わりまでが完結したこと」を表す。
> ・I saw her **cleaning** the room.［彼女は掃除をしている最中］
> ・I saw her **clean** the room.［彼女は掃除をし終えた］

## クイックレビュー ……10

次の（　）に適当な英語を入れなさい。

1　I (　　) the fence white.
　私は塀を白く塗った。

2　I (　　) him an "iron man."
　私は彼を「鉄人」と呼ぶ。

3　I (　　) something burning.
　何か燃えている臭いがする。

4　I (　　) the window broken.
　窓が壊されていることに気がついた。

5　I (　　) her to take a chance.
　私は彼女に一か八かやってみるように励ました。

6　I (　　) him observe my class.
　私は彼に私のクラスをオブザーブさせてあげた。

7　I (　　) him to be innocent.
　私は彼は無実であると信じている。

□解答：1. painted　2. call　3. smell　4. found　5. encouraged　6. let　7. believe

# 英語力をアップする筋力トレーニング

## ●リスニング（正しく聞いてポイントの理解を深める）演習●

**1** 音声を聞いて空所に入る語を書きなさい。

1. She _____ the bread too _____.
2. I _____ the bread _____ but _____.
3. We _____ him _____ of the board.
4. They _____ him _____ _____ of the younger generation.
5. I accidentally _____ the air conditioner _____ all night.
6. She _____ her name _____ from the invitation list.
7. I _____ my car _____ without charge.
8. The students _____ the memorization of words _____ _____ a waste of time.
9. I _____ the sun _____ in the west.
10. I will _____ him _____ it over.

[解答]
1. baked / hard
2. found / hard / tasty
3. appointed / chairman
4. call / the leader
5. left / running
6. found / erased
7. had / fixed
8. consider / to be
9. watched / set
10. have / do

## ●リーディング（読めるようにする）演習●

**2** リスニング演習の解答を記入した後、その英文を日本語に訳しなさい。

訳は[4]の日本文を参照。

## ●オーラルオーラル（正しく発音し意味を伝えられるようにする）演習●

**3** リスニング演習の解答を記入した後、その英文を見ながら音声を聞き正しく発話しなさい。

**4** 下の日本文はリスニング演習の訳です。日本文を見て、それに該当する英文を正しく発話しなさい。

1. 彼女はパンを硬く焼きすぎてしまった。
2. 私はそのパンは硬いがおいしいことがわかった。
3. 私たちは彼を委員会の議長に任命した。
4. 彼らは彼を若い世代のリーダーと呼ぶ。
5. 私はたまたま夜中エアーコンディショナーをつけたま

まにしておいた。
6. 彼女は招待客リストから自分の名前が消されているのに気づいた。
7. 私は車を無料で修理してもらった。
8. その学生たちは単語を覚えるなんて時間の無駄だと考えている。
9. 私は太陽が西に沈むのを眺めた。
10. 私は彼にそれをやり直してもらおうと思う。

### ●ライティング（書けるようにする）演習●

**5**　次の単語を並べ替えて正しい文を作りなさい。

1. [ crazy, drove, chattering, constant, me, her ]

2. [ chair, you, broken, had, the, better, fix, have, someone ]

3. [ someone, the, must, water, have, left, running, accident, by ]

**6**　次の日本文を英語に直しなさい。

1. 彼らはガレージの壁を薄茶色に塗った。
（薄茶色＝ light brown）

2. 父は不注意にも車のエンジンをかけっ放しにしてしまった。
（不注意にも＝ carelessly）

3. 彼女は出願エッセイをネイティブの人にチェックしてもらった。（第4文型と第3文型で）
（出願エッセイ＝ an application essay）

［解答-5］
1. Her constant chattering drove me crazy.
（彼女の絶え間のないおしゃべりで頭がおかしくなった）

2. You had better have someone fix the broken chair.
（あなたは壊れたいすを直してもらったほうがいい）

3. Someone must have left the water running by accident.
（誰かがたまたま水を出しっぱなしにしたに違いない）

［解答-6］
1. They painted the garage wall light brown.

2. Father carelessly left the engine of the car running.

3. She had her application essay checked by a native speaker.
She had a native speaker check her application essay.

# 第2章 筋力増強法(修飾)の重要な要素、副詞とつなぎの接続詞をマスターしよう

## この章で学ぶこと

### 副詞表現による5文型の拡大とつなぎの接続詞

副詞表現は、語・句・節の形で副詞・副詞句・副詞節になり文を拡大します。また、接続詞は、等位接続詞・相関接続詞・接続副詞という形で語・句・節・文をつなぎ拡大していきます。

1. 副詞　　　　--- is **always** complaining ---
2. 分詞構文　　**Being a dancer,** he ---
3. 不定詞　　　--- crazy **to do that** ---
4. 群前置詞　　**In addition to** the home loan, he ---
5. 副詞節　　　**Although she has a fortune,** she ---
6. 等位接続詞　--- yesterday, **for** I was sick.
7. 相関接続詞　**Neither** the managers **nor** players ---
8. 接続副詞　　---; **however**, she didn't complain about it.

この章では、これらの使い方をトレーニングして、表現力を豊かにしていきます。

## トレーニングメニュー 11 「いつも文句を言っている」は副詞による拡大

### 副詞による拡大の確認

He is **always** complaining
[S] [be動詞] [副詞] [V（現在分詞）]

about the dorm food. （第1文型）
[副詞句]

[訳] 彼は寮の食事について、いつも文句を言っている。

alwaysなど「頻度」を表す副詞は、be動詞の後に置かれる。

### ■文中での副詞の位置

英語の基本文型は副詞によって拡大され複雑になっていきますが、副詞で特に問題となるのは、その置かれる位置です。一般に位置に関しては副詞は自由度が高いのですが、それでも基本的な規則があります。

> **ルール25** always、sometimes、usuallyなど「頻度」を表す副詞や、certainly、generally、reallyなどの副詞は、be動詞の後、一般動詞の前になる

・be動詞の後

The accountant **is** **always** late for work.
　　S　　　　　V　　副詞　　C　　　　　　（第2文型）
（会計係はいつも仕事に遅れる）

・一般動詞comesの前

The accountant **always** **comes** to work late.
　　S　　　　　副詞　　　V　　　　　　　　（第1文型）
（会計係はいつも仕事に遅れる）

### ルール26　いくつか助動詞がある場合は、最初の助動詞の後になる

・最初の助動詞shouldの後／例：should have + p.p.の場合

You **should** always **have** checked the oil to prevent the accident.
S　助動詞₁　副詞　助動詞₂　V　　O　　　　　（第3文型）
（事故を避けるために、つねにオイルの点検をしておくべきだった）

・最初の助動詞willの後／例：未来完了形の場合

The reporter **will** certainly **have** mastered English by that time.
S　　助動詞₁　副詞　助動詞₂　V　　O　　（第3文型）
（その記者は、そのときまでにきっと英語をマスターしているだろう）

### ルール27　一般に短いものが先で、長いものが後に置かれる

・短いat sevenが先

Father arrived **at seven, when I was eating supper.**
S　V　短い副詞句　　長い副詞節　　（第1文型）
（父は7時に到着した。そのとき私は夕食を食べていた）

・短いcarefullyが先

Grandfather cleaned the lens **carefully with a soft cloth.**
S　　V　　O　短い副詞　長い副詞句　（第3文型）
（祖父は柔らかい布で、レンズを入念に磨いた）

### ルール28　方法、場所、時間や長さ、頻度、時を表す副詞が一緒に使われると、通常は［方法］→［場所］→［時間］、［長さ］→［頻度］→［時］の順序になる

・場所→時間

The delegate arrived **in New York early in the morning.**
S　　V　　場所の副詞句　　時間の副詞句　（第1文型）
（代表者は朝早くニューヨークに到着した）

93

・方法→場所→時間

The graduate student studied English **seriously** **in the library**
　　　S　　　　　　　V　　　　O　　方法の副詞　場所の副詞句

**until late at night.**
　時間の副詞句　　　　　　　　　　　　　　　　　　　　　(第3文型)

(その大学院生は夜遅くまで図書館で真剣に英語を勉強した)

・長さ→頻度

My boss plays tennis **for two hours twice a week.**
　S　　　V　　O　　長さの副詞句　頻度の副詞句　　　(第3文型)

(私の上司は週に2度、2時間テニスをします)

・頻度→時

The professor went to the States **twice**　　**last year.**
　　S　　　　V　　　　　　　　　頻度の副詞　時の副詞句

(その教授は、昨年2度アメリカに行った)　　　　　　(第1文型)

いろいろのなものが入ってきて規則が当てはまらないときは、重要な新しい情報を持ったものを一番最後に持ってきます。頭をできるだけ軽くして、おしりを重くするという英語の大きな特徴に従います。

---

### クイックレビュー …….11

次の（　　）適当な語句を入れなさい。。

1. I (　　　) (　　　) milk for breakfast.
   私はいつも朝食にミルクを飲みます。
2. I (　　　) (　　　) gone jogging before breakfast.
   私はいつも朝食前にジョギングをしてきている。
3. I usually jog (　　　) (　　　) (　　　) for 30 minutes.
   私はたいてい公園の中を30分間ジョギングをする。
4. I usually jog for 30 minutes (　　　) (　　　) (　　　) (　　　).
   私はたいてい1週間に3回30分間のジョギングをする。

□解答：1. always have　2. have always　3. in the park　4. three times a week

## 英語力をアップする筋力トレーニング

### ●リスニング（正しく聞いてポイントの理解を深める）演習●

**1** 音声を聞いて空所に入る語を書きなさい。

1. My friend, a newspaper reporter, _____ drops by our office after work.
2. She is _____ critical of government work.
3. She has _____ been fascinated by the beauty of the mountain.
4. She can read an English newspaper _____ _____ _____ _____ _____ _____ _____ _____ _____.
5. She visited _____ _____ _____ _____ _____ _____ _____.
6. She used to discuss political issues with her boss _____ _____ _____ _____ _____ _____ _____.
7. My brother _____ _____ at the dark side of things.
8. My father _____ _____ to drive a car.
9. _____ _____ _____ _____ to Kyoto I enjoyed seeing the beautifully colored autumn leaves.
10. Mother places the medicines _____ _____ _____ _____ _____ _____ _____ _____.

[解答]
1. often
2. sometimes
3. always
4. at the high speed of 450 words per minute
5. her friend's house late in the evening
6. for over two hours every Saturday evening
7. always looked
8. slowly learned
9. On my last visit
10. on a high shelf where the children cannot reach them

### ●リーディング（読めるようにする）演習●

**2** リスニング演習の解答を記入した後、その英文を日本語に訳しなさい。

訳は[4]の日本文を参照。

### ●オーラルオーラル（正しく発音し意味を伝えられるようにする）演習●

**3** リスニング演習の解答を記入した後、その英文を見ながら音声を聞き正しく発話しなさい。

**4** 下の日本文はリスニング演習の訳です。日本文を見て、それに該当する英文を正しく発話しなさい。

1. 新聞記者である私の友人は、仕事の後よく私たちの事務所に立ち寄る。
2. 彼女はときどき政府の仕事を批判している。
3. 彼女はいつも山の美しさに魅了されている。
4. 彼女は英語の新聞を1分間450ワードという非常な速さで読むことができる。
5. 彼女は夜遅く友達の家を訪問した。
6. 彼女は土曜日の晩にはいつも2時間以上も彼女の上司と政治問題を議論したものだ。
7. 私の兄はいつも物事の暗い面ばかり見ていた。
8. 私の父は車の運転を覚えるのが遅かった。
9. この前の京都への旅行で私は美しく色づいた秋の紅葉を楽しんだ。
10. 母は子供の手の届かない高い棚の上に薬を置く。

● **ライティング**（書けるようにする）**演習** ●

**5** 次の単語を並べ替えて正しい文を作りなさい。

1. [ the, takes, shower, always, she, in, a, morning ]

_____

2. [ never, the, our, company, has, red, in, been ]

_____

3. [ driving, Sunday, country, goes, he, the, in ,every ]

_____

**6** 次の日本文を英語に直しなさい。

1. 私がそのコーチに初めて会ったのは小学校の6年のときでした。

（小学校の6年＝in the 6th grade at elementary school）

_____

2. 大統領はこの夏イタリアに2週間滞在するつもりです。

_____

[解答-5]
1. She always takes a shower in the morning.
（彼女はいつも朝シャワーを浴びる）
2. Our company has never been in the red.
（私の会社は赤字になったことがない）
3. He goes driving in the country every Sunday.
（彼は日曜日になると田舎にドライブする）

3. 私は長い間、冬にアラスカを訪れてみたかった。

[解答-6]
1. I met the coach for the first time when I was in the 6th grade at elementary school.
2. The president is going to stay in Italy for two weeks this summer.
3. I have long wanted to visit Alaska in winter.

## トレーニングメニュー 12　「コストを考えると、…」は副詞句による拡大

### 副詞句による拡大の確認

**Considering the cost**, I would rather not do it.　（第3文型）

- Considering the cost ＝ 副詞句（分詞構文）
- I ＝ S
- would ＝ 助動詞
- not ＝ 否定辞
- do ＝ V
- it ＝ O

[訳] コストを考えると、私はむしろそれをしないほうがいいだろう。

　後ろに文があり、Considering ...の部分は分詞構文の形で副詞句になる。

### ルール 29　副詞句による拡大で大事なのは、分詞構文、不定詞、群前置詞、前置詞句である

　基本文型は副詞句によってさらに拡大されます。副詞句の代表的なものは分詞構文、不定詞、群前置詞、前置詞句です。

1) 分詞構文

| 分詞構文 | SVO |
|---|---|
| **Being ill,** | Susan couldn't finish it. |

（病気だったので、スーザンはそれを終えられなかった）　（第3文型）

2) 不定詞

| 不定詞 | SVO |
|---|---|
| **To make matters worse,** | Susan couldn't finish it. |

（さらに悪いことに、スーザンはそれを終えられなかった）　（第3文型）

3) 群前置詞

| 群前置詞 | SVO |
|---|---|
| **Because of illness,** | Susan couldn't finish it. |

（病気のために、スーザンはそれを終えられなかった）　（第3文型）

4) 前置詞句

| 前置詞句 | S V O |
|---|---|
| **To our surprise,** | Susan couldn't finish it. |

(驚いたことに、スーザンはそれを終えられなかった)　　　(第3文型)

## クイックレビュー ……12

次の(　　)に適当な英語を入れなさい。

1　(　　) (　　), I went to bed early.
　　疲れていたので、早く寝てしまった。
2　(　　) (　　) (　　), I get up early in the morning.
　　健康でいるために私は朝早く起きる。
3　(　　) (　　) (　　), I couldn't go to work today.
　　病気のために今日は仕事に行けなかった。
4　(　　) (　　) (　　), I couldn't attend the important meeting.
　　残念なことに、私はその重要な会議に出席できなかった。

□解答：1. Being tired　2. To stay healthy　3. Because of illness　4. To my regret

# 英語力をアップする筋力トレーニング

## ●リスニング（正しく聞いてポイントの理解を深める）演習●

**1** 音声を聞いて空所に入る語を書きなさい。

1. _____ _____ his help, she couldn't solve the problem.
2. The train was one hour late _____ _____ the accident.
3. _____ _____ _____ _____, we couldn't finish the job on time.
4. _____ _____ _____ _____, you must study very hard.
5. I will do it _____ _____ _____ _____ _____.
6. _____ _____ _____ _____, the congressman resigned.
7. _____ _____ _____ _____ _____, I am sick of his complaints.
8. _____ _____ _____, he went to bed without having supper that night.
9. _____ _____ _____, she went on a diet again.
10. He was just standing there, _____ _____ _____ _____ _____ _____.

[解答]
1. In spite of
2. due to
3. Being short of hands
4. To pass the test
5. first thing in the morning
6. Accused of illegal dealings
7. To be honest with you
8. Being very tired
9. To our surprise
10. with his hands in his pockets

## ●リーディング（読めるようにする）演習●

**2** リスニング演習の解答を記入した後、その英文を日本語に訳しなさい。

訳は[4]の日本文を参照。

## ●オーラルオーラル（正しく発音し意味を伝えられるようにする）演習●

**3** リスニング演習の解答を記入した後、その英文を見ながら音声を聞き正しく発話しなさい。

**4** 下の日本文はリスニング演習の訳です。日本文を見て、それに該当する英文を正しく発話しなさい。

1. 彼の手助けにもかかわらず彼女はその問題を解くこ

とができなかった。
2. その電車は事故のために1時間遅れた。
3. 手が不足しているため、私たちは時間通りその仕事を終えることができなかった。
4. 試験に合格するために、あなたは一生懸命勉強しなければならない。
5. 朝一番でそれをします。
6. 違法取引で告訴され、その国会議員は辞職した。
7. 正直に言うと、私は彼の不平にはうんざりだ。
8. とても疲れていたので、彼はその夜は夕食も食べずに寝てしまった.
9. 驚いたことに、彼女はまたダイエットを始めた。
10. 彼はポケットに手を入れて、ただそこに立っていた。

### ●ライティング（書けるようにする）演習●

**5** 次の単語を並べ替えて正しい文を作りなさい。

1. [ patient, month, to, recovered, one, our, from, the, in, surprise, illness, his ]

2. [ because, meeting, important, of, the, vice president, illness, could, attend, the, not ]

3. [ you, frank, be, were, to, too, hasty ]

**6** 次の日本文を英語に直しなさい。

1. 手持ちのお金がないので、その本を買えません。
（手持ちのお金がない＝ don't have money with someone）

2. 本当のことを言うと、レースには参加したくない。

3. 大雪のため、交通は麻痺してしまった。
（麻痺する＝ be at a complete standstill）

---

[解答-5]
1. To our surprise, the patient recovered from his illness in one month.
（驚いたことに、その患者は1カ月で病気から回復した）
2. Because of illness, the vice president could not attend the important meeting.
（病気だったので、副大統領は大切な会議に出席できなかった）
3. To be frank, you were too hasty.
（率直に言うとあなたはあまりに軽率だった）

[解答-6]
1. Not having money with me, I cannot buy the book.
2. To tell the truth, I don't want to participate in the race.
3. Because of the heavy snow, traffic was at a complete standstill.

## トレーニングメニュー 13 「ダンサーなので」は分詞構文による拡大

### 分詞構文による拡大の確認

**Being a dancer**, he has excellent balance. （第3文型）

- Being a dancer … 分詞構文
- he … S
- has … V
- excellent balance … O

[訳] ダンサーなので、彼は優れたバランス感覚を持っている。

分詞構文の意味上の主語は、主文の主語と一致しなければならない。

### ルール30 分詞構文は文頭、文尾、文中のどこにでも置ける

副詞句の代表的なものは分詞構文で、文頭や文尾に置かれたり、文中に挿入されたりして文を拡大していきます。

| 分詞構文 | S V |
| --- | --- |
| **Being excited about the upcoming game,** | Bill couldn't go to sleep. |

（間近に迫った試合に興奮して、トムは眠れなかった） （第1文型）

Bill, **being preoccupied with the date tomorrow,** couldn't concentrate on the work.
S　　　　　　　分詞構文　　　　　　　　　　V
（第1文型）
（明日のデートに心を奪われて、ビルは仕事に集中できなかった）

This plant grows rapidly, **reaching the height of two meters.**
　S　　　V　　　　　　　　分詞構文　　　　（第1文型）
（これは生長の早い植物で、丈は2メートルまでに達する）

### 1. 分詞構文の作り方

分詞構文は、副詞節を意味を崩さずに簡潔にする方法である。分詞構文の作り方は次の2通り。

A. **分詞構文の主語と主文の主語が一致しているとき**（分詞構文の主語を取ってよい）

・もとの文

　　<u>As</u>　he <u>was</u> <u>ill</u>, <u>Bill</u> didn't go to school.
　接続詞　S　V　C　S　　V　　　　　　　　　（第1文型）

①接続詞を取る

　　<u>he</u> <u>was</u> <u>ill</u>, Bill didn't go to school.
　　S　V　C

②主語が主文の主語（Bill）と一致しているときは主語を取る。[he = Bill]

　　<u>was</u> <u>ill</u>, Bill didn't go to school.
　　V　C

③動詞の原形に---ingをつけて完成

　　**Being ill**, Bill didn't go to school.
　　　V　　C

・もとの文

　　<u>After</u>　he <u>finished</u> <u>his homework</u>, <u>Bill</u> went to bed.
　接続詞　S　　V　　　　O　　　　　S　　V　　　　（第1文型）

①接続詞を取る

　　<u>he</u> <u>finished</u> <u>his homework</u>, Bill went to bed.
　　S　　V　　　　O

②主語が主文の主語（Bill）と一致しているときは主語を取る。[he = Bill]

　　<u>finished</u> <u>his homework</u>, Bill went to bed.
　　　V　　　　O

③動詞の原形に---ingをつけて完成

　　**Finishing his homework,** Bill went to bed.
　　　　V　　　　O

B. **分詞構文の主語が主文の主語に一致していないとき**（分詞構文の主語を省略しないで残す）

・もとの文

　　<u>As</u>　the weather <u>was</u> fine, <u>we</u> <u>went</u> outside to play.
　接続詞　　　S　　　V　　C　S　　V　　　　　　　（第1文型）

103

①接続詞を取る

<u>the weather</u> <u>was</u> <u>fine</u>, we went outside to play.
　　S　　　　V　　C

②主語をそのまま残す ［the weather ≠ we］

**<u>the weather</u>** <u>was</u> <u>fine</u>, we went outside to play.
　　S　　　　V　　C

③動詞の原形に---ingをつけて完成

**<u>The weather</u> <u>being</u> <u>fine</u>**, we went outside to play.
　　S　　　　V　　C

C． 完了形の分詞構文（Having ---ed）の作り方

・もとの文

　<u>When</u>　<u>he</u>　<u>　had finished　</u>　<u>his homework</u>, <u>Bill</u> <u>went</u> to bed.
　接続詞　S　V（過去完了型）　　　O　　　　S　　V　　（第1文型）

①接続詞を取る

<u>he</u>　<u>　had finished　</u>　<u>his homework</u>, Bill went to bed.
　S　V（過去完了型）　　　　O

②主語を取る ［he = Bill］

<u>　had finished　</u>　<u>his homework</u>, Bill went to bed.
　V（過去完了型）　　　　O

③助動詞（had）の原形に---ingをつけて完成

**<u>Having finished</u> <u>his homework</u>**, Bill went to bed.
　V（過去完了型）　　　　O

---

＜確認＞ **Having eaten a huge dinner,** I feel very sleepy now.
（夕食をたくさん食べたので、いまとても眠い）

**Having visited there three times,** I am familiar with most of the places of interest in that area.
（そこは3回訪れているので、その地域の観光地のほとんどをよく知っています）

### D. 否定の分詞構文の作り方
分詞構文の否定は直前にnotを置きます。

・もとの文

<u>　As　</u> <u>he</u> <u>didn't know</u> <u>what to say</u>, <u>he</u> <u>remained</u> <u>silent</u>.
接続詞　S　　　V　　　　　O　　　　S　　　V　　　C　　（第2文型）

①接続詞を取る

<u>he</u> <u>didn't know</u> <u>what to say</u>, he remained silent.
S　　　V　　　　　O

②主語を取る

<u>didn't know</u> <u>what to say</u>, he remained silent.
　　V　　　　　O

③動詞の原形に---ing＋直前にnotをつけて完成

**<u>Not knowing</u> <u>what to say</u>**, he remained silent.
　　V　　　　　O

> <確認>　**Not having eaten anything today,** I am starved.
> 　　　（今日は何も食べていないので、おなかがぺこぺこだ）

## 2. 独立分詞構文

分詞構文の主語が、主文の主語と一致していない（独立している）分詞構文を「独立分詞構文（主語 + being〜ed）」と呼びます。主語が省略された慣用的なものは、厳密には懸垂分詞（チェックポイント1参照）ですが、これらも一種の独立分詞構文と考えられます。

| 分詞構文 | S V C |
|---|---|
| Other things **being** equal, | the new system is far superior to the old one. |

（他の条件が等しければ、新しい制度は古い制度よりずっと優れている）
（第2文型）

<u>Weather **permitting**,</u> <u>we</u> <u>will go hiking</u> tomorrow.
　　分詞構文　　　　　　S　　　V　　　　　　　　（第1文型）
（天候が許せば、明日ハイキングに行きます）

## 3. 慣用的な独立分詞構文

| 分詞構文 | S V |
|---|---|
| Considering her age, | she is in excellent shape. |

（彼女の年齢を考えれば、彼女はきわめて優れた健康状態にあります）
（第1文型）

<u>**Judging from**</u> what he said, he has nothing to do with this incident.
　　**分詞構文**　　　　　　**S　has　O**

（彼の言ったことから判断して、彼はこの事件とは何の関係もありません）

（第3文型）

### ● 重要な分詞構文の慣用表現

- according to ---（---によれば）　・assuming that ---（---と仮定すれば）
- considering ---（---を考えると）
- generally speaking（一般的に言って）
- granting / granted that ---（仮に---だとしても）
- judging from ---（---から判断して）
- providing / provided (that) ---（もし---ならば）
- supposing (that) ---（もし---ならば）
- talking of ---（---のことと言えば）
- taking --- into consideration（---を考慮すると）

### チェックポイント

●**主語が一致していないのに主語を省略してしまうと、懸垂分詞となり、誤りとされる**

**もとの文**：As we were very tired, the meeting was canceled.

**誤**：**Being** very tired, the meeting was canceled.　[we ≠ the meeting]

**正**：**We being** very tired, the meeting was canceled.

**文法的には正しいが、次の形のほうが一般的です。**

**正**：**Being very tired,** we canceled the meeting.　[We = we]

（とても疲れていたので、私たちは会議を中止した）

●**完了形の分詞構文の否定はneverを使う次のようなケースもある**

**Not having gotten** used to the new keyboard, I often hit the wrong key.

=**Having never gotten** used to the new keyboard, I often hit the wrong key.

（新しいキーボードに慣れていないので、よく打ち間違える）

●**Being、Having beenはよく省略される**

(Being) **Exhausted from the day's labor,** he went straight to bed without having supper.

（その日の労働で疲労困憊して、彼は夕飯を食べずにすぐ寝てしまった）

(Having been) **Well trained,** the nurse managed it without much trouble.
(十分に訓練を受けていたので、看護婦はそれを多くの困難なしにうまく行った)
**The work** (being) **finished,** I can have some free time this evening.
(仕事は終わっているので、今晩は少し暇ができる)

## クイックレビュー ……13
次の（　）に適当な英語を入れなさい。

1　(　　)(　　), I have trouble running up stairs.
　太っているので階段を駆け登るのに苦労する。
2　(　　)(　　) a big lunch, I feel sleepy now.
　たくさんお昼を取ったので、いまとても眠い。
3　(　　)(　　) what to do, I took a nap on the couch.
　何をしていいかわからなかったので、寝いすの上で昼寝した。
4　(　　)(　　) being fine, I jogged with my friend.
　天気が良かったので、友達と一緒にジョギングをした。
5　(　　)(　　), I don't feel like going out tonight.
　率直に言って今夜は外出したい気分ではない。

解答：1. Being overweight　2. Having eaten　3. Not knowing　4. The weather
　　　 5. Frankly speaking

107

# 英語力をアップする筋力トレーニング

## ●リスニング（正しく聞いてポイントの理解を深める）演習●

**1** 音声を聞いて空所に入る語を書きなさい。

1. _____ _____ _____, he has excellent eyesight.
2. _____ _____ _____ _____, I can go driving anytime I want.
3. _____ _____ _____, he rushed out to school.
4. _____ _____ _____ _____ _____, I had a hard time improving my English.
5. _____ _____ _____ _____ _____, I would like to go there before I retire.
6. _____ _____, young Japanese people these days are more outgoing than they used to be.
7. _____ _____ _____ _____, we have to take this one.
8. _____ _____ _____ _____ _____ _____, the boxer was not accused of murder.
9. _____ _____ _____ _____ _____ _____ _____ _____ he was at home watching TV.
10. _____ _____ _____ _____ _____, he made an excellent speech.

[解答]
1. Being a pilot
2. Having gotten the license
3. Having finished breakfast
4. Not having much basic knowledge
5. Having never been to Europe
6. Generally speaking
7. Considering the choices given
8. There being little evidence against him
9. Not having any friends to spend Sunday with
10. Having been given proper advice

## ●リーディング（読めるようにする）演習●

**2** リスニング演習の解答を記入した後、その英文を日本語に訳しなさい。

訳は[4]の日本文を参照。

## ●オーラルオーラル（正しく発音し意味を伝えられるようにする）演習●

**3** リスニング演習の解答を記入した後、その英文を見ながら音声を聞き正しく発話しなさい。

**4** 下の日本文はリスニング演習の訳です。日本文を見て、それに該当する英文を正しく発話しなさい。

1. パイロットなので、彼は視力が良い。

2. 免許を取ったので、好きなときにドライブに行ける。
3. 朝食がすむと、彼は学校へ駆け出した。
4. 基礎知識があまりなかったので、私は英語を上達させるのが大変だった。
5. ヨーロッパへ行ったことがないので、退職前に行ってみたいものだ。
6. 一般的に言うと、最近の日本の若者は昔より社交的だ。
7. 与えられた選択肢を考えると、私たちはこれを選ばなくてはならない。
8. 不利な証拠はほとんどなかったので、そのボクサーは殺人罪で起訴されなかった。
9. 日曜日一緒に過ごす友達がいなかったので、彼は家でテレビを見ていた。
10. 適切なアドバイスを与えられていたので、彼はすばらしいスピーチをした。

●ライティング（書けるようにする）演習●

**5** 次の単語を並べ替えて正しい文を作りなさい。

1. [ I, people, with, made, staying, in, many, Canada, friends ]

    _____

2. [ not, for, having, my son, I, buy, could, anything, not, with, money, me ]

    _____

3. [ excused, cannot, his conduct, was, that, be, drunk, he, granting, still ]

    _____

**6** 次の日本文を英語に直しなさい。

1. 10キロも太りすぎているので、食べ物に注意しなくちゃ。

    （10キロも太りすぎ＝ 10 kilos overweight）

    _____

[解答-5]
1. Staying in Canada, I made friends with many people.
   （カナダに滞在していたとき、私はたくさんの人たちと友達になった）
2. Not having money with me, I could not buy anything for my son.
   （金を持っていなかったので、息子に何も買ってあげられなかった）
3. Granting that he was drunk, his conduct still cannot be excused.
   （仮に彼が酔っていたとしても、彼の行動は許されない）

109

2. 日本は天然資源を十分に持っていないので、ほとんどすべてを輸入に頼っている。
(輸入に頼る＝depend on imports)

___

3. 3年以上も同じ部署で働いているので、この部署で知らないものはない。
(知らないものはない＝know everything about something)

___

[解答-6]
1. Being 10 kilos overweight, I must watch what I eat.
2. Not having enough natural resources, Japan almost entirely depends on imports.
3. Having been working in the same department for over three years, I know everything about this department.

## トレーニングメニュー 14

「そんなことをするなんて」は不定詞による拡大

### 不定詞による拡大の確認

**You must be crazy to do that.** （第2文型）

| S | 助動詞 | V | C | to不定詞 |

[訳] そんなことをするなんて、あなたは頭がおかしいに違いない。

不定詞（to ---）で「判断の根拠」を表す。

### ルール 31

不定詞は、「目的」「原因・理由」「結果」「判断の根拠」「限定」「条件」「独立不定詞」などの用法を持つ

#### a. 目的

| S | V | 副詞句 | 不定詞 |
| He | went | to the library | to study for the mid-term exam. |

（彼は中間試験の勉強のために図書館に行きました） （第1文型）

The applicant wore a formal suit **in order to give a good impression.**
　　S　　　　V　　　O　　　　　　　不定詞　　　　（第3文型）

（その応募者は良い印象を与えるためにフォーマルスーツを着ました）

＊in order to --- ＝ ---するために

They left home early **so as to be in time for the show.**
　S　V　　　　　　　　　　不定詞

（彼らはショーに間に合うように家を早く出た） （第1文型）

＊so as to --- ＝ ---するために

111

b. 原因・理由

| S | V | 副詞 | C | 不定詞 |
|---|---|---|---|---|
| I | am | really | glad | to see you. |

(あなたにお目にかかれて本当に幸せです)　　　　　　　　(第2文型)

They were satisfied **to see the result of the experiment.**
　S　　V　　C　　　　　　不定詞　　　　　　　(第2文型)
(彼らは実験の結果を知って満足しました)

c. 結果

| S | V | O | 不定詞 |
|---|---|---|---|
| Three students from Fukuoka | joined | the ski tour, | **never to return.** |

(福岡出身の3人の学生はスキーツアーに参加して　　(第3文型)
2度と帰らぬ人となってしまった)

She bought an expensive wine glass, **only to break it.**
　S　　V　　　　O　　　　　　　不定詞　　　　(第3文型)
(彼女は高価なワイングラスを買ったが、結局は壊すことになってしまった)

d. 判断の根拠

| S | V | 副詞 | C | 不定詞 |
|---|---|---|---|---|
| She | must have been | very | tired | **to get angry at his comment.** |

(彼のコメントに腹を立てるなんて、彼女はとても　　(第2文型)
疲れていたに違いない)

He must be very patient **not to be offended by that remark.**
　S　　V　　　　C　　　　　　不定詞　　　　　(第2文型)
(あの発言にむっとこないなんて、彼はよほど忍耐強いに違いない)

e. 限定

| S | V | 副詞 | C | 不定詞 |
|---|---|---|---|---|
| My father | is | very | hard | **to please.** |

(私の父は喜ばせるのがとてもむずかしい)　　　　　(第2文型)

This computer is very easy **to use.**
　S　　　　　V　　　　C　不定詞　　　　　　　(第2文型)
(このコンピュータは使うのがとても簡単です)

### チェックポイント

● to please、to use はそれぞれ、hard、easy の内容を限定している

f. 条件

| 不定詞 | S | V | C |
|---|---|---|---|
| To hear her explanation, | you | would be | convinced. |

(彼女の説明を聞けば、あなたは納得するでしょう)　　　(第2文型)

To hear her speak Japanese, you would take her for a native speaker.
不定詞　　　　　　　　　　S　　V　　　O

(彼女が日本語を話すのを聞けば、あなたは彼女を　　　(第3文型)
ネイティブスピーカーと思うでしょう)

g. 独立不定詞

| 独立不定詞 | S | V | O |
|---|---|---|---|
| Strange to say, | the counselor | doesn't have | any formal training. |

(奇妙なことに、あのカウンセラーは正式な　　　　　　(第3文型)
トレーニングを受けていない)

To be honest with you, I don't like the way they handle the problem.
独立不定詞　　　　　S　V　　　　　　O　　(第3文型)

(正直に言うと、彼らの問題の扱い方が好きではない)

● 重要な独立不定詞

- to be frank with you (率直に言うと)
- to be sure (確かに)
- to begin with (まず最初に)
- to do --- justice (---を公平に評価すると)
- to make matters worse (さらに悪いことには)
- to make a long story short (かいつまんで話すと)
- to say nothing of --- (---は言うまでもなく)
- to tell the truth --- (---実を言うと)
- not to mention --- (---は言うまでもなく)
- not to speak of --- (---は言うまでもなく)
- needless to say (言うまでもなく)
- strange to say (奇妙なことだが)

113

## クイックレビュー ......14

次の（　）に適当な英語を入れなさい。

1. I have been to the convenience store (　) (　) (　) (　) (　) (　).
   パンと牛乳を買いにコンビニに行ってきた。
2. I was lucky (　) (　) (　) (　) for the concert.
   そのコンサートの切符が手に入ってラッキーだった。
3. I tried to encourage my colleague only (　) (　) (　) (　).
   同僚を励まそうとしたが、かえって怒らせてしまった。
4. I must have been tired (　) (　) (　) (　).
   約束を忘れるなんて疲れていたに違いない。
5. My wife is hard (　) (　).
   私の妻は扱いにくい。
6. (　) (　) how I walk, you would think I am very old.
   私の歩き方を見れば、私をとても年寄りだと思うでしょう。
7. (　) (　) (　) (　), I am on a diet now.
   実を言うと、いまダイエット中なんだ。

---

解答： 1. to buy some bread and milk  2. to get a ticket  3. to make him angry  4. to forget the appointment  5. to handle  6. To see  7. To tell the truth

## 英語力をアップする筋力トレーニング

### ●リスニング（正しく聞いてポイントの理解を深める）演習●

**1** 音声を聞いて空所に入る語を書きなさい。

1. She reads an English magazine every day _____ _____ _____ _____.
2. She is really happy _____ _____ _____ _____ _____.
3. She bought an expensive computer, _____ _____ _____ _____.
4. She must be rich _____ _____ _____ _____ _____.
5. She is very easy _____ _____.
6. _____ _____ _____ _____ _____, you would take her for an American.
7. _____ _____ _____, she is the best English speaker in our class.
8. She is lucky _____ _____ _____ _____ _____ _____.
9. She took the test, _____ _____ _____.
10. _____ _____ _____ _____, you would take her for a professional typist.

[解答]
1. to improve her English
2. to have a wonderful English teacher
3. never to use it
4. to rent such an expensive apartment
5. to please
6. To hear her speak English
7. Needless to say
8. to have such a nice friend
9. only to fail
10. To see her type

### ●リーディング（読めるようにする）演習●

**2** リスニング演習の解答を記入した後、その英文を日本語に訳しなさい。

訳は[4]の日本文を参照。

### ●オーラルオーラル（正しく発音し意味を伝えられるようにする）演習●

**3** リスニング演習の解答を記入した後、その英文を見ながら音声を聞き正しく発話しなさい。

115

**4** 下の日本文はリスニング演習の訳です。日本文を見て、それに該当する英文を正しく発話しなさい。

1. 彼女は英語を上達させるために毎日英語の雑誌を読む。
2. 彼女はすばらしい英語の先生を持てて本当に幸福です。
3. 彼女は高いコンピュータを買ったが結局使わなかった。
4. そんな高いアパートを借りるなんて彼女は金持ちに違いない。
5. 彼女を喜ばせるのはとても簡単だ。
6. 彼女は英語を話すのを聞いたらあなたは彼女をアメリカ人と思ってしまうだろう。
7. 言うまでもなく彼女は私たちのクラスで英語を話すのが一番うまい。
8. そんなすばらしい友達を持っているなんてとても幸運です。
9. 彼女は試験を受けたが不合格だった。
10. 彼女がタイプするのを見たらプロのタイピストと間違えてしまうでしょう。

### ●ライティング（書けるようにする）演習●

**5** 次の単語を並べ替えて正しい文を作りなさい。

1. [ you, we, with, were, acquainted, glad, to, get ]

2. [ with, uncle, to, my, difficult, is, deal ]

3. [ to, negotiations, him, see, handle, you, the, president, would, take, for, him ]

**6** 次の日本文を英語に直しなさい。
1. 彼は大学の授業料を払うためにパートをしている。
（パートをする＝ work part-time）

[解答-5]
1. We were glad to get acquainted with you.
（私たちはあなたと知り合いになれてうれしかった）
2. My uncle is difficult to deal with.
（私のおじは扱いにくい）
3. To see him handle negotiations, you would take him for the president.
（彼が交渉を扱うのを見れば、あなたは彼を社長と間違えるでしょう）

2. 彼の勉強ぶりを見れば、彼はTOEIC試験で良い点を取ると思うでしょう。
（勉強ぶりを見る＝see how hard someone studies）

3. 率直に言って、彼には語学の才能がない。
（語学の才能＝a gift for language）

［解答-6］
1. He works part-time to pay his college tuition.
2. To see how hard he studies, you would think that he will get a good score on the TOEIC test.
3. To be frank with you, he doesn't have a gift for language.

## トレーニングメニュー 15

「家のローンに加えて」は（群）前置詞句による拡大

### （群）前置詞句による拡大の確認

**In addition to** the house loan,
- In addition to：群前置詞
- the house loan：名詞句

he has to pay property tax. （第3文型）
- he：S
- has to：助動詞
- pay：V
- property tax：O

[訳] 家のローンに加えて、彼は財産税も支払わなければならない。

名詞句 (the house loan) の前に置かれるのは、前置詞でなければならない。

### ルール32 群前置詞は数語で1つの前置詞として機能する

基本文型は、群前置詞句と前置詞句によってもさらに拡大されます。群前置詞とはいくつかの語が一緒になって前置詞と同じ働きをするものを言います。

| 群前置詞 | 名詞 | SVO |
|---|---|---|
| Because of | illness, | she couldn't attend the class. |

（病気だったので、授業に出席できなかった） （第3文型）

＊Because of illness = Because she was ill［接続詞を使った表現］

| 群前置詞 | 名詞句 | SVO |
|---|---|---|
| But for | your help, | I couldn't have finished it. |

（第3文型）
（あなたの手助けがなかったら、それを終えられなかったでしょう）

＊But for your help = Without your help［前置詞を使った表現］

## チェックポイント

● （群）前置詞の位置

（群）前置詞の後には名詞が置かれます。接続詞と混同しがちですが、接続詞の場合には、後に主語・動詞を持った文がきます。

| 前置詞 | 名詞句 | S | V | O |

During **my stay in Japan,** I visited many temples and shrines.

| 接続詞 | ＳＶ副詞句 | S | V | O |

While **I stayed in Japan** I visited many temples and shrines.
（日本に滞在中に私は多くの寺院と神社を訪れました）　　（第3文型）

| 群前置詞 | 名詞句 | S | 助動詞 | V | C |

In spite of **her great efforts,** she couldn't become the manager.

| 接続詞 | ＳＶＯ | S | 助動詞 | V | C |

Although **she made great efforts,** she couldn't become the manager.
（大いに努力したにもかかわらず彼女はマネージャーに　　（第2文型）
なれなかった）

| 前置詞 | 名詞句 | S | 助動詞 | V | O | C |

Without **your support,** we cannot make this project successful.

| 接続詞 | ＳＶＯ | S | 助動詞 | V | O | C |

Unless **you support us,** we cannot make this project successful.
（あなたの支持がなければ、私たちはこのプロジェクトを　　（第5文型）
成功させることはできない）

● 重要な群前置詞

- ・according to ---(ing)(---によれば)　・as regards ---(ing)（---に関して）
- ・because of ---(ing)（---のために）　・due to ---(ing)（---のために）
- ・for all ---(ing)（---にもかかわらず）
- ・in addition to ---(ing)（---に加えて、の他に）
- ・in case of ---(ing)（---の場合には）　・in spite of ---(ing)(---にも関わらず)
- ・in view of ---(ing)（---を考慮して）
- ・notwithstanding ---(ing)（---にも関わらず）
- ・regardless of ---(ing)（---を考慮せず）
- ・with all ----(ing)（---にも関わらず）
- ・with a view to ---(ing)（---する目的で）

## ルール33 前置詞句は、「時」「期間」「場所」などを表す

　副詞句の働きをする最も代表的なものは前置詞句で、無数にあると言ってよいでしょう。前置詞句とは、前置詞を中心に結ばれたグループで、時、期間、場所、方向、方法などを表します。

a. 時

This car was very popular **in the early 1980s.**
　S　　V　　　　　C　　　　前置詞句　　　　　　　　　（第2文型）
（この車は1980年代の初期に非常に人気があった）

b. 場所・期間

I have been teaching English **at this school for over a year** now.
S　　　　V　　　　　O　　　前置詞句　　　前置詞句
（私はもう1年以上もこの学校で英語を教えています）　　（第3文型）

c. 方向

A cold wind is blowing **from the north.**
　　S　　　　V　　　　前置詞句
（冷たい風が北から吹いてきています）　　　　　　　　　（第1文型）

d. 方法

She finished the job **with the greatest care.**
S　　V　　　O　　　　　前置詞句　　　　　　　　　　　（第3文型）
（彼女は細心の注意を払って仕事を仕上げた）

### チェックポイント

●前置詞句の慣用的な用法

**a. in/with + 抽象名詞 = 副詞**

・He did it **with care.** = He did it **carefully.**
（彼はそれを注意して行った）

・She did it **in haste.** = She did it **hastily.**
（彼女はそれをあわてて行った）

**b. to one's + 抽象名詞 = 副詞**

・**To my surprise,** he did it alone.
= **Surprisingly,** he did it alone.
　（驚いたことに、彼はそれを1人でやった）

・**To my astonishment,** she asked for help.
= **Astonishingly,** she asked for help.
　（驚いたことに、彼女は助けを求めた）

## ● 重要な前置詞句

- in detail（詳しく）
- in haste（急いで）
- in session（開会中）
- in stock（在庫をしている）
- to one's astonishment（驚いたことには）
- to one's delight（喜んだことには）
- to one's disappointment（失望したことには）
- to one's horror（驚いたことには）　・to one's joy（うれしいことには）
- to one's regret（残念なことには）　・to one's sorrow（悲しいことには）
- to one's surprise（驚いたことには）

### チェックポイント

●名詞句の副詞用法

**名詞句が副詞として文を拡大し、主に時、期間、付帯状況などを表す。**

**a. 時**

| S | V | 副詞 | 名詞句 |

She　arrived　here　**the day before yesterday.**　　　　（第1文型）
（彼女はおとといここに着いた）

**b. 期間**

| S | V | 副詞 | 名詞句 |

She　is staying　here　**more than a week.**　　　　（第1文型）
（彼はここに1週間以上滞在している）

**c. 付帯状況**

| S | V | O | 副詞 | 前置詞句 |

She　is enjoying　staying　here　at the resort;

| 名詞句 |

**her every need attended to by the hotel.**　　　　（第3文型）
（ホテルの快適の限りをつくしてもらい、彼女はここリゾートでの滞在を楽しんでいる）

121

＊この種の名詞句は次のような解釈が可能である。

= She is enjoying staying here at the resort, her every need (being) attended to by the hotel.
= She is enjoying staying here at the resort, (with) her every need attended to by the hotel.

(彼女のすべての要求をホテルに満たしてもらい、彼女はここリゾートでの滞在を楽しんでいる)

### クイックレビュー ……15

次の( )に適当な英語を入れなさい。

1. ( ) ( ) bad weather, I stayed home all day.
   悪天候のために、1日中家にいた。
2. I usually take a walk ( ) ( ) ( ) ( ).
   私はたいてい朝早く散歩をする。
3. ( ) ( ) ( ), I could jog more than five miles today.
   驚いたことに、今日は5マイル以上ジョギングができた。
4. ( ) ( ) ( ), I was really sick.
   1週間前は本当に具合が悪かった。

□解答：1. Due to  2. early in the morning  3. To my surprise  4. A week ago

# 英語力をアップする筋力トレーニング

## ●リスニング（正しく聞いてポイントの理解を深める）演習●

**1** 音声を聞いて空所に入る語を書きなさい。

1. _____ _____ _____ _____ _____, she is also a popular writer.
2. _____ _____ _____ _____, she finished the book on time.
3. _____ _____ _____ _____, she finished the book on time.
4. _____ _____ _____, her book was a great success.
5. _____ _____ _____ _____, her book is very easy to read.
6. Now she is leading a comfortable life, _____ _____ _____ _____ _____ _____ _____.
7. _____ _____ _____ _____, he is not happy at all.
8. He always did his homework _____ _____ _____ _____.
9. _____ _____ _____ _____ _____, most of the flights were canceled.
10. They treated the glassware _____ _____ _____ _____.

[解答]
1. In addition to being a doctor
2. In spite of illness
3. Although she was ill
4. To our surprise
5. Despite its great length
6. with all the money in a bank
7. For all his fortune
8. with attention to detail
9. Due to the heavy snowstorm
10. with the greatest care

## ●リーディング（読めるようにする）演習●

**2** リスニング演習の解答を記入した後、その英文を日本語に訳しなさい。

訳は[4]の日本文を参照。

## ●オーラルオーラル（正しく発音し意味を伝えられるようにする）演習●

**3** リスニング演習の解答を記入した後、その英文を見ながら音声を聞き正しく発話しなさい。

**4** 下の日本文はリスニング演習の訳です。日本文を見て、それに該当する英文を正しく発話しなさい。
1. 医者であるばかりでなく、彼女は人気作家でもある。

2. 病気だったにも関わらず、彼女は時間通りその本を書き上げた。
3. 病気だったにも関わらず、彼女は時間通りその本を書き上げた。
4. 驚いたことに、彼女の本は大成功だった。
5. 非常な長さにもかかわらず、彼女の本はとても読みやすい。
6. すべての金を銀行に預け、今彼女は快適な暮しをしている。
7. 金持ちなのに、彼はちっとも幸福ではない。
8. 彼はいつも細かいところにまで注意して宿題をした。
9. 大吹雪のため、ほとんどのフライトはキャンセルとなった。
10. 彼らはガラス製品を入念な注意を払って扱った。

●ライティング（書けるようにする）演習●

**5** 次の単語を並べ替えて正しい文を作りなさい。

1. [ he, player, is, good, an, a, besides, being, excellent manager ]

2. [ before, long, handed, report, she, her, in, the, deadline ]

3. [ week, my, last, father, sorrow, to, was, off, laid, our ]

**6** 次の日本文を英語に直しなさい。

1. 彼女は最後の試験で難なく満点を取った。
（満点＝ full marks）

2. 彼は優れた学者であるばかりでなく立派な教師でもある。（優れた学者＝ an outstanding scholar）

3. うれしいことに、父は副社長に昇進した。
（---に昇進する＝ be promoted to ---）

[解答-5]
1. He is an excellent manager besides being a good player.
（彼は優れた選手であるに加えて、すばらしい監督でもある）
2. She handed in her report long before the deadline.
（彼女はレポートを締め切りよりかなり前に提出した）
3. To our sorrow, my father was laid off last week.
（悲しいことに、私の父は先週一時解雇された）

[解答-6]
1. She got full marks with ease in the last examination.
2. Besides being an outstanding scholar, he is a fine teacher.
3. To my (our) joy, my father was promoted to vice president.

## トレーニングメニュー 16 「彼女は大金持ちだったにも関わらず」は副詞節による拡大

### 副詞節による拡大の確認

**Although she had a fortune**, she was not happy.

- Although she had a fortune：副詞節（接続詞＋文）
- she：S
- was：V
- not happy：C

（第2文型）

[訳] 彼女は大金持ちだったにも関わらず、幸せではなかった。

後ろに文（she had a fortune）がきているので、接続詞（Although）が必要である。

### ルール 34　基本文は副詞節によってさらに拡大され複雑になっていく

[基本文]

**She is not happy.** （S V C）　　　　　　　　　（第2文型）
↓（彼女は幸せではない）

**Unfortunately,**（副詞）**She is not happy.**（S V C）（第2文型）
↓（不運なことに、彼女は幸せではない）

**For all her fortune,**（副詞句）**She is not happy.**（S V C）（第2文型）
↓（財産があるにもかかわらず、彼女は幸せではない）

**Although she has a fortune,**（副詞節）**She is not happy.**（S V C）（第2文型）
（財産があるにもかかわらず、彼女は幸せではない）

次の長い文も第2文型。副詞、副詞句、副詞節がどのように使われて、

125

文が拡大されているか確認してみましょう。

<u>Unfortunately,</u> <u>when she was given a chance to show her talent,</u>she got
　　副詞　　　　　　　　　　副詞節　　　　　　　　　　　　　　　S V

very <u>nervous</u> <u>with all negative feelings about performing in front of so</u>
　　　 C　　　　　　　　　　　　　　　副詞句

<u>many people.</u>

(不運にも、彼女に才能を示すチャンスが与えられたとき、多くの人前で演技をしなくてはならないことに対しての否定的な感情のために、彼女は非常に上がってしまっていた)

### ルール35　副詞節は「原因・理由」「目的」「譲歩・対比」などさまざまな意味を表す

a. 原因・理由の副詞節

| 副詞節 | S | V | 副詞句 | 副詞句 |
|---|---|---|---|---|
| As I was very tired, | I | went | to bed | without eating supper. |

(とても疲れていたので、夕食をとらずに寝てしまった)　(第1文型)

<u>Now that I have saved enough money,</u> I can buy the car I have long wanted.
　　　　　副詞節　　　　　　　　　　　　S　 V　　 O

(十分なお金を貯めたので、長い間ほしかった車が買えます)(第3文型)

● 原因・理由を表す重要表現

- as --- (---なので)
- because --- (---なので)
- now that --- (いまはもう---なので)
- seeing that --- (---であるから)
- since --- (---だから)

### チェックポイント

● 理由を表すforは等位接続詞なので、文と文の間に置かれ文頭に出されることはない

**副詞節を作るbecauseは前にも後ろにも置けます。**

正：I didn't go to school yesterday, **for I was sick.**

誤：**For I was sick,** I didn't go to school yesterday.

正：**Because I was sick,** I didn't go to school yesterday.

正：I didn't go to school yesterday, **because I was sick.**

b. 目的の副詞節

| S | V | 副詞 | 副詞句 |
|---|---|---|---|
| He | left | home | ten minutes earlier than he had planned |

**副詞節**
**for fear that he might be late for the interview.**　　　（第1文型）
(彼はインタビューに遅れないように、予定より10分早く家を出た)

She is studying English hard **so that she can study at an American**
S　　V　　　O　　　　　　　　　　　　　**副詞節**
**college.**　　　　　　　　　　　　　　　　　　　　　（第3文型）
(彼女はアメリカの大学で勉強できるように、英語を一生懸命勉強しています)

● 目的を表す重要表現

- so that + S 　{ can --- (---できるように)
　　　　　　　　　 may --- (---するために)
　　　　　　　　　 will --- (---するように)
- in order that + S { can --- (---できるように)
　　　　　　　　　　 may --- (---するために)
　　　　　　　　　　 will --- (---するように)
- for fear that + S { should --- (---するといけないから)
　　　　　　　　　　 may --- (---しないように)
- lest+S (should) --- (---するといけないから)

c. 譲歩・対比の副詞節

| 副詞節 | S | V | 副詞句 | 副詞句 |
|---|---|---|---|---|
| **Although he was very tired,** | he | went | to the office | as usual. |

(彼はとても疲れていたけれど、いつものとおり　　（第1文型）
会社に行った)

**Even if you are right,** I don't want to accept it.
**副詞節**　　　　　S　　V　　　O　　　（第3文型）
(たとえあなたが正しいとしても、それを受け入れたくない)

**While he is a famous doctor,** he cannot take care of his own health.
**副詞節**　　　　　　　　　　S　　　V　　　　　　　O
(彼は有名な医者ではあるが、自分の健康管理ができない)（第3文型）

●譲歩・対比を表す重要表現

- although --- (---だけど)　　　・even if --- (たとえ---だとしても)
- even though --- (たとえ---だとしても)
- though --- (---だけど)　　　・whereas --- (---だけれど)
- whether ～ or --- (～であろうと---であろうと)
- while --- (---だけれど)

### チェックポイント

●次の用法・イディオムに注意

1) ～ever/No matter --- (たとえ---でも)

- **However tired you may be,** you must work overtime today.
= **No matter how tired you may be,** you must work overtime today.
 (たとえどんなに疲れていても、君は今日残業しなければならない)

- **No matter how hard she tried,** she couldn't win the game.
= **However hard she tried,** she couldn't win the game.
 (どんなに一生懸命にやっても、彼女は試合に勝てなかった)

2) 形容詞／副詞／無冠詞名詞 + as [though] --- (---だけれど)

- **Young as she is,** she is an excellent golfer.
= **Though she is young,** she is an excellent golfer.
 (彼女は若いけれど、優れたゴルファーです)

- **Long distance runner as he is,** he can run 100 meters in under 11 seconds.
= **Though he is a long distance runner,** he can run 100 meters in under 11 seconds.
 (彼は長距離ランナーだけれど、100メートルを11秒以下で走れる)

3) 原形動詞 + what + may --- (たとえ---であろうとも)

- **Come what may,** the project will continue.
= **Whatever may happen,** the project will continue.
 (たとえ何が起ころうともそのプロジェクトは続行される)

---

d. 時・期間の副詞節

| 副詞節 | S | V | 副詞句 |
|---|---|---|---|
| When I dropped in his office, | he | was | in a meeting. |

= **As I dropped in his office**, he was in a meeting.
(彼の事務所に立ち寄ったとき、彼は会議中だった)　　　(第1文型)

<u>**The moment she saw my face**</u>, the baby started crying.
　　　副詞節　　　　　　　　　S　　V　　O　　（第3文型）

= **As soon as she saw my face**, the baby started crying.
（私の顔を見るやいなや、その赤ん坊は泣き出した）

<u>**Every time he does the dishes,**</u> he breaks some of them.
　　　　副詞節　　　　　　　　S　　V　　　O　　（第3文型）

= **Whenever he does the dishes**, he breaks some of them.
（彼は皿洗いをするといつもお皿を割ってしまう）

### ● 時・期間を表す重要表現

| | |
|---|---|
| ・when --- （----するとき） | ・as --- （---するとき） |
| ・as soon as --- （---するやいなや） | ・immediately --- （---するやいなや） |
| ・the moment --- （---するやいなや） | ・the instant --- （---するやいなや） |
| ・any time --- （---するときはいつも） | ・every time --- （---するたびに） |
| ・after --- （---の後で） | ・before --- （---の前に） |
| ・while --- （---の間に） | ・since --- （---以来） |
| ・until / till --- （---まで） | ・whenever --- （---するときはいつも） |

**チェックポイント**

●次の相関接続詞に注意

　**no sooner ～ than ---**（～するやいなや---）

　**hardly（scarcely）～ when ---**（～するやいなや---）

・**No sooner** had he finished breakfast **than** he dashed out of the house.

=**Hardly** had he finished breakfast **when** he dashed out of the house.

=**As soon as** he had finished breakfast, he dashed out of the house.

（彼は朝食を食べるやいなや家を飛び出した）

---

e. 場所の副詞節

| S | 助動詞 | V | O | 副詞節 |
|---|---|---|---|---|
| You | can | park | the car | where you parked it last time. |

（前回止めた所に車を止めて結構です）　　　　　　（第3文型）

<u>You</u> <u>can go</u> **wherever you like** as long as you come back by 9 p.m.
　S　　　V　　　　副詞節　　　　　　　　　　　（第1文型）

= You can go **to any place you like** as long as you come back by 9 p.m.
（9時までに帰って来るならば、どこにでも好きな所に行っていいです）

129

● **場所を表す重要表現**

・where --- (---する所で／に)　　・wherever --- (---する所はどこでも)

f. 様態の副詞節

| 副詞節 | S | V | O |
|---|---|---|---|
| **As food develops the body, so** | reading | cultivates | the mind. |

(食べ物が体を発達させるように、読書は精神を陶冶する)　(第3文型)

<u>She</u> <u>talks</u> **as though she were a teacher.**
　S　V　　　　　　副詞節　　　　　　　　　　　(第1文型)

= She talks **as if she were a teacher**.

(彼女はあたかも先生であるかのような話し方をする)

● **様態を表す重要表現**

・as --- (---のように)　　　　　・as if --- (あたかも---のように)
・as 〜, so --- (〜のように、そのように---)
・as though --- (あたかも---のように)

### チェックポイント

●**口語と文語をきちんと区別**

正：**As** I said last time, this is impossible.

誤：**Like** I said last time, this is impossible.

インフォーマルな口語体ではlikeを接続詞として使うが、本来前置詞なので文法問題として出題されたときは間違いとされます。

g. 結果の副詞節

| S | V | C | 副詞句 |
|---|---|---|---|
| She | is | **so** nice | **that** everybody likes her. |

(第2文型)

= She is **such** a nice girl **that** everybody likes her.

(彼女はすてきな女の子なので、みんなから好かれる)

● **結果を表す重要表現**

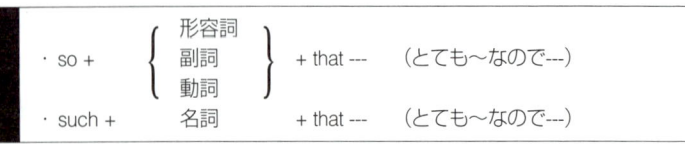

・so + { 形容詞 / 副詞 / 動詞 } + that --- (とても〜なので---)

・such + 名詞 + that --- (とても〜なので---)

130

### チェックポイント

●原則は後ろに名詞が来ればsuch、
形容詞・副詞・動詞が来ればsoだが、
後ろに名詞が来る場合でもsoで書く場合があるので注意

1) many、much、few、littleがついた場合

i) so { many / few } +数えられる名詞+ that

・She has **so many** problems **that** she definitely needs help.
（彼女は非常に多くの問題を抱えていて、明らかに助けが必要です）

ii) so { much / little } +数えられない名詞+ that

・This project takes **so much** time **that** we definitely need extra help.
（このプロジェクトには非常に多くの時間がかかるので、明らかに余分な手助けが必要です）

2) so + 形容詞 + a(n) + ～ that ---の場合
   soに形容詞が引きつけられて、不定冠詞a（n）が後置されます。

・She is **such a** nice girl **that** everybody likes her.
= She is **so** nice **a** girl **that** everybody likes her.
（彼女はとてもすてきな女の子でみんなから好かれる）

**cf.** as + 形容詞 + a ～ as ---／too + 形容詞 + a ～ to --- も同様になります。

・She is **as** good a girl **as** Susan.
（彼女はスーザンみたいにすてきな少女です）

・This is **too** good a chance **to** miss.
（これは見逃すにはあまりにもすばらしいチャンスです）

---

h. 比較の副詞節

| S | V | 副詞句 | 副詞節 |
|---|---|---|---|
| This car | runs | as fast | as that one (does). |

（第1文型）

（この車はあの車と同じくらい速く走る）

This car is not **as** expensive **as that one (is).**
　S　　V　　　C　　　　　副詞節　　　　　（第2文型）

（この車はあの車より高くない）

131

This car is **smaller than that one (is).**
 S V  C    副詞節      （第2文型）
（この車はあの車より小さい）

This car is **more economical than that one (is).**
 S V   C     副詞節    （第2文型）
（この車はあの車より経済的です）

● 比較を表す重要表現

> ・as ～ as --- （---と同じくらい～）
> ・not as (so) ～ as --- （---ほど～ない）
> ・～ er ～ than ---
> ・more ～ than ---    （---より～）

### チェックポイント

●比較節内の動詞を省略することは可能であるが、
省略しない場合は、代動詞・be動詞（do、is）にする
他動詞の目的語（gasoline）だけを省略して、他動詞（consumes）
だけを残すことはできないので注意しましょう。

正：This car consumes more gasoline **than that one (does).**
誤：This car consumes more gasoline **than that one consumes.**

---

i. 比例の副詞節

| S | 助動詞 | V | O | 接続詞 | V | O |
|---|---|---|---|---|---|---|
| You | can | continue | the lesson | or | stop | it |

**according as you decide.**       （第3文型）
　　　副詞節
（あなたの決定次第でレッスンを続けてもよいし、止めてもよい）

**As people grow older,** they tend to become more conservative.
  副詞節     S  V  C     （第2文型）
（人は年を取るにつれて、より保守的になる傾向がある）

**The faster you swing the club, the longer** you can carry the ball.
   副詞節      副詞  S  V  O
（速くクラブを振れば振るほど、より遠くへボールを  （第3文型）
運ぶことができる）

● 比例を表す重要表現

・according as --- (---にしたがって、---するにつれて)
・as --- (---につれて、---にしたがって)
・the + 比較級 (~) ／ the + 比較級 (---)(~すればするほど、ますます---)

### チェックポイント

●according to --- は群前置詞なので、その後ろには
名詞相当語句が来ることに注意しよう

**According to {his story}**, she seems to be involved in this incident.
　　　　　　　**{what he said}**,

(彼の話によれば、彼女はこの事件に関っているらしい)

＊his story = 名詞句、what he said = 名詞節

j. 制限・除外の副詞節

| 副詞節 | S | V | 副詞句 |
|---|---|---|---|
| **As far as I know,** | she | is not going | to the graduation ceremony. |

(私の知っている限りでは、彼女は卒業式に行かない)　　(第1文型)

The movie is good **except that it has a little too much violence.**
　S　　V　C　　　　　　　　副詞節

(暴力が少し多すぎるということを除けば、良い映画です) (第2文型)

cf. Any food is all right with me **as long as it has few calories.**

(カロリーさえ少なければ、どんな食べ物でもいいです) [条件]

● 制限・除外を表す重要表現

・as (so) far as --- (---の限りでは)
・except that --- (---を除けば)

k. 条件の副詞節

| 副詞節 | S | 助動詞 | V | O |
|---|---|---|---|---|
| **If it rains tomorrow,** | we | will | cancel | the game. |

(もし明日雨が降れば、試合を中止します) 　　　 (第3文型)

We had better set our alarms, **in case she forgets to call us.**
S　　　　V　　　O　　　　　　　　副詞節　　(第3文型)

(彼女が電話するのを忘れるといけないので目覚しをセットしたほうがよい)

133

<u>**Unless you have an ID card,**</u> <u>you</u> <u>cannot use</u> <u>the computers</u> here.
　　　副詞節　　　　　　　　　S　　　V　　　　O　　　（第3文型）
（もし身分証明書を持っていなければ、ここのコンピュータは使えません）

<u>**Providing that your professor identifies you as her student,**</u>
　　　　　　　　　　　副詞節

<u>you</u> <u>can use</u> <u>the computers</u> here.
　S　　V　　　　O　　　　　　　　　　　　　　　　（第3文型）
（もしあなたの教授があなたが自分の学生だと証明すれば、ここのコンピュータは使えます）

● 条件を表す重要表現

- if --- （もし---ならば）
- in case --- （もし---ならば）
- suppose (that) --- （もし---ならば）
- supposing (that) --- （もし---ならば）
- unless --- （もし---でなければ）
- provided (that) --- （もし---ならば）
- providing (that) --- （もし---ならば）

### チェックポイント

● 時・条件を表す副詞節の中では、未来を表す場合に未来形ではなく現在形を使うので注意が必要

これはあくまで例外的で、時・条件の副詞節でない場合（たとえば名詞節）は、未来はそのまま未来形で表します。

誤：If it **will rain** tomorrow, we will cancel the game.

正：<u>If it **rains** tomorrow</u>, <u>we</u> <u>will cancel</u> <u>the game</u>.
　　　副詞節　　　　　　S　　　V　　　　O

正：<u>I</u> <u>don't know</u> <u>if it **will rain** tomorrow or not</u>.
　　S　　V　　　　　　　O（名詞節）

## クイックレビュー ……16

次の（　）に適当な英語を入れなさい。

1. (　)(　)(　)(　), I couldn't eat anything today.
   具合が悪かったので、今日は何も食べられなかった。
2. I am staying in bed all day today (　)(　) I (　) feel better tomorrow.
   明日は気分が良くなるように今日は1日中寝ている。
3. (　)(　) I feel better, I think I should see a doctor this afternoon.
   たとえ気分が良くても、今日の午後医者に行ったほうがよいかもしれない。
4. (　)(　) I see a doctor, I feel nervous.
   医者に見てもらうときはいつも緊張してしまう。
5. (　)(　) I see a doctor, the better.
   医者に見てもらうのは、早ければ早いほど良い。
6. (　)(　)(　) tomorrow, I won't go hiking.
   明日雨になれば、ハイキングには行かない。

解答： 1. Because I was sick  2. so that / can  3. Even if  4. Every time  5. The sooner  6. If it rains

# 英語力をアップする筋力トレーニング

## ●リスニング（正しく聞いてポイントの理解を深める）演習●

**1** 音声を聞いて空所に入る語を書きなさい。

1. He decided to go to the States _____ _____ _____ _____ _____ _____ _____.

2. _____ _____ _____ _____ _____ _____, he did his best.

3. _____ _____ _____ _____ _____, he consulted his counselor.

4. He learned that _____ _____ _____ _____ _____, there is a way.

5. _____ _____ _____ _____ _____ _____, his English improved.

6. He definitely spent more time studying English _____ _____ _____ _____ _____ _____ _____.

7. _____ _____ _____ _____ _____ _____ _____, the better his English became.

8. He kept studying _____ diligently _____ _____ _____ _____ _____ _____.

9. _____ _____ _____ _____ _____ _____ _____ _____ _____, you can succeed in mastering English.

10. _____ _____ _____ _____ _____ _____ _____ _____ and _____ _____ _____ _____, your English won't improve.

[解答]
1. so that he could learn English quickly
2. Difficult as learning English was for him
3. Whenever he had a problem
4. where there is a will
5. As he spent more time studying
6. than anyone else in his class did
7. The more time he spent practicing English
8. so / that finally he could master English
9. As long as you have a strong will to study
10. Unless you put time and effort into your study / are willing to study hard

## ●リーディング（読めるようにする）演習●

**2** リスニング演習の解答を記入した後、その英文を日本語に訳しなさい。

訳は[4]の日本文を参照。

136

●オーラルオーラル（正しく発音し意味を伝えられるようにする）演習●

**3** リスニング演習の解答を記入した後、その英文を見ながら音声を聞き正しく発話しなさい。

**4** 下の日本文はリスニング演習の訳です。日本文を見て、それに該当する英文を正しく発話しなさい。
1. 彼は英語を速く身につけようと、アメリカに行くことに決めた。
2. 彼にとって英語を勉強することはとてもむずかしかったが、彼はベストを尽くした。
3. 彼は問題があるといつもカウンセラーに相談した。
4. 彼は意志があれば道は開けるということを学んだ。
5. 勉強に費やす時間が増すにつれて、彼の英語は上達した。
6. 彼はクラスの誰よりも英語の勉強に本当に時間をかけた。
7. 彼が英語の練習に時間をかけた分だけ、彼の英語は上達した。
8. 彼はとてもまじめに勉強し続けたので、結局英語をマスターすることができた。
9. 勉強する強い意志を持っていれば、英語をマスターするのに成功することができる。
10. 勉強に時間と労力をかけず、勉強する気がなかったら、あなたの英語は改善されないでしょう。

●ライティング（書けるようにする）演習●

**5** 次の単語を並べ替えて正しい文を作りなさい。
1. [ out, decide, the, carry, you, have to, you, what, decision, no matter ]

   _____

2. [ time, reading, she, girl, spends, other, more, any, in her class, than ]

   _____

137

3. [ thinner, the, mountain, becomes, higher, we climb, a, the, air, the ]

_____

**6**　次の日本文を英語に直しなさい。

1. 運転手の仕事は見かけよりきつい。
   （見かけより＝ than it looks）

_____

2. 彼女はとても腹を立てたので自制心を失ってしまった。
   （自制心を失う＝ lose control of oneself）

_____

3. 私の知っている限り、これが最新版です。
   （最新版＝ the latest edition）

_____

［解答-5］
1. No matter what you decide, you have to carry out the decision.
   （あなたが何を決定したにしても、それを実行しなくてはならない）
2. She spends more time reading than any other girl in her class.
   （彼女はクラスのどの女の子よりも読書に時間を費やしている）
3. The higher we climb a mountain, the thinner the air becomes.
   （山に高く登れば登るほど、空気は薄くなってくる）

［解答-6］
1. The job of a driver is harder than it looks.
2. Her anger was so great that she lost control of herself./ She was so angry that she lost control of herself./ Her anger was such that she lost control of herself.
3. As far as I know, this is the latest edition.

# トレーニングメニュー 17

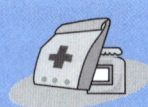

## 「病気だったので」は等位接続詞による拡大

### 等位接続詞の確認

I didn't go to school yesterday,
 S      V

**for I was sick**.　　　　　　　　　　（第1文型）
等位接続詞＋SVC

[訳] 病気だったので、昨日学校に行かなかった。
　等位接続詞（for）は文と文の間に置かれる。

### ルール36　等位接続詞は、and、but、or、nor、for、so、yetの7つ

　語、句、文などを対等につなぐ等位接続詞は、and、but、or、nor、for、so、yetの7つで、つなぐものの間に置かれます。because、as、when、althoughなどの副詞節を作る従位接続詞は最初の文の頭に置くこともできますが、等位接続詞は最初の文の頭に置くことはできません。

| 文 | 等位接続詞 | 文 |
|---|---|---|
| She went to bed early last night, | for | she was very tired. |

（彼女は大変疲れていたので、昨日の晩は早く床についた）
誤：**For** she was very tired, she went to bed early last night.

#### 1. and

a) 対等なものを並列する

He bought **a book, a notebook, and a pen**.
S    V    O₁      O₂    接続詞 O₃　　　　（第3文型）
（彼は本1冊、ノート1冊、そしてペン1本を買った）

139

b) 前後関係を表す

　She **entered** the room **and** **sat down** on the sofa.
　　S　**V₁**　　O₁　　接続詞　**V₂**　　　　　　　　　　　（第3文型
　（彼女は部屋に入って、ソファーに腰掛けた）　　　　　　　　／第1文型）

c) 口語で不定詞の代わりをする

　Please **come** **and** **see** us tomorrow.
　　　　　**V₁**　接続詞 **V₂**　O
　= Please come **to** see us tomorrow.
　（どうぞ明日会いに来てください）

d) 同一語句を繰り返して、反復・強調を表す

　He watched the video **again** **and** **again**.
　S　 V　　　　O　　　副詞　接続詞　副詞　　　　　　　　（第3文型）
　（彼はそのビデオを何度も何度も見た）

　The price of land is getting **higher** **and** **higher** every year.
　　　　S　　　　　　V　　　　C₁　　接続詞　C₂
　（その土地の価格は毎年どんどん高くなっている）　　　　　（第2文型）

e) 命令文とともに（〜しなさい、そうすれば---）

　Talk to the teacher about this, **and** you will be convinced.
　V　　　　　　　　　　　　　接続詞　S　　　V
　= **If you talk to the teacher about this**, you will be convinced.
　（このことに関して先生と話をしなさい、そうすれば納得するでしょう）

f) 名詞 + and ---で（〜すれば、そうすれば---）

　**Another rainstorm** **and** our village will be completely flooded.
　　　名詞句　　　　　接続詞　　S　　　　　　　V
　= **If we have another rainstorm**, our village will be completely flooded.
　（もしもう一度暴風雨になれば、我々の村は完全に水浸しになるでしょう）

g) 対立的内容を表す

　She looks **gentle** **and** very **strict** with her students.
　S　 V　　C₁　　接続詞　　　C₂　　　　　　　　　　　　（第2文型）
　（彼女は優しそうに見えるが、学生には非常にきびしい）

　That building is **a school, and** not **a hotel**.
　　　S　　　　V　　C₁　　接続詞　　C₂　　　　　　　　　（第2文型）
　= That building is **not** a hotel **but** a school.
　（あの建物は学校であって、ホテルではない）

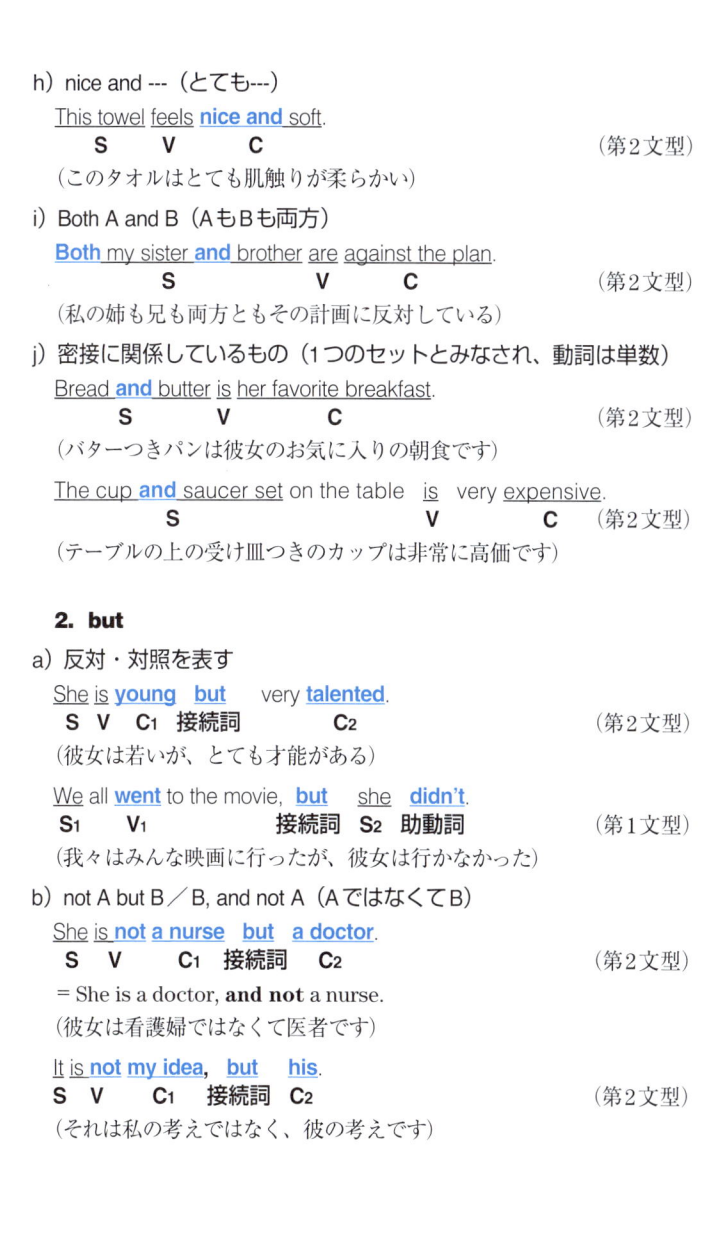

h）nice and ---（とても---）
　　This towel feels **nice and** soft.
　　　　S　　V　　　C　　　　　　　　　　　　（第2文型）
　　（このタオルはとても肌触りが柔らかい）

i）Both A and B（AもBも両方）
　　**Both** my sister **and** brother are against the plan.
　　　　S　　　　　　　　　　V　　　C　　　　　（第2文型）
　　（私の姉も兄も両方ともその計画に反対している）

j）密接に関係しているもの（1つのセットとみなされ、動詞は単数）
　　Bread **and** butter is her favorite breakfast.
　　　　S　　　　　V　　　　C　　　　　　　　　（第2文型）
　　（バターつきパンは彼女のお気に入りの朝食です）

　　The cup **and** saucer set on the table　is　very expensive.
　　　　S　　　　　　　　　　　　　　　　　V　　　C　（第2文型）
　　（テーブルの上の受け皿つきのカップは非常に高価です）

## 2. but

a）反対・対照を表す
　　She is **young**, **but**　very **talented**.
　　S　V　C₁　接続詞　　　　C₂　　　　　　　（第2文型）
　　（彼女は若いが、とても才能がある）

　　We all **went** to the movie, **but**　she　**didn't**.
　　S₁　　V₁　　　　　　　　接続詞　S₂　助動詞　（第1文型）
　　（我々はみんな映画に行ったが、彼女は行かなかった）

b）not A but B／B, and not A（AではなくてB）
　　She is **not** **a nurse**　**but**　**a doctor**.
　　S　V　　C₁　　　　接続詞　C₂　　　　　　　（第2文型）
　　= She is a doctor, **and not** a nurse.
　　（彼女は看護婦ではなくて医者です）

　　It is **not** **my idea**,　**but**　**his**.
　　S　V　　C₁　　　　接続詞　C₂　　　　　　　（第2文型）
　　（それは私の考えではなく、彼の考えです）

c) It is true ／ Indeed ～ but --- (なるほど～だが、しかし---)

**It is true** she is under age, **but** she is already a professional tennis player.
**S V C**　　　　　　　　　　接続詞 S V　　　　　　　　C
(確かに彼女は未成年だが、彼女はすでにプロのテニス選手だ)

**Indeed** your essay has some good points, **but** the organization is very poor.
　　　　　S　　V　　　C　　　　接続詞　　S　　　　　V　　C
(なるほどあなたのエッセイには優れた点がいくつかあるが、構成がとても悪い)

d) 意味を持たないつなぎの語として

Excuse me, **but** would you tell me the way to the station?
V　　O 接続詞　　　　S　V　O　　　　O
(すみませんが、駅までの道を教えていただけませんか)

### チェックポイント

● but --- (---を除いて) の次の用法にも注意しよう

・**All the players but he have already finished warming up.**
(彼を除いたすべての選手がウォーミングアップをすでに終えている)

### 3. or

a) 2つあるいはそれ以上の間での選択

Tom **or** Bill **is** coming to help you.
　　　S　　　　V　　　　　　　　　　　　　(第1文型)
(トムかビルがあなたの手伝いに来ます)

Tom **or** Bill **or their friends** **are** coming to help you.
　　　　　　S　　　　　　　　　V　　　　　　　　(第1文型)
(トムかビルか彼らの友達があなたの手伝いに来ます)

＊orで並べられた一番最後の語が主語になります。

b) 命令文 (あるいは類似表現) ～or --- (さもなければ---)

**Hurry up, or** you will be late for the show.
　V　　接続詞 S　V　C
(急ぎなさい、さもないとショーに遅れますよ)

She must have studied hard last night, **or** she wouldn't have had
S　　　　V　　　　　　　　　　　　　接続詞 S　　　V

a perfect score.
　　O

142

（彼女は昨夜一生懸命勉強したに違いない、さもなければ満点は取れなかっただろう）

c）カンマの後で、同格（すなわち、言い換えれば）

<u>Astronomy</u>,　**or**　<u>the scientific study of matter in outer space</u>,
　　S　　　　接続詞　　　　　　同格の名詞句

<u>is often confused with astrology</u>.
　　　V（受け身）　　　　　　　　　　　　　　　　　　　（第1文型）
（天文学すなわち宇宙の物体の科学的学問は、占星術とよく混同される）

<u>He</u> <u>investigated</u>,　**or**　<u>looked into</u> <u>the matter</u> thoroughly.
　S　　V　　　　接続詞　　V　　　　　O　　　　　　（第3文型）
（彼はその件を徹底的に調査した）

### 4. for／前文の付加的説明・理由（というのは）

通例前にカンマ、セミコロンが来る。

<u>He</u> <u>must have been</u> <u>sick</u>,　**for**　<u>he</u> hardly <u>touched</u> <u>his dinner</u>.
　S　　　V　　　　　C　接続詞　S　　　　　V　　　　O
（彼は病気だったに違いない、というのは食事にほとんど手をつけなかった）
誤：**For** he was very tired, he didn't study last night.
＊forは副詞節を作る従属接続詞ではないので、文頭に置けません。

### 5. so／そこで、それで、それゆえ

<u>I</u> <u>was</u> a little <u>feverish</u>,　**so**　<u>I</u> <u>decided</u> <u>not to go</u> to the party.
S V　　　　　　C　　接続詞　S　　V　　　O
（私は少し熱っぽかったので、パーティーに行かないことにした）

<u>I</u> <u>have to help</u> <u>my friend</u> <u>move</u> tomorrow, **so** can <u>I</u> <u>see</u> <u>you</u> the day after
S　　　V　　　　　O　　　C　　　　　　　接続詞　S　V　O
tomorrow?
（明日は友達の引っ越しを手伝わなければならないので、あさってお会いできますか）

### 6. yet／and yet、but yetいう形で使われる
　（しかしそれでも、けれども）

<u>It</u> <u>is</u> <u>cheap</u> **yet** <u>genuine diamond ring</u>.　　　　（第2文型）
S V　　　　　　　C
（それは安いが、本物のダイヤの指輪です）

143

She stayed up all night to finish the report, **yet** she didn't make the deadline.
S　V　　　　　　　　　　　　　　　　接続詞　S　　V　　　　O
(彼女はレポートを終わらせるために1晩中起きていた、しかしそれでも締め切りに間に合わなかった)

### 7. nor／neither、not と相関的に使われて（～もまた---ない）

I **neither** reject it **nor** accept it.
S　　V　　　O　接続詞　V　　O　　　　　　　　　　（第3文型）
(私はそれを拒絶もしないし、受け入れもしない)

**Neither** Susan **nor** her friends are willing to help him.
　　　S1　　接続詞　S2　　　V　　　　C　　　　　　（第2文型）
(スーザンも彼女の友達も彼を喜んで助けようとしない)

---

#### クイックレビュー …….17
次の（　）に適当な英語を入れなさい。

1　Read the directions, (　　) you will understand it.
　使用書を読みなさい。そうすればそれが理解できます。

2　Not I (　　) my wife fixed it.
　私ではなく私の妻がそれを直した。

3　Do it now, (　　) you will regret it later.
　いまそれをしなさい。さもないと後で後悔します。

4　I stayed in bed until noon, (　　) I felt sick.
　私はお昼まで床についていた。というのは具合が悪かったから。

5　I have taken a nap, (　　) I feel refreshed now.
　私は昼寝をしたところなので、いますっきりした気分だ。

6　I did some stretching before jogging, (　　) I sprained an ankle.
　ジョギングの前にストレッチングをしたが、それでもくるぶしを捻挫してしまった。

□解答：1. and　2. but　3. or　4. for　5. so　6. yet

# 英語力をアップする筋力トレーニング

## ●リスニング（正しく聞いてポイントの理解を深める）演習●

**1** 音声を聞いて空所に入る語を書きなさい。

1. That tall, modern-looking building is a city hall _____ _____ _____.

2. This computer looks expensive, _____ _____ _____ _____ _____ _____ considering all the functions it has.

3. Another earthquake of this magnitude, _____ _____ _____ _____ _____ _____.

4. Hurry up, _____ _____ _____ _____ _____ _____ _____ _____ _____ _____ at the headquarters.

5. _____ _____ _____ that computers play a very important role in our society _____ it does not mean they can solve all the problems we have.

6. Sociology, _____ _____ _____ _____ _____ _____ _____, is a fairly recent field of study.

7. The speaker must have been very nervous, _____ _____ _____ _____ _____ _____ _____ _____ _____.

8. _____ _____ _____ _____ _____ are quite a popular lunch in the United States.

9. The economic prospect of our country is _____ _____ _____ _____ _____ _____.

10. The trade between the two countries has been very successful, _____ _____ _____ _____ _____ _____ _____ _____ _____.

[解答]
1. and not a hotel
2. but actually it is a bargain
3. and our village will be destroyed completely
4. or you will be late for a very important meeting
5. It is true / but
6. or the scientific study of our society
7. for she delivered her speech in a rather shaky voice
8. Peanut butter and jelly sandwiches
9. getting darker and darker every year
10. and should continue to be so for the foreseeable future

## ●リーディング（読めるようにする）演習●

**2** リスニング演習の解答を記入した後、その英文を日本語に訳しなさい。

訳は[4]の日本文を参照。

145

●オーラルオーラル（正しく発音し意味を伝えられるようにする）**演習**●

**3** リスニング演習の解答を記入した後、その英文を見ながら音声を聞き正しく発話しなさい。

**4** 下の日本文はリスニング演習の訳です。日本文を見て、それに該当する英文を正しく発話しなさい。

1. あの高い近代的なビルは市役所で、ホテルではありません。
2. このコンピュータは高価見えますが、実際は持っているすべての機能を考えるとお買い得です。
3. この規模の地震がもう1度起これば、私たちの村は完全に崩壊するでしょう。
4. 急ぎなさい、さもなければ、本部での重要な会議に遅れてしまいます。
5. コンピュータは私たちの社会で重要な役割を果たしていますが、それは私たちが抱えるすべての問題をコンピュータが解決できるという意味ではありません。
6. 社会学、すなわち社会の科学的研究は比較的新しい学問分野になります。
7. 講演者はとてもあがっていたに違いありません。というのは、彼女はかなり声を震わせて演説を行っていました。
8. ピーナッツバター・ジェリーサンドイッチはアメリカでとても人気のあるお弁当です。
9. わが国の経済見通しは年々ますます暗くなっている。
10. その2国間の貿易はとてもうまくいっています。だから、両国間に予測されるような摩擦は起こらないでしょう。

## ●ライティング（書けるようにする）演習●

**5** 次の単語を並べ替えて正しい文を作りなさい。

1. [ nor, my friend, I, accident, the, know, about, anything, cause, the, of, neither ]

　---

2. [ exhausted, she, was, she, having, without, to, bed, so, went, supper, that ]

　---

3. [ brilliant, his idea, nobody, it, wanted, admit, was, to, but ]

　---

**6** 次の日本文を英語に直しなさい。

1. もう一度失敗すれば彼はもうおしまいだ。

　---

2. できるだけ速くその借金を返しなさい。さもないと後で困りますよ。

　---

3. 確かに株価は上がっているが、経済の状態が回復したと言うにはまだ早すぎる。

　---

[解答-5]
1. Neither my friend nor I know anything about the cause of the accident.
（私の友達も私もその事故の原因については何も知らない）
2. She was so exhausted that she went to bed without having supper.
（彼女はとても疲れていたので、夕食も食べずに寝てしまった）
3. His idea was brilliant but nobody wanted to admit it.
（彼のアイデアが実にすばらしかったが、誰もそれを認めようとはしなかった）

[解答-6]
1. Another failure, and it will be all over with him.
2. Pay off the debt as soon as possible, or you will be in trouble later.
3. It is true that the stock prices are rising, but is too early to say that the economy has recovered.

## トレーニングメニュー 18

「監督も選手も満足していない」は相関接続詞を使って

### 相関接続詞の確認

**Neither** the manager **nor** players are happy about the game. （第2文型）

- Neither → 相関接続詞
- the manager → S1
- nor → 相関接続詞
- players → S2
- are → V
- happy → C

[訳] 監督も選手もその試合に満足していない。

　Neither A nor B の主語は、B（players）になる。

### ルール37　相関接続詞は接続詞と副詞などが対になって、語句や文をつなぐ

接続詞と副詞などが対になって、語句や文をつなぐ用法があります。これらの接続詞を「相関接続詞」と呼びます。相関接続詞は語句を並列につなぐので、主語がつながれた場合、どちらの主語に動詞、代名詞を合わせたらよいかが問題になります。

**注意する相関接続詞　1）both A and B（A も B も両方）**

**Both** talent **and** luck are necessary to win the Masters.

- Both talent → S1
- and → 接続詞
- luck → S2
- are → V
- necessary → C
- to win the Masters → 副詞句

（マスターズに勝つには才能と幸運の両方が必要です）　（第2文型）

#### チェックポイント

● both A and B（A も B も両方）と A as well as B（B と同様に A）を混同しないこと

Talent, **as well as** luck, **is** necessary to win the Masters.

- Talent → S1
- as well as luck → S2
- is → V
- necessary → C
- to win the Masters → 副詞句

**誤**：**Both** talent **as well as** luck **are** necessary to win the Masters.

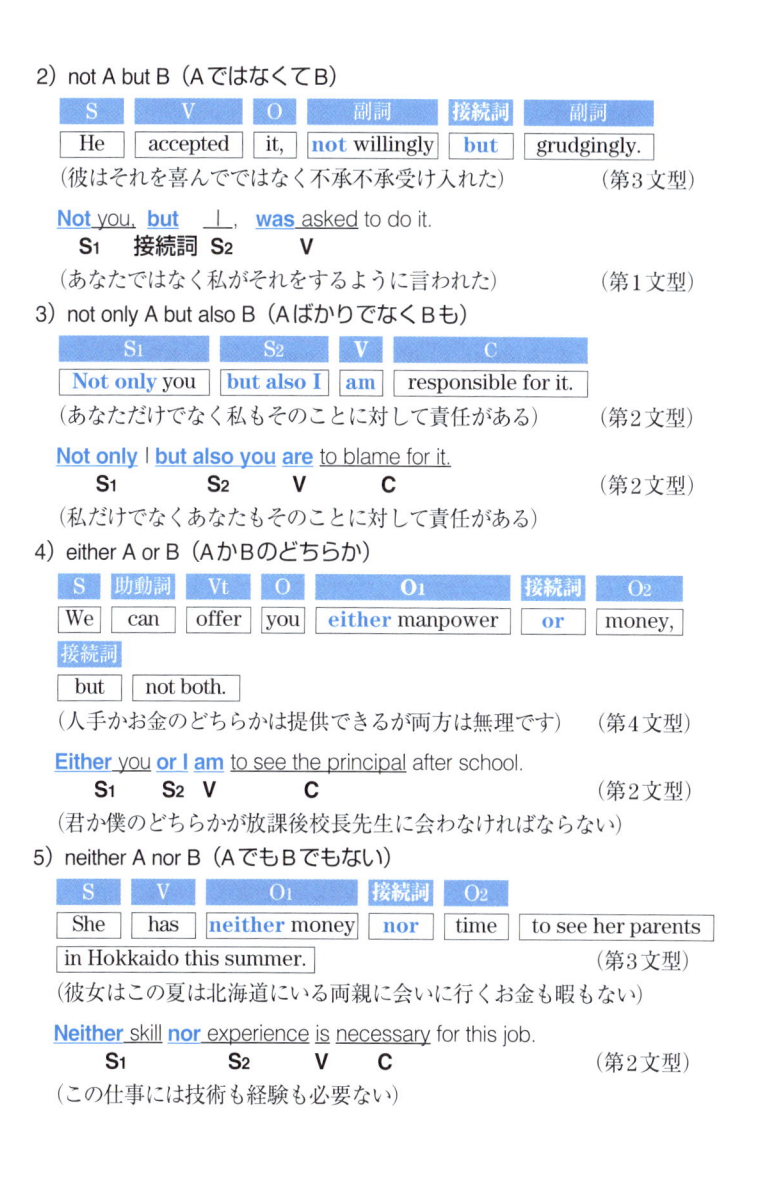

2) not A but B（AではなくてB）

| S | V | O | 副詞 | 接続詞 | 副詞 |
|---|---|---|---|---|---|
| He | accepted | it, | **not** willingly | **but** | grudgingly. |

（彼はそれを喜んでではなく不承不承受け入れた）　　　（第3文型）

<u>Not</u> you, **but** I, <u>was</u> asked to do it.
　S₁　接続詞　S₂　　V
（あなたではなく私がそれをするように言われた）　　（第1文型）

3) not only A but also B（AばかりでなくBも）

| S₁ | S₂ | V | C |
|---|---|---|---|
| **Not only** you | **but also** I | am | responsible for it. |

（あなただけでなく私もそのことに対して責任がある）　（第2文型）

<u>Not only</u> I <u>but also you are</u> to blame for it.
　S₁　　　S₂　　　V　　　C　　　　　（第2文型）
（私だけでなくあなたもそのことに対して責任がある）

4) either A or B（AかBのどちらか）

| S | 助動詞 | Vt | O | O₁ | 接続詞 | O₂ |
|---|---|---|---|---|---|---|
| We | can | offer | you | **either** manpower | **or** | money, |

| 接続詞 | | |
|---|---|---|
| but | not both. | |

（人手かお金のどちらかは提供できるが両方は無理です）　（第4文型）

<u>Either</u> you <u>or</u> I <u>am</u> to see the principal after school.
　S₁　　　S₂　V　　　　C　　　　　　　　（第2文型）
（君か僕のどちらかが放課後校長先生に会わなければならない）

5) neither A nor B（AでもBでもない）

| S | V | O₁ | 接続詞 | O₂ |
|---|---|---|---|---|
| She | has | **neither** money | **nor** | time | to see her parents |

in Hokkaido this summer.　　　　　　　　　　（第3文型）
（彼女はこの夏は北海道にいる両親に会いに行くお金も暇もない）

<u>Neither</u> skill <u>nor</u> experience is necessary for this job.
　　S₁　　　　S₂　　　V　　C　　　　　（第2文型）
（この仕事には技術も経験も必要ない）

## チェックポイント

● not A but B、not only A but also B、either A or B、neither A nor B のように、but、orを含むものは、Bに動詞と代名詞を合わせる

・**Neither** Susan **nor her friends enjoy** themselves in his company.
（スーザンも彼女の友達も彼と一緒だと楽しめない）
・**Neither** her friends **nor Susan enjoys** herself in his company.
（彼女の友達もスーザンも彼と一緒だと楽しめない）

A as well as B、A together with B、A accompanied by Bなどの「---と一緒に」という表現の場合は、Aに動詞と代名詞を合わせます。

・**The professor** himself, **as well as** his students, **was** satisfied with his presentation today.
（彼の学生とともに教授自身も今日の彼のプレゼンテーションに満足した）

---

### クイックレビュー ……18
次の（　）に適当な英語を入れなさい。

1. I have (　　) time (　　) money now.
   いまは時間もお金もある。
2. (　　) my wife (　　) I do the dishes.
   家内ではなくて私が皿洗いをする。
3. I play (　　) (　　) golf (　　) (　　) tennis.
   私はゴルフだけでなくテニスもする。
4. (　　) my son (　　) I have to water the flowers.
   私の息子か私が花に水をやれなければならない。
5. I am interested in (　　) cartoons (　　) rock singers.
   私は漫画にもロック歌手にも興味がない。

□解答：1. both / and　2. Not / but　3. not only / but also　4. Either / or　5. neither / nor

# 英語力をアップする筋力トレーニング

●リスニング（正しく聞いてポイントの理解を深める）演習●

**1** 音声を聞いて空所に入る語を書きなさい。

1. All the modern-looking buildings in this town are _____ _____ _____.
2. _____ _____ _____ _____ _____ _____ _____ _____ _____ was impressed by the breathtaking scenery.
3. _____ _____ _____ _____ _____ _____ need to submit an application by the deadline.
4. You should pay attention to _____ _____ _____ _____ _____ _____ _____ _____.
5. The diplomat left the country _____ _____ _____ _____ _____ _____ for the future.
6. _____ _____ _____ _____ _____ are acceptable for this article, only cash.
7. You can use _____ _____ _____ _____ for this test.
8. _____ _____ _____ _____ _____ are necessary to reduce weight effectively.
9. The candidate has _____ _____ _____ _____ _____ _____ to successfully launch a campaign.
10. _____ _____ _____ _____ _____ _____, _____ _____ _____ won it twice in a row.

[解答]
1. either banks or churches
2. Not only the tourists but also the tour guide
3. Either the child or her parents
4. not only the content but also the style
5. not with regret but with hope
6. Neither credit cards nor checks
7. both dictionaries and calculators
8. Both diet food and exercise
9. neither enough volunteers nor necessary information
10. Not only did the athlete win a gold medal / but he also

●リーディング（読めるようにする）演習●

**2** リスニング演習の解答を記入した後、その英文を日本語に訳しなさい。

訳は[4]の日本文を参照。

●オーラルオーラル（正しく発音し意味を伝えられるようにする）演習●

**3** リスニング演習の解答を記入した後、その英文を見ながら音声を聞き正しく発話しなさい。

151

**4** 下の日本文はリスニング演習の訳です。日本文を見て、それに該当する英文を正しく発話しなさい。

1. この町のすべての近代的ビルは銀行か教会です。
2. 旅行者だけでなくガイドも息を呑むような景色に感動した。
3. 子供かその両親が期日までに申し込み用紙を提出しなければならない。
4. 内容ばかりでなく文体にも注意を払うべきだ。
5. その外交官は後悔ではなく将来の希望を抱いてその国を去った。
6. クレジットカードも小切手もこの品物には使えず、現金のみです。
7. このテストには辞書と計算機の両方の使用が可能です。
8. ダイエット食品と運動が効果的な減量に必要です。
9. その候補者はうまくキャンペーンをスタートするのに十分なボランティアも必要な情報も備えていなかった。
10. 運動選手は金メダルを取っただけでなく、2度連続して取った。

### ●ライティング（書けるようにする）演習●

**5** 次の単語を並べ替えて正しい文を作りなさい。

1. [ neither, disappointment, shows, his speech, nor, the slightest, his behavior, hint, of ]

   _____

2. [ exhausted, Bob, as well as, from, hard, working, his friends, is ]

   _____

3. [ both, the, the bill, the Upper, House, passed, the Lower, House, and ]

   _____

[解答-5]
1. Neither his speech nor his behavior shows the slightest hint of disappointment.
（彼のことばも態度も幻滅のかすかな兆候さえ現していない）
2. Bob, as well as his friends, is exhausted from working hard.
（ボブも彼の友達も一生懸命働いて疲れている）
3. Both the Upper House and the Lower House passed the bill.
（上院も下院もその法案を可決した）

**6** 次の日本文を英語に直しなさい。

1. この仕事で重要なのは知識ではなく経験です。

2. この業界で成功するためには実力だけでなく運も必要だ。

3. その会社は十分な資金もマンパワーもない状態でスタートした。

［解答-6］
1. It is not knowledge but experience that counts in this job.
2. You need not only talent but also luck to succeed in this industry (trade) field.
3. The company started with neither enough capital nor manpower.

## トレーニングメニュー 19

「好きではなかったが、...」は接続副詞を使って

### 接続副詞の確認

She didn't like the food; **however**,
[S] [V] [O] [接続副詞]

she didn't complain about it. （第3文型／第1文型）
[S] [V]

[訳] 彼女はその食べ物が好きではなかったが、それについて不平を言わなかった。
howeverは接続副詞なので、その前にセミコロンが置かれている。

### ルール38 | 接続副詞は文と文とはつなげない

　文と文を関連づけ論旨の流れに重要な働きをする副詞があります。文と文を結ぶ接続詞のような働きをするので、「接続副詞」と呼ばれます。しかし、あくまで副詞ですので、接続詞と同様な使い方はできません。

#### 1. 接続詞と接続副詞の違い

1) 接続副詞はあくまで副詞なので、接続詞のように文と文を結ぶことはできない

　接続副詞はあくまで副詞ですので、文と文を実際に結ぶことはできません。接続副詞は前の文が終わっていて、後の文の一部（副詞）として使われなければなりません。前の文が終わるとは、前の文にピリオド、セミコロン、コロンがついていることを意味します。カンマを置いて、文を終えずに後の文を結ぶ場合は接続詞が必要になります。

■例：however（接続副詞）とbut（接続詞）

正：

| 文（SVC） | 接続副詞 | 文（SV） |
|---|---|---|
| Mr. Sato is a good teacher. | **However,** | he is not liked by his students. |

（佐藤氏は良い先生だが、学生たちに好かれていない）

＊前の文がピリオドで終わっている。howeverは次の文の一部になっている。

正：

| 文 | 接続副詞 | 文 |
|---|---|---|
| Mr. Sato is a good teacher; | **however,** | he is not liked by his students. |

＊前の文がセミコロンで終わっている。howeverは次の文の一部になっている。

誤：Mr. Sato is a good teacher, **however**, he is not respected by his students.

＊前の文にカンマがついて文が終わっていないのに、howeverを使って文と文を結ぼうとしている（カンマはポーズを置くだけで、文を終わらせることができない）。

正：

Mr. Sato is a good teacher,　**but**　he is not liked by his students.
　S　V　　　　C　　接続詞 S V

＊前の文がカンマになっていて、接続詞butが後の文と前の文を結んでいる。

2) 接続詞は文頭にしか置けないが、接続副詞は副詞なので、いろいろな位置に置ける

接続副詞はあくまで副詞なので、文の中でいろいろな位置をとれます。接続詞は文の最初にしか置くことができません。

Mr. Sato is a good teacher, **but** he is not liked by his students.

Mr. Sato is a good teacher; **however**, he is not liked by his students.

Mr. Sato is a good teacher; he, **however**, is not liked by his students.

Mr. Sato is a good teacher; he is not liked by his students, **however**.

## 2. いろいろな接続副詞

### a. 譲歩を表す

| 文（SVC） | 接続副詞 | 文（SV） |
|---|---|---|
| Ms. Smith was very tired; | **nevertheless,** | she went on working. |

（スミスさんは大変疲れていた、それにも関わらず彼女は働き続けた）

<u>Ms. Smith</u> <u>has</u> her <u>faults</u>.　**Still**,　<u>I</u> <u>like</u> <u>her</u> very much.
　S　　　V　　　　O　　接続副詞　S　V　O

（スミスさんには欠点があるが、それでもやはり彼女が大変好きだ）

### ●譲歩を表す接続副詞

- however（しかしながら）
- yet（それでもなお）
- still（それでもなお）
- anyway（とにかく）
- notwithstanding（それにも関わらず）
- nevertheless（それにも関わらず）
- nonetheless（それでもなお）
- anyhow（いずれにしても）

### b. 推論を表す

| 文（SV） | 接続副詞 | 文（SV） |
|---|---|---|
| I think; | **therefore** | I am. |

（我思う、ゆえに我あり）

<u>My friend</u> <u>spent</u> all her <u>money</u> on her new computer; **consequently**
　S　　　　V　　　　　　O　　　　　　　　　　　　　　　　接続副詞

<u>she</u> <u>has</u> no <u>money</u> left for a planned trip to Colorado.
 S　V　　　O

（私の友人は新しいコンピュータのために有り金全部はたいてしまった。その結果計画していたコロラドへの旅行の費用がなくなってしまった）

### ●推論を表す接続副詞

- therefore（それゆえ）
- hence（このゆえに）
- consequently（その結果・したがって）
- thus（したがって）
- otherwise（さもなければ）

c. 推移を表す

| 文（SVO） | 接続副詞 |
|---|---|
| We have discussed this issue enough. | Now, |

文（SV）

let's move on to the next subject.

(この問題は十分討議を尽くした。さて、次の議題に移りましょう)

We were lucky to have him on our side. **Incidentally**, when are you leaving
S　V　C　　　　　　　　　　　　　　　　　接続副詞　　　　　　S　V
for Denver?

(彼を味方につけたのは幸運でした。ところで、いつデンバーにお発ちになるのですか)

● 推移を表す接続副詞

- now（さて）
- incidentally（ところで）
- meanwhile（話変わって一方）
- accordingly（したがって）
- meantime（話変わって一方）

d. 列挙を表す

| 文 | 接続副詞 | 文 |
|---|---|---|
| Jogging is good exercise. | **Moreover,** | you can do it anywhere. |

(ジョギングは良い運動です。さらに、どこでも行うことができます)

There are several merits of jogging in the evening: **first**, you are
　　　V　　　　　　S　　　　　　　　　　　　　　　　　接続副詞 S　V

quite ready for exercise by that time, as compared with doing it early in the
　　　C

morning when your body is still not functioning fully.

(夕方にジョギングをするメリットがいくつかあります。まず第1に、体が完全に機能していない早朝と比べて、夕方までには、運動の準備がすっかり整っています)

● 列挙を表す接続副詞

- furthermore（その上・さらに）
- likewise（同様に）
- second / secondly（第2に）
- moreover（その上・さらに）
- first / firstly（まず第1に）
- next / then（次に）

157

## ●列挙を表す接続副詞（続き）

- last / lastly（最後に）
- again（さらに）
- also（また）

### e. その他同様の働きをするもの

| 文（SVO） | 接続副詞 |
|---|---|
| We enjoyed some typical Japanese dishes: | **for example,** |

文（SVO）

we sampled sukiyaki and tempura.

（私たちは典型的ないくつかの日本の料理、たとえば、すき焼きと天ぷらを楽しみました）

<u>Japan</u> <u>is</u> still far <u>behind</u> the United States in the development of some
　S　　V　　　　　　C

areas of science, **namely** in the areas of biochemistry and theoretical
　　　　　　　　　　接続副詞

physics.

（日本はいくつかの科学分野、すなわち生化学と理論物理学の分野の発展においてまだかなり合衆国に遅れを取っている）

## ●その他の働きをする接続副詞

- for example（たとえば）
- for instance（たとえば）
- namely（すなわち）
- that is to say（つまり）

### チェックポイント

●接続副詞が単独で使用されるのではなく、接続詞と一緒に用いられる場合がある

| S | V | 副詞 | C | 接続詞＋接続副詞 | C |
|---|---|---|---|---|---|
| The doctor | is | very | kind | **and also** | beautiful. |

（その医者はとても親切でしかも美しい）

| V | O | 副詞 | 接続詞＋接続副詞 | S | 法助動詞 | V | C |
|---|---|---|---|---|---|---|---|
| Study | the map | carefully, | **or else** | you | might | get | lost. |

（地図をしっかり見てください、さもないと道に迷ってしまいます）

● 接続詞と一緒に使われる接続副詞

・and also（しかも）
・and then（その後で）
・and yet（それにも関わらず）
・or else（さもないと）
・and so（そこで）
・and therefore（それによって）
・but still（それでも）

## クイックレビュー ……19

次の（　　）に適当な語句を入れなさい。

___1___ I bought a cell phone. (　　　), I don't know how to use it yet.
携帯電話を買ったが、まだ使い方がわからない。

___2___ I read the manual carefully. (　　　), I can use the machine now.
私はマニュアルを注意深く読んだ。それゆえ、今はその機械の使い方がわかる。

___3___ I washed the car today. (　　　), I waxed it.
今日車を洗った。さらに、ワックスもかけた。

□解答：1. However　2. Therefore　3. Moreover

159

# 英語力をアップする筋力トレーニング

●リスニング（正しく聞いてポイントの理解を深める）演習●

**1** 音声を聞いて空所に入る語を書きなさい。

1. We didn't win any prize. _____, _____ _____ _____ _____ _____.

2. Please come here by seven. _____, _____ _____ _____ _____ _____.

3. The new cell phone has many functions. _____, _____ _____ _____ _____ _____ _____.

4. There is a tremendous amount of information available on the Internet, _____ _____, _____ _____ _____ _____ _____.

5. The president was a little too highhanded in passing the bill _____ _____ _____ _____ _____ _____ _____.

6. A friend of mine was laid off three months ago and hasn't found a job since. _____, _____ _____ _____ _____ _____ _____.

7. We were able to raise more money than we had expected. _____, _____ _____ _____ _____ _____ _____ _____.

8. Lack of exercise and eating too much is the worst combination for a weight problem _____ _____ _____ _____ _____ _____ _____ _____.

9. Her presentation was almost perfect. _____, _____ _____ _____ _____ _____ _____ _____.

10. Her TOEIC score was higher than that of any other employee in her department. _____, _____ _____ _____ _____ _____ _____ _____.

[解答]
1. Nevertheless / we enjoyed the race very much
2. Otherwise / I will start without you
3. However / I cannot take advantage of most of them
4. and besides / most of it is free
5. and thus provoked antipathy among Senators
6. Consequently / he has no money to spare
7. Moreover / more than 100 people joined us as volunteers
8. and therefore should be avoided by all means
9. However / the board of directors didn't employ her plan
10. Nevertheless / she is not at all satisfied with it

160

### ●リーディング（読めるようにする）演習●

**2** リスニング演習の解答を記入した後、その英文を日本語に訳しなさい。

訳は[4]の日本文を参照。

### ●オーラルオーラル（正しく発音し意味を伝えられるようにする）演習●

**3** リスニング演習の解答を記入した後、その英文を見ながら音声を聞き正しく発話しなさい。

**4** 下の日本文はリスニング演習の訳です。日本文を見て、それに該当する英文を正しく発話しなさい。

1. 私たちは何の賞もとれなかった。それでもレースをとても楽しんだ。
2. ここに7時までに来てください。さもないと、あなたを待たずに始めることになります。
3. この携帯電話には多くの機能がついています。しかしながら、そのほとんどを利用することができません。
4. 非常に多くの情報がインターネットで利用できます。そしておまけにそのほとんどが無料です。
5. 大統領はその法案を通すのに少し強引過ぎた。そしてその結果上院議員の間で反感を買ってしまった。
6. 私の友人は3ヶ月前に一時解雇をされ、それ以来仕事がない。それゆえ、余分なお金はまったくない。
7. 私たちは期待以上のお金を集めることができた。さらに、100人以上の人がボランティアとした加わってくれた。
8. 運動不足と食べ過ぎが太りすぎの問題に最悪の組み合わせであり、それゆえにぜひ避けなければならない。
9. 彼女の発表はほぼ完璧だった。しかし、役員会は彼女の計画を採用しなかった。
10. 彼女のTOEICのスコアは彼女の課の他のどの従業員のスコアよりも高かった。にもかかわらず、彼女はそれにまったく満足していない。

## ●ライティング (書けるようにする) 演習●

**5** 次の単語を並べ替えて正しい文を作りなさい。

1. [ the team, the score, won, ; , the game, however, the manager, satisfied with, not, was ]

___

2. [ by their loss, they all, too disappointed, competed, not were, the fun of it, and therefore, for ]

___

3. [ A group, volunteered, signs, put up, the beach, to, they, moreover, cleaned, students, of, ; ]

___

**6** 次の日本文を英語に直しなさい。

1. 日本は学歴社会だ。それゆえ日本の親は子供の教育費を惜しまず使う。

___

2. 私のこのコンピュータは買ってまだ2年に満たないが、もうすでに、時代遅れの感がする。

___

3. その銀行はいかがわしい会社にまでお金を貸し出してしまい、その結果財政難を引き起こしてしまった。

___

[解答-5]
1. The team won the game; however the manager was not satisfied with the score.
(そのチームが試合に勝ったが、監督は得点に満足していなかった)
2. They all competed for the fun of it, and therefore were not too disappointed by their loss.
(彼らはみんなおもしろ半分に戦った。だから、敗北にあまりがっかりしなかった)
3. A group of students cleaned the beach; moreover they volunteered to put up signs.
(学生のグループが海岸を清掃した、さらに彼らは自ら進んで標識を立てた)

[解答-6]
1. Educational backgrounds count for a lot in Japanese society, and Japanese parents therefore spend generous amounts of money on their children's education.
2. I bought this computer less than two years ago, and yet I feel it is out of date already.
3. The bank loaned money even to dubious companies and thus created the source of the financial trouble.

# 第3章 重要な手足の骨(名詞)はいろいろな筋肉でパワーアップされる

## 主語・目的語・補語になる名詞の拡大

この章で学ぶこと

文の要素である主語・目的語・補語は、形容詞の働きをするものによって修飾され、基本文型はさらに複雑な文に拡大していきます。この章では、主語・目的語・補語になる名詞の拡大を扱います。

1. 同格の語(句)　Mr. Nagashima, **a famous manager** ---
2. 形容詞　--- **a nice little white** house ---
3. 前置詞句　A man **of sense** ---
4. 分詞　--- the **fascinating** scene ---
5. 不定詞　--- a bed **to sleep in** ---
6. 動名詞　--- a **hearing** aid ---
7. 同格の名詞節　The fact **that he is a reporter** ---
8. 関係詞　The bottle **that I bought yesterday** ---
9. 合成形容詞　--- **meat-eating** animals ---
10. 名詞の転用　--- **hothouse** vegetable ---

この章では、これらの使い方をトレーニングして、表現力を豊かにしていきます。

## トレーニングメニュー 20

「長嶋さんは、有名な監督で…」は同格の名詞（句）で

### 同格の名詞（句）による拡大の確認

Mr. Nagashima, **a famous manager**, is a very nice person. （第2文型）

- S: Mr. Nagashima
- 同格の名詞句: a famous manager
- V: is
- C: a very nice person

[訳] 長嶋さんは、有名な監督で、とてもすばらしい人です。

同格の名詞が挿入できるが、He is a famous manager のような文は挿入できない。

### ルール39　代名詞は同格の名詞によって修飾される

＜代名詞 → 名詞＞

初めに代名詞が置かれ、それを限定する名詞が置かれます。

| S（代名詞） | 同格の名詞 | V | C |
| --- | --- | --- | --- |
| We | **Japanese** | are | a diligent people. |

（我々日本人は勤勉な国民である） （第2文型）

The future of Japan depends on us **young people**.
　　S　　　　　　V　　　　代名詞　同格の名詞句 （第1文型）

（日本の将来は我々若者に依存している）

### チェックポイント

● 名詞が最初にきて、その後に代名詞が置かれると、主語が重複し誤りとなる

誤：Salt and water　they　are　essential for life.
　　　　S　　　　　　S　　V　　C

（塩と水は私たちの生命に不可欠です）　　　　　　　（第2文型）

　　誤：English it is an important international language.
　　　　　S　　S V　　　　　　　　　　　C
　　　（英語は重要な国際語です）　　　　　　　　　　　　（第2文型）

## ルール40 普通名詞はカンマなしに修飾できるが、固有名詞はカンマが必要

　普通名詞（friend）は誰か、どんな友達かを限定をすることはできますが、固有名詞（Mr. Smith）はただ1人しかいないので、意味を限定することができません。そのため、修飾するときは、カンマを入れて補足説明の形にします。

Our friend　　　Mr. Smith　　　is　a famous American journalist.
S（普通名詞）　同格の固有名詞　Vi　　　　　C　　（第2文型）
（我々の友人のスミス氏は有名なアメリカのジャーナリストです）

| S（固有名詞） | 同格の名詞（普通名詞） | Vi | C |
| Mr. Smith, | our friend, | is | a famous American journalist. |

（スミス氏は我々の友人で有名なアメリカのジャーナリストです）
　　　　　　　　　　　　　　　　　　　　　　　　　　　（第2文型）

### チェックポイント

　●普通名詞と固有名詞の限定は、関係代名詞の限定・継続用法と同じ関係である。

・My friend **who is a famous journalist** often calls me late at night.［限定用法］
　（有名なジャーナリストの私の友人はよく夜遅くに電話をしてくる）

　　　　ジャーナリストでない友人もいて、その友人は電話をしてこないが、このジャーナリストの友人はよく電話をかけてくるという意味になります。私の友人を限定しています。カンマなしです。

・Mr. Smith, **who is a famous journalist**, often calls me late at night.［継続用法］
　（スミス氏は、有名なジャーナリストで、よく夜遅くに電話をしてくる）

　　　　スミス氏がよく電話をかけてきて、そのスミス氏はどういう人物かというと、有名なジャーナリストであるという情報を補足説明しています。スミス氏を限定できないので、付加の情報を与えています。カンマありです。

## クイックレビュー ……20

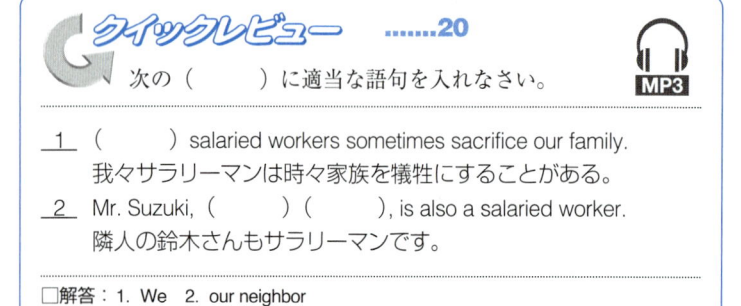

次の（　）に適当な語句を入れなさい。

1. (　　　) salaried workers sometimes sacrifice our family.
   我々サラリーマンは時々家族を犠牲にすることがある。
2. Mr. Suzuki, (　　　) (　　　), is also a salaried worker.
   隣人の鈴木さんもサラリーマンです。

□解答：1. We　2. our neighbor

# 英語力をアップする筋力トレーニング

## ●リスニング（正しく聞いてポイントの理解を深める）演習●

**1** 音声を聞いて空所に入る語を書きなさい。

1. _____ _____ are a rather conservative people.
2. The right to decide the issue should be _____ _____ _____.
3. _____ _____ _____ Ooe Kenzaburo won a Nobel prize.
4. Ooe Kenzaburo, a Japanese author, _____ _____ _____ _____.
5. Mr. Chin, _____ _____ _____, often appears on TV.
6. _____ _____ tend to be very casual in personal relations.
7. Isamu Suzuki, _____ _____ _____ _____, is a member of the Rotary Club.
8. The future of Japan depends on _____ _____ _____.
9. Violence in American families, _____ _____ _____ _____ _____ _____ _____ _____, takes many forms.
10. E-mail, _____ _____ _____ _____ _____ _____, has rapidly spread among young people because of the increased use of the cell phone.

［解答］
1. We Japanese
2. with us citizens
3. The Japanese author
4. won a Nobel prize
5. a noted cook
6. We Americans
7. president of our company
8. us young people
9. one of the serious problems we face today
10. a popular form of communication today

## ●リーディング（読めるようにする）演習●

**2** リスニング演習の解答を記入した後、その英文を日本語に訳しなさい。

訳は[4]の日本文を参照。

## ●オーラルオーラル（正しく発音し意味を伝えられるようにする）演習●

**3** リスニング演習の解答を記入した後、その英文を見ながら音声を聞き正しく発話しなさい。

**4** 下の日本文はリスニング演習の訳です。日本文を見て、それに該当する英文を正しく発話しなさい。

1. 私たち日本人は、むしろ保守的な国民です。
2. その問題を決定する権利は私たち市民のものであるべきだ。
3. 日本の作家、大江健三郎はノーベル賞を受賞した。
4. 大江健三郎は、日本の作家だが、ノーベル賞を受賞した。
5. チンさんは、有名な料理人だが、よくテレビに出演する。
6. 私たちアメリカ人は、個人的な関係ではとても打ち解ける傾向がある。
7. 鈴木勇はわが社の社長でロータリークラブのメンバーです。
8. 日本の未来は私たち若者が担っている。
9. アメリカの家庭内暴力は、私たちが今日直面している重大な問題の1つだが、いろいろな形態を取る。
10. 電子メールは、今日人気のあるコミュニケーション手段になっているが、携帯電話の利用が増えたことで若い人の間に急速に広がった。

●ライティング（書けるようにする）演習●

**5** 次の単語を並べ替えて正しい文を作りなさい。

1. [ world, Yen, the, Japanese, in, currency, the, currencies, is, key, one, the, of ]

   _____

2. [ the, doctors, study, they, us, to, important, is, very, undertook ]

   _____

3. [ the United States, Toyota, a, very successful, car, manufacturer, in, Japanese, is ]

   _____

[解答-5]
1. Yen, the Japanese currency, is one of the key currencies in the world.
   （円は、日本の通貨だが、世界では鍵となる通貨の1つです）
2. The study they undertook is very important to us doctors.
   （彼らが行った研究は私たち医師にとってきわめて重要である）

**6** 次の日本文を英語に直しなさい。

1. 日本の首都である東京の土地の価格は非常に高い。（土地の価格＝the price of land）

_____

2. 我々教師はいじめの問題に真剣に取り組まなければならない。（いじめ＝bullying）

_____

3. コンピュータは、ビジネスに不可欠な機械だが、いまでは家電の1つになりつつある。

_____

3. Toyota, a Japanese car manufacturer, is very successful in the United States.
（トヨタは日本の自動車製造会社で、アメリカでとても成功をしている）

[解答-6]
1. The price of land in Tokyo, the capital of Japan, is very high.
2. We teachers should deal with the problems of bullying seriously.
3. The computer, an essential business machine, is now becoming one of the electronic home appliances.

## トレーニングメニュー 21 「すばらしい、小さな白い家」イメージを豊かにする形容詞

### 形容詞による拡大の確認

There is a **nice little white** house on the hill.　　　(第1文型)
- V：There is
- 形容詞：nice little white
- S：house

[訳] 丘の上にすばらしい、小さな白い家が立っている。
　形容詞の語順は、主観的評価・大小・色になる。

### ルール41　形容詞の語順は数詞・主観的評価・大小・新旧・形・色・起源・材質・目的＋名詞の順

形容詞を並べる場合は語順が決まっていますので、注意が必要です。

She has a **nice sports** car.　　　(第3文型)
（彼女はすてきなスポーツカーを持っている）
- S：She
- V：has
- a＋形容詞＋O：a nice sports car

She has a **little red sports** car.　　　(第3文型)
（彼女は小さな赤いスポーツカーを持っている）

She has a **nice little red sports** car.　　　(第3文型)
（彼女はすてきな小さな赤いスポーツカーを持っている）

形容詞の一般的な語順は、次のようになります。

| 数詞 | 主観的評価 | 大小 | 新旧 | 形 | 色 | 起源 | 材質 | 目的 | 名詞 |
|------|------------|------|------|-----|------|--------|---------|------|---------|
| two  | beautiful  |      |      |    | yellow |      |         |      | **flowers** |
|      |            | large |     |    |      |        | plastic |      | **bags** |
|      |            |      | new  |    |      | Italian |        | house | **paint** |
| a    | fancy      |      |      | square |  |      |         | tool | **box** |

## ルール42 | 名詞が形容詞として使われるときは直前に置かれる

名詞が形容詞として使われている場合は直前に置かれます。2つ並んだ場合は、材質・目的・名詞という前ページ下の表の語順に従います。

- pretty little **oak** tables
  {材質}
- pretty little **kitchen** tables
  {目的}
- pretty little **oak kitchen** tables
  {材質} {目的}

- **cotton** uniforms
  {材質}
- **school** uniforms
  {目的}
- **cotton school** uniforms
  {材質} {目的}

## ルール43 | -thing、-oneなどの不定代名詞を修飾する場合と叙述用法の形容詞は後ろから修飾する

後ろからしか修飾できない場合がありますので注意します。

a) something、anything、someone、anyone などの不定代名詞を修飾する場合

| S | V | O + 形容詞句 |
|---|---|---|
| I | need | something **to drink**. |

(私は飲み物が欲しい)

Do <u>you</u> <u>have</u> <u>anything</u> **special** in mind?
　　　S　V　　O + 形容詞

(何か特別なものをお考えですか)

b) 叙述用法の形容詞の場合

a- で始まる形容詞がこれに相当します。

正：things **alive** ＝ 生き物（**living** things）
誤：**alive** things

正：The child **afraid of** ～（～を恐れている子供）
誤：The **afraid** child

171

## チェックポイント

● aのつく形容詞と名詞の間にbe動詞が置かれることもある

- These things <u>are</u> **alive**.（これらの物は生きている）
- The child <u>is</u> **afraid of** dogs.（その子供は犬が恐い）

## ● aで始まる重要な形容詞

| | |
|---|---|
| ・afloat＝浮かんでいる | ・afraid＝恐れている |
| ・alert＝警戒している | ・alight＝燃えている |
| ・alike＝似ている | ・alive＝生きている |
| ・alone＝１人でいる | ・ashamed＝恥じている |
| ・asleep＝眠っている | ・awake＝起きている |

### クイックレビュー ……21

次の（　）に適当な語句を入れなさい。

1. I bought a (　　) (　　) sports car.
   私は赤い小さなスポーツカーを買った。
2. I bought a (　　) (　　) (　　) bag.
   私は素敵なフランス製の皮のバッグを買った。
3. I had (　　) (　　) to tell you, but I forgot.
   私は重要なことをあなたにお伝えしなければならなかったが、忘れてしまった。

□解答：1. small red　2. nice French leather　3. something important

## 英語力をアップする筋力トレーニング

### ●リスニング（正しく聞いてポイントの理解を深める）演習●

**1** 音声を聞いて空所に入る語を書きなさい。

1. I have _____ _____ _____.
2. One is _____ _____, _____ _____ _____.
3. The other is _____ _____, _____, _____ _____ _____.
4. These tables must have been used for _____ _____.
5. The famous journalist has _____ _____, _____, _____ _____ _____.
6. Look at _____ _____ _____ _____ _____.
7. A _____ _____ _____ collided with a _____ _____ compact.
8. _____ _____ _____ _____ _____ is very popular among college students.
9. _____ _____ _____ _____ about his behavior.
10. _____ _____ _____ _____ _____ asked for arbitration.

［解答］
1. two nice tables
2. a large / brown dining table
3. a fantastic / old / round iron table
4. someone special
5. two nice / large / brown writing desks
6. the cute little sleeping baby
7. large white sedan / new red
8. The Third New International Dictionary
9. There is something strange
10. The management and union alike

### ●リーディング（読めるようにする）演習●

**2** リスニング演習の解答を記入した後、その英文を日本語に訳しなさい。

訳は[4]の日本文を参照。

### ●オーラルオーラル（正しく発音し意味を伝えられるようにする）演習●

**3** リスニング演習の解答を記入した後、その英文を見ながら音声を聞き正しく発話しなさい。

**4** 下の日本文はリスニング演習の訳です。日本文を見て、それに該当する英文を正しく発話しなさい。

1. 私はすばらしいテーブルを2つ持っている。
2. 1つは大きな茶色の食卓である。
3. 他のは、すばらしい、年代ものの、丸いテーブルである。

4. これらのテーブルは特別な人のために使われたに違いない。

5. その有名なジャーナリストは大きい茶色のすばらしい書き物机を2つ持っている。

6. 眠っている小さくてかわいらしい赤ん坊を見てみなさい。

7. 大きな白いセダンが小さな新しい赤い小型車と衝突した。

8. その新しい *International Dictionary* の第3版は大学生の間で人気がある。

9. 彼の行動には何かおかしいところがある。

10. 経営側も組合も同様に仲裁を求めた。

● ライティング（書けるようにする）演習 ●

**5** 次の単語を並べ替えて正しい文を作りなさい。

1. [ son, he, small, plastic, cars, model, two, red, bought, for, his ]

2. [ the, daughter, baby, my, wide, is, awake, couch, the, on ]

3. [ like, your, I, pretty, very much, dress, cotton, little ]

**6** 次の日本文を英語に直しなさい。

1. 今年は大きく頑丈なアメリカ製のワゴン車が流行しそうである。（流行する＝ come into fashion）

2. その赤ん坊はゆりかごの中で熟睡していた。（ゆりかご＝ cradle）

3. この動物園で一番人気があるのは、白い大きな北極熊です。

[解答-5]
1. He bought two small, red, plastic model cars for his son.
（彼は息子に赤いプラスチックの小さな模型の車を2つ買ってやった）
2. The baby wide awake on the couch is my daughter.
（寝椅子でぱっちり目を開けて起きている赤ん坊は私の娘です）
3. I like your pretty little cotton dress very much.
（私はあなたのかわいい小さな木綿のドレスがとても好きです）

[解答-6]
1. It seems that large, sturdy American station wagons will come into fashion this year.
2. The baby was sound asleep in its cradle.
3. The most popular animal in this zoo is a large white polar bear.

## トレーニングメニュー 22 「常識のある人」は前置詞句が名詞を豊かにする

### 前置詞句による拡大の確認

# A man **of sense** wouldn't do it.

| S | 前置詞句 | V | O |

(第3文型)

[訳] 常識のある人はそんなことはしないだろう。
of + 抽象名詞で形容詞になる。

### ルール44 前置詞句は名詞を後ろから修飾する

名詞を後ろから拡大する最も一般的なものは前置詞句です。その数は無限に存在すると言っても過言ではありません。

- The house **on the hill**（丘の上の家）
- 25 years **after the war**（戦後25年）
- A man **from America**（アメリカ出身の男性）
- The plane **for New York**（ニューヨーク行きの飛行機）
- A book **on Japan**（日本に関する本）
- A person **in deep trouble**（深い苦難にある人）
- A person **with a sense of humor**（ユーモア感覚のある人）

後ろから前置詞で修飾されているケースは、通常、(関係代名詞とbe動詞)が省略された形になっています。

| S + 前置詞句 | V | C |
| --- | --- | --- |
| The house (which) (is) on the hill | is | my uncle's. |

（丘の上の家は私の叔父のものです） (第2文型)

175

<u>A person</u> (who) (is) **in deep trouble** sometimes <u>gives up</u> <u>asking</u> for help.
　　**S + 前置詞句**　　　　　　　　　　　　　　　V　　　O

(深い苦難にある人はときに助けを求めることを諦めてしまいます)
(第3文型)

### チェックポイント

●次のようなケースもあるので注意

・A man {with} long hair is not a rare sight these days.

= <u>A man</u> {who has} long hair <u>is</u> not a rare <u>sight</u> these days.
　S　　　　　　　　　　　　　V　　　　　　C　　(第2文型)

**with の後は何か具体的なものがきます。**

## ルール45 | of + 抽象名詞＝形容詞（…を持った）は注意すべき慣用表現

| S + 前置詞句 | 助動詞 | V | O | 副詞句 |
|---|---|---|---|---|
| A man **of sense** | wouldn't | borrow | money | from him. |

= A **sensible** man wouldn't borrow money from him.
(分別のある人なら彼からお金を借りないだろう)　　(第3文型)

<u>A man **of courage**</u> <u>is</u> <u>difficult</u> to find these days.
　**S + 前置詞句**　　V　　C　　　　　　　　　　(第2文型)

= A **courageous** man is difficult to find these days.
(近頃は勇気のある人を探すのはむずかしい)

● of + 抽象名詞 = 形容詞の重要表現

・of ability = able（有能な）
・of courage = courageous（勇気のある）
・of experience = experienced（経験のある）
・of importance = important（重要な）
・of interest = interesting（興味のある）
・of promise = promising（将来有望な）
・of talent = talented（有能な）
・of value = valuable（価値のある）
・of use = useful（役に立つ）
・of wisdom = wise（賢明な）

## クイックレビュー ……22

次の（　）に適当な語句を入れなさい。

1. Today I got acquainted with a student （　　　）（　　　）.
今日アメリカ出身の学生と知り合いになった。
2. The student is a man （　　　）（　　　）.
その学生は知性のある学生です。

□解答：1. from America　2. of intelligence

# 英語力をアップする筋力トレーニング

●リスニング（正しく聞いてポイントの理解を深める）演習●

**1** 音声を聞いて空所に入る語を書きなさい。

1. The book on the desk belongs to _____ _____ _____ _____ _____ _____.
2. Mr. Suzuki is a man _____ _____ _____ _____.
3. The book he is reading is _____ _____ _____ _____.
4. Only _____ _____ _____ _____ _____ can appreciate its value.
5. Look at _____ _____ _____ _____.
6. The magazine she is reading is _____ _____ _____ _____ _____.
7. The new mall _____ _____ _____ _____ _____ has a huge parking lot.
8. The all-star baseball team _____ _____ _____ _____ will have eight games with the Japanese all-star team.
9. One reason _____ _____ _____ _____ _____ is today's longer life span.
10. _____ _____ _____ _____ _____ _____ _____ tends to set standards for what is acceptable.

[解答]
1. the man at the desk over there
2. of experience and ability
3. of value and use
4. a man with talent and experience
5. the lady in blue
6. of great interest to us
7. not so far from the park
8. from the United States
9. for the increase in childless households
10. The dominant age group in a population

●リーディング（読めるようにする）演習●

**2** リスニング演習の解答を記入した後、その英文を日本語に訳しなさい。

訳は[4]の日本文を参照。

●オーラルオーラル（正しく発音し意味を伝えられるようにする）演習●

**3** リスニング演習の解答を記入した後、その英文を見ながら音声を聞き正しく発話しなさい。

**4** 下の日本文はリスニング演習の訳です。日本文を見て、それに該当する英文を正しく発話しなさい。

1. その机の上の本は向こうの机に座っている人のものです。
2. 鈴木さんは経験と能力のある人です。
3. 彼が読んでいる本は価値があり、役にも立つ。
4. 経験と才能のある人だけがそれの価値を評価できる。
5. 青（色の服）を着た婦人を見てください。
6. 彼女が読んでいる雑誌は私たちにはとても興味があります。
7. 公園からさほど遠くない所にある新しいモールは非常に大きな駐車場を持っている。
8. アメリカのオールスター野球チームが日本のオールスターチームと8戦戦います。
9. 子供のいない家庭の増加の1つの理由は、今日の長寿にあります。
10. ある人口で支配的な年齢集団が受け入れられる基準を定める傾向にある。

●ライティング（書けるようにする）演習●

**5** 次の単語を並べ替えて正しい文を作りなさい。

1. [ it, me, to, is, a, importance, matter, great, of ]

_____

2. [ the, mother, woman, hair, long, with, in, my, corner, is, the ]

_____

3. [ the shop, night, the fire, destroyed, last, the corner, on, was, by ]

_____

**6** 次の日本文を英語に直しなさい。

1. 彼は将来有望な青年ですばらしい能力を持っている。
（すばらしい能力＝great talent）

_____

［解答-5］
1. It is a matter of great importance to me.
（それは私にとって非常に重要な問題です）
2. The woman with long hair in the corner is my mother.
（あの角にいる長い髪の女性は私の母です）
3. The shop on the corner was destroyed by the fire last night.
（その角の店が昨夜の火事で破壊されてしまった）

179

2. レジ係の婦人は海沿いの白い小さな家に住んでいる。
   (レジ係＝ a person behind the checkout counter)

3. 深い財政危機にあったその銀行が破産の申請をした。

[解答-6]
1. He is a young man of promise and great talent. He is a promising young man with great talent.
2. The lady behind the checkout counter lives in a little white house by the sea.
3. The bank in deep financial trouble filed a petition for bankruptcy.

## トレーニングメニュー 23 「そのすばらしいシーンは…」は分詞を使って

### 分詞による拡大の確認

Everybody enjoyed the **fascinating** scene on TV. (第3文型)

- S: Everybody
- V: enjoyed
- 現在分詞＋名詞（O）: the fascinating scene

[訳] みんながテレビのそのすばらしいシーンを楽しんだ。

fascinated は「（人が）魅了されている」。fascinating だと「（人を）魅了する」。

### ルール46 分詞は名詞を前と後ろから修飾する

分詞は形容詞の働きをして、名詞を前からと後ろから修飾して拡大します。分詞が単独で使われるときは前から、2語以上の句になっているときは後ろから修飾します。

| S | 助動詞 | V | 現在分詞 | O | 副詞句 |
|---|---|---|---|---|---|
| I | can | see | a sleeping | dog | from here. |

（ここから眠っている犬が見える） （第3文型）

| S | 助動詞 | V | O | 現在分詞の形容詞句 | 副詞句 |
|---|---|---|---|---|---|
| I | can | see | a dog | sleeping on the porch | from here. |

（ここから玄関で眠っている犬が見える） （第3文型）

| S | V | 過去分詞 | O | 副詞 |
|---|---|---|---|---|
| Father | repaired | the broken | window | yesterday. |

（父は昨日壊れた窓を修理した） （第3文型）

| S | V | O | 過去分詞の形容詞句 | 副詞 |
|---|---|---|---|---|
| Father | repaired | the window | broken by a boy | yesterday. |

（父は昨日少年によって壊された窓を修理した） （第3文型）

前の例で分詞が前から修飾すると「状態」を強調し、後ろから修飾すると「動作」を強調することを確認しよう。

## ルール47　自動詞と他動詞から現在分詞、過去分詞が作られる

分詞は自動詞、他動詞それぞれから現在分詞と過去分詞が作られるので4種類になります。それぞれの意味は次のようになります。

### 1) 自動詞の現在分詞：（---している）
修飾される名詞がその行為を行っています。
- a **running** car = a car **which is running**　走っている車
- a **working** man = a man **who is working**　働いている人

状態相を表す動詞は「---している」という動作の進行は表せません。したがって、---ing形にはなっていますが、「---する」という状態を表しています。
- a book **belonging** to the library = a book **which belongs** to the library
　図書館に所属する本
- the boy **respecting** his father = the boy **who respects** his father
　父親を尊敬する少年

### 2) 自動詞の過去分詞：（---した）
完了した状態を表します。
- the **frozen** lake = the lake **which has** frozen　凍りついてしまった湖
- the **retired** general = the general **who has** retired　退役した将軍

### 3) 他動詞の現在分詞：（---させる）
自動詞のように修飾された名詞が「---している」のではなく、その名詞が「人を---させる」という意味を表します。
- a **surprising** story = a story **which surprises people**　驚くべき話
- an **exciting** game = a game **which excites people**　興奮する試合

### 4) 他動詞の過去分詞：（---された）
受け身の意味を表します。
- an **invited** guest = a guest **who is invited**　招待された客
- a **painted** house = a house **which is painted**　ペンキの塗られた家

ご購読ありがとうございます。弊社書籍に関する
ご意見ご希望をお寄せください。

## ● お買上いただいた本の名前

## ● ご質問・ご意見がございましたらご記入ください。

**パンフレットをご請求の方は 希望されるコース・校舎をチェックしてください。**

- ☐ 留学総合コース(大学・大学院・交換留学・高校留学)
- ☐ 試験対策コース(IELTS・TOEFL・SAT・GRE・GMAT)
- ☐ 一般英会話・ビジネス英語・就職対策英語
- ☐ 国内大学院受験コース(法科大学院・大学院)
- ☐ その他 (                                    )

| ☐ 高田馬場 | ☐ 池袋 |
| ☐ 四谷 | ☐ 渋谷 |
| ☐ 立川 | ☐ 調布 |
| ☐ 町田 | ☐ 横浜 |
| ☐ 藤沢 | ☐ 大宮 |
| ☐ 船橋 | ☐ 大阪 |
| ☐ 名古屋 | ☐ 神戸 |
| ☐ 京都 | ☐ 福岡 |

郵便はがき

料金受取人払郵便

新宿北局承認

**7183**

差出有効期間
平成29年9月
9日まで

**169-8790**

152

**東京都新宿区高田馬場
1-30-5 千寿ビル6F**

**テイエス企画㈱ 出版部** 行

| フリガナ | | | 19　年　月　日生 |
|---|---|---|---|
| お名前 | | | 男・女（　歳） |
| ご住所・連絡先 | 〒 | | 勤務先（社会人のみ記入） |
| | TEL（　）　- | | TEL（　）　- |
| E-mail | | | |
| 出身校または在籍校 | | □高校　□短大<br>□専門学校<br>□大学　□大学院 | □在籍（　）学年<br>□卒業(H　)年 |
| 英語資格試験 | ●IELTS　現在（　　点）目標（　　点）<br>●TOEFL　現在（　　点）目標（　　点）<br>●英検　　現在（　　級）目標（　　級）<br>●その他　現在（　　　）目標（　　　） | | |

### チェックポイント

●次の意味の違いに注意

- **developing** countries　　　発展途上国＝発達している最中
  **developed** countries　　　先進国＝発達を完了してしまった
- a **shaking** voice　　　震える声 → shake は自動詞
  a **shaking** explosion　　　建物などを揺るがす爆発 → shake は他動詞
- **frozen** lake　　　凍結した湖 → freeze は自動詞
  **frozen** meat　　　冷凍［された］肉 → freeze は他動詞

### クイックレビュー ……23

次の（　　）に適当な語句を入れなさい。

1. I have to tell you a (　　) story.
   がっかりさせる話をしなければなりません。
2. The person (　　) by my story was my colleague.
   私の話にがっかりしたのは私の同僚だった。
3. I don't like (　　) eggs so much.
   私はあまりゆで卵が好きではない。
4. You have to be careful when you use (　　) water.
   沸騰したお湯を使うときは気をつけなければならない。

□解答： 1. discouraging　2. discouraged　3. boiled　4. boiling

# 英語力をアップする筋力トレーニング

●リスニング（正しく聞いてポイントの理解を深める）演習●

**1** 音声を聞いて空所に入る語を書きなさい。

1. There are _____ _____ _____ on the ground.
2. There are also _____ _____ _____ _____ _____.
3. The man _____ _____ _____ _____ _____ is my friend.
4. The ground _____ _____ _____ _____ looks really nice.
5. _____ _____ _____ _____ _____ is as good as or better than the meat here.
6. You should read _____ _____ _____.
7. _____ _____ _____ _____ _____ were carried to the nearby hospital.
8. The article about Japanese people _____ _____ _____ _____ is an excellent piece of reading.
9. The new medicine _____ _____ _____ _____ _____ _____ is banned in our country.
10. _____ _____ _____ _____ _____ _____ _____ are tourists from Australia.

［解答］
1. many fallen leaves
2. some leaves falling from the tree
3. sweeping the leaves on the ground
4. cleared of the leaves
5. The meat imported from Australia
6. this fascinating story
7. A lot of wounded people
8. written by the reporter
9. developed by a German drug company
10. Most of the people staying at that hotel

●リーディング（読めるようにする）演習●

**2** リスニング演習の解答を記入した後、その英文を日本語に訳しなさい。

訳は[4]の日本文を参照。

●オーラルオーラル（正しく発音し意味を伝えられるようにする）演習●

**3** リスニング演習の解答を記入した後、その英文を見ながら音声を聞き正しく発話しなさい。

**4** 下の日本文はリスニング演習の訳です。日本文を見て、それに該当する英文を正しく発話しなさい。

1. 地面には枯れ葉がたくさん落ちている。

184

2. 木から落ちてくる葉も何枚かある。
3. 地面の落ち葉をはいている男は私の友達です。
4. 落ち葉が片づいた地面は本当にきれいに見える。
5. オーストラリアから輸入された肉はここの肉と同じぐらいかもっとおいしい。
6. あなたはこの魅力的なお話を読むべきだ。
7. たくさんのけが人が近くの病院に運ばれた。
8. その記者によって書かれた日本の記事はすばらしい読み物である。
9. ドイツの製薬会社によって開発された新薬は私たちの国では売ることができない。
10. あのホテルに泊まっている人のほとんどがオーストラリアからの旅行客です。

### ●ライティング（書けるようにする）演習●

**5** 次の単語を並べ替えて正しい文を作りなさい。

1. [ saying that, her father, a telegram, serious, in, she, sent, condition, me, was ]

_____

2. [ party, were, distinguished, there, some, present, guests, at, the ]

_____

3. [ frozen, thaw, freezer, easily, doesn't, meat, in, completely, the ]

_____

**6** 次の日本文を英語に直しなさい。

1. 5人の校長先生で構成されているその委員会にはその問題の決定権はない。
   （決定権＝ authority to decide (the matter)）

_____

2. 輸入ワインの数は年々増加の一途をたどっている。
   （増加の一途をたどる＝ be steadily increasing）

_____

[解答-5]
1. She sent me a telegram saying that her father was in serious condition.
（彼女は、父が危篤に陥っているという電報を私に送ってくれた）
2. There were some distinguished guests present at the party.
（パーティーに出席している著名な客も何人かいた）
3. Meat completely frozen in the freezer doesn't thaw easily.
（冷凍庫で完全に凍っていた肉は簡単には解けない）

185

3. 日本の大学院で学んでいる学生の多くはアジアからの学生です。

___

[解答-6]

1. The committee consisting of five principals has no authority to decide the matter.
2. Wine imports are steadily increasing year by year.
3. Many of the students learning at graduate schools in Japan are from Asian countries.

トレーニングメニュー **24** 「寝るためのベッド」は不定詞が活躍

### 不定詞による拡大の確認

## I bought a bed **to sleep in** yesterday.
| S | V | O | 不定詞の形容詞句 |

（第3文型）

[訳] 昨日、私は寝るためのベッドを買った。

I bought a bed to sleep yesterday. としないこと。sleep in a bed から → a bed to sleep in となる。

### ルール48 | 不定詞も名詞を後ろから修飾する

不定詞も形容詞の働きをし、名詞を後ろから修飾して拡大します。

| S | V | O | 不定詞の形容詞句 |
|---|---|---|---|
| I | need | some books | to read during the holiday. |

（私は休みの間に読む本が何冊か必要です） （第3文型）

I need someone to help me with my English.
**S V O** 不定詞 （第3文型）
（私は私の英語を手伝ってくれる人が誰か必要です）

### ルール49 | 修飾される名詞と不定詞の関係は、主語と動詞、動詞と目的語、同格の3つ

修飾される名詞と不定詞の関係は次のようになります。

a) 名詞が主語で、不定詞が動詞になっている。

| S | V | O | 不定詞の形容詞句 |
|---|---|---|---|
| I | have | a friend | to help me with my math. |

= who helps me with my math
⇒ a friend helps me with my math

（私は私の数学を手伝ってくれる友達を持っています）　　　　（第3文型）

She was the first woman **to become a doctor**.
S　V　　　　　　　C　　　不定詞　　　　　　　　　　（第2文型）
（彼女は医者になった最初の女性です）


b) 修飾される名詞が不定詞の目的語になっている。

| S | V | O | 不定詞の形容詞句 |
|---|---|---|---|
| I | need | something | to eat. |

= that I can eat

⇒ I eat something

（私は何か食べる物が必要です）　　　　　　　　　　　　（第3文型）

I have a report **to write by Monday**.
S　V　O　　　不定詞　　　　　　　　　　　　　　　　（第3文型）
（私は月曜日までに書かなければならないレポートがあります）


c) 修飾される名詞と不定詞が同格になっている。

| S | 不定詞の形容詞句 | Vi |
|---|---|---|
| The suggestion | to do it tomorrow | was accepted. |

= that we should do it tomorrow

⇒ the suggestion that we should do it tomorrow

（明日それをすべきだという提案が受け入れられた）　　　（第1文型）

She carried out the promise **to write a recommendation for him**.
S　　V　　　　　　O　　　　　　不定詞　　　　　　　
（彼女は彼のために推薦状を書くという約束を果たした）　（第3文型）


## ルール50 前置詞で終わる不定詞は要注意

不定詞が前置詞で終わる場合があるので注意します。

| S | V | O | 不定詞の形容詞句 |
|---|---|---|---|
| I | need | something | to eat the soup with. |

**to eat the soup with** something (a spoon)

⇒ something **to eat the soup with**

（私はこのスープを飲むものが必要です）　　　　　　　（第3文型）

188

*We still have something **to talk about**.*
　S　　V　　O　　　不定詞

= We still have something **to discuss**.　[discuss = talk about]
（我々にはまだ話し合わなければならないことがある）　　（第3文型）

---

### クイックレビュー　……24

次の（　　）に適当な語句を入れなさい。

1  I have been to the convenience store to buy something（　　）（　　）.
　私は何か食べ物を買いにコンビニに行ってきた。

2  Today I don't have anyone（　　）（　　）（　　）for me.
　今日は食事を作ってくれる人が誰もいない。

3  I don't have a microwave oven（　　）（　　）the food（　　）.
　私は食べ物を温める電子レンジも持っていない。

解答：1. to eat　2. to cook dinner　3. to heat / with

189

# 英語力をアップする筋力トレーニング

## ●リスニング（正しく聞いてポイントの理解を深める）演習●

**1**　音声を聞いて空所に入る語を書きなさい。

1. My friend was very hungry and needed _____ _____ _____.
2. My wife made _____ _____ _____ _____ _____.
3. We needed _____ _____ _____ _____ Japanese food.
4. We also needed _____ _____ _____ _____ _____ _____.
5. My grandfather wants _____ _____ _____ _____, as he has a lot of free time.
6. He needs glasses _____ _____ _____ _____.
7. He has a sufficient income _____ _____ _____.
8. We are looking for _____ _____ _____ _____ after our retirement.
9. We still have _____ _____ _____ _____ _____ before we make a final decision.
10. We don't have _____ _____ _____ _____ _____ about our retirement plan.

[解答]
1. something to eat
2. a plan to cook something Japanese
3. someone to help us cook
4. utensils to cook the food with
5. some books to read
6. to read books with
7. to live on
8. a house to live in
9. a lot of things to think about
10. many friends to talk with

## ●リーディング（読めるようにする）演習●

**2**　リスニング演習の解答を記入した後、その英文を日本語に訳しなさい。

訳は[4]の日本文を参照。

## ●オーラルオーラル（正しく発音し意味を伝えられるようにする）演習●

**3**　リスニング演習の解答を記入した後、その英文を見ながら音声を聞き正しく発話しなさい。

**4**　下の日本文はリスニング演習の訳です。日本文を見て、それに該当する英文を正しく発話しなさい。

1. 私の友人はとても腹が減っていて何か食べ物が必要

だった。
2. 私の妻は何か日本食を作ろうと計画した。
3. 私たちは誰か日本食を料理する人が必要だった。
4. 私たちはまた、料理するのに使う道具も必要だった。
5. 私の祖父は自由な時間がたくさんあるので、読む本が何冊か必要です。
6. 彼は本を読むための眼鏡が必要だ。
7. 彼は生活していく上で十分な収入を持っている。
8. 私たちは退職した後で住む家を探している。
9. 最終結論を出すまでに考えなればならないことがたくさんある。
10. 私たちには退職の計画の話をする友達が多くいない。

●ライティング（書けるようにする）演習●

**5** 次の単語を並べ替えて正しい文を作りなさい。

1. [ easily, he, frightened, is, be, not, to, a, man ]
_____

2. [ everyone, decision, divorced, her, to, get, surprised ]
_____

3. [ to, friends, count, many, on, has, when, she, trouble, in ]
_____

**6** 次の日本文を英語に直しなさい。

1. 今朝首相は辞職の決意を表明した。
（表明する＝ announce）
_____

2. 彼女はあの店でテープを入れておく箱を買った。
（箱＝ a case）
_____

3. ニューヨークに支店を出す前に決定すべきことがたくさんある。
_____

[解答-5]
1. He is not a man to be frightened easily.
（彼は簡単にこわがるような男ではない）
2. Her decision to get divorced surprised everyone.
（離婚するという彼女の決定はみんなをびっくりさせた）
3. She has many friends to count on when in trouble.
（彼女は困ったとき頼りになる友達がたくさんいる）

[解答-6]
1. The prime minister announced his decision to resign this morning.
2. She bought a case to put tapes in at that store.
3. We have a lot of decisions to make before opening a branch in New York.

191

## トレーニングメニュー 25 「補聴器」は動名詞が活躍

### 動名詞による拡大の確認

My father is getting old and needs a **hearing** aid.

- S / V1 / C / V2
- 動名詞＋名詞(O)

（第2文型／第3文型）

[訳] 私の父は年をとってきて、補聴器が必要である。

a hearing aid で「補聴器」。an aid to hear としないこと。

### ルール51 動名詞も名詞を拡大する

動名詞が形容詞の働きをして名詞を拡大します。

| S | V | 動名詞 | O | 副詞句 |
|---|---|---|---|---|
| She | lost | her **wedding** | ring | the other day. |

（彼女は先日彼女の結婚指輪をなくしてしまった）　（第3文型）

My father uses a **walking** stick when he goes out.
　S　　　V　　動名詞 + O　　　　　　　　　　　（第3文型）

（私の父は出かけるときに歩行杖を使います）

### ルール52 動名詞は「---のための」で「for ---」で書き換えできる、現在分詞は「---している」

　形容詞の働きをする現在分詞と動名詞は意味に違いがありますので、はっきりと区別ができなければなりません。現在分詞は「---している」という意味になり、関係代名詞で書き換えできます。動名詞は「---のための」という意味になり、for ---で書き換えができます。動名詞は修飾する名詞と結びつ

いて新しい名詞を作っている形になっています。

- a **swimming** girl = a girl **who is swimming**
 （泳いでいる女の子＝現在分詞）
 a **swimming** suit = a suit **for swimming**
 （水着＝動名詞）
- a **running** man = a man **who is running**
 （走っている人＝現在分詞）
 **running** shoes = shoes **for running**
 （運動靴＝動名詞）

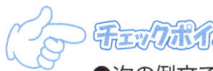

### チェックポイント

●次の例文で動名詞の用法を確認しよう

- It costs a lot to attend **driving school** in Japan.
 （日本では自動車学校に行くのに費用がたくさんかかる）
- The **running costs** for a car are also very high.
 （車の維持費もまた非常に高い）

### ● 重要な動名詞表現

| | |
|---|---|
| ・boiling point（沸点） | ・freezing point（氷点） |
| ・melting point（融解点） | ・melting pot（るつぼ） |
| ・dining room（食堂） | ・drinking water（飲料水） |
| ・living room（居間） | ・smoking room（喫煙室） |
| ・hearing aid（補聴器） | ・reading glasses（読書用眼鏡） |
| ・running costs（維持費） | |
| ・jogging shoes（ジョギングシューズ） | |
| ・magnifying glass（虫眼鏡） | ・writing desk（書き物机） |
| ・sewing machine（ミシン） | ・standing room（立ち見席） |
| ・sleeping car（寝台車） | ・standing ovation（起立による喝采） |
| ・visiting card（名刺） | ・waiting room（待合い室） |
| ・wedding ring（結婚指輪） | ・working hours（労働時間） |

## クイックレビュー …….25

次の（　）に適当な語句を入れなさい。

1. I don't know how to use the (　　) (　　).
   私はその洗濯機の使い方がわからない。
2. I cannot sleep without my (　　) (　　).
   私はヒーティングパッドがないと眠れない。
3. However, I don't feel like taking (　　) (　　).
   しかし、睡眠薬を飲む気はしない。

□解答：1. washing machine　2. heating pad　3. sleeping pills

# 英語力をアップする筋力トレーニング

## ●リスニング（正しく聞いてポイントの理解を深める）演習●

**1** 音声を聞いて空所に入る語を書きなさい。

1. We have learned today that _____ _____ _____ _____ _____.

2. Our science teacher is very old and needs _____ _____ _____.

3. He also uses _____ _____ _____ to read textbooks, and needless to say, _____ _____.

4. He still wears _____ _____ _____ on his ring finger.

5. Japanese sales people always use _____ _____ when they meet people.

6. _____ _____ of factory workers are getting shorter year by year.

7. I bought _____ _____ _____ _____ _____ _____ for his birthday.

8. We are talking about _____ _____ _____ _____ _____.

9. _____ _____ _____ _____ _____ _____ are very high.

10. _____ _____ _____ _____ _____ _____ _____ _____ _____ is decreasing year after year.

[解答]
1. the boiling point is 100°C
2. a hearing aid
3. a magnifying glass / reading glasses
4. a wedding ring
5. visiting cards
6. Working hours
7. a nice pair of running shoes
8. the safety of drinking water
9. The running costs of the factory
10. The number of smoking cars in special express trains

## ●リーディング（読めるようにする）演習●

**2** リスニング演習の解答を記入した後、その英文を日本語に訳しなさい。

訳は[4]の日本文を参照。

## ●オーラルオーラル（正しく発音し意味を伝えられるようにする）演習●

**3** リスニング演習の解答を記入した後、その英文を見ながら音声を聞き正しく発話しなさい。

**4** 下の日本文はリスニング演習の訳です。日本文を見て、それに該当する英文を正しく発話しなさい。

1. 私たちは今日、沸騰点が100度だということを学んだ。
2. 私たちの化学の先生はとても年をとっていて補聴器が必要です。
3. 彼は虫眼鏡も使っているが、言うまでもなく読書用の眼鏡も使っている。
4. 彼は今も薬指に結婚指輪をしている。
5. 日本人セールスマンは人と会うときいつも名刺を使う。
6. 工場労働者の労働時間は年々短くなる。
7. 彼の誕生日祝いに素敵なランニングシューズを買った。
8. 私たちは飲料水の安全性について話し合っている。
9. この工場の維持費は非常に高い。
10. 特急列車の喫煙車の数は年々減少している。

### ●ライティング（書けるようにする）演習●

**5** 次の単語を並べ替えて正しい文を作りなさい。

1. [ efforts, hours, we, to, working, are, serious, making, reduce ]

    _____

2. [ some, rooms, Japanese, smoking, companies, of, are, rid, trying, get, to ]

    _____

3. [ any more, housewives, machine, these days, sewing, don't, a, use ]

    _____

**6** 次の日本文を英語に直しなさい。
1. 長期の天気予報によると、今年は飲料水不足になりそうだ。（天気予報＝weather forecasts）

    _____

[解答-5]
1. We are making serious efforts to reduce working hours.
（私たちは労働時間を減らす深刻な努力をしている）
2. Some Japanese companies are trying to get rid of smoking rooms.
（いくつかの日本の会社は喫煙室を取り払おうとしている）
3. Housewives these days don't use a sewing machine any more.
（最近の主婦はもうミシンを使わない）

2. 最近は寝台車を使って旅行する人は以前より少なくなっている。

3. そのゴルファーはグリーンの近くに着いたとき、一斉に立ち上がっての拍手喝采を浴びた。

[解答-6]
1. According to the long term weather forecast, there will be a shortage of drinking water this year.
2. A smaller number of people use sleeping cars for traveling these days.
3. The golfer received a standing ovation when he came close to the putting green.

トレーニングメニュー **26**　「リポーターであるという事実」は同格の名詞節thatが活躍

### 同格の名詞節による拡大の確認

The fact **that he is a reporter** surprises me.　　(第3文型)

- S：The fact
- 同格の名詞節：that he is a reporter
- V：surprises
- O：me

[訳] 彼がリポーターであるという事実は私を驚かす。

The fact と that 以下の文は同格になっている。

### ルール53　同格の名詞節、that節も名詞を拡大する

名詞を拡大するのにその内容を文で説明する方法があります。thatを使ってつなぎます。このthat節は、修飾する名詞とイコールの関係になっているので、「同格の名詞節」と呼びます。

いろいろな名詞が後ろに同格の名詞節をとります。

| S | 同格の名詞節 | V |
|---|---|---|
| The suggestion | that we should leave him alone | was not accepted. |

(我々は彼を放っておくべきだという提案は受け入れられなかった)
　　　　　　　　　　　　　　　　　　　　　　　　(第1文型)

The idea **that the Japanese economy is still strong** is wrong.
　S　　　　　　同格の名詞節　　　　　　　　　　V　C
(日本の経済はまだ強いという考えは間違っている)　　(第2文型)

198

### チェックポイント

●同格の名詞節と関係代名詞の違いを確認しよう

**The fact that he keeps it secret surprises me.** の文では、**The fact = he keeps it secret**（彼がそれを秘密にしているという事実）の関係になっています。冒頭の例文も、**The fact = he is a reporter** という関係になっています。すなわち修飾する名詞の内容を完全な文で説明します。

＜同格の名詞節＞

・もとの文　　**the fact** + <u>he</u> <u>keeps</u> <u>it</u> <u>secret</u>.
　　　　　　　　　　　　　S　　V　　O　　C

　　　　　　　**the fact** that <u>he</u> <u>keeps</u> <u>it</u> <u>secret</u>.
　　　　　　　　　　　　　　S　　V　　O　　C　　（完全な文）

　　　　　（彼がそれを秘密にしているという事実）

これを関係代名詞と比べてみます。関係代名詞は文の一部が先行詞の位置に移動して、その残りの文でその名詞を修飾している関係になっています。

＜関係代名詞＞

・もとの文　　<u>He</u> <u>keeps</u> **the fact** <u>secret</u>.
　　　　　　　S　　V　　　O　　　C

　　　　　　　**the fact** {which} <u>he</u> <u>keeps</u> <u>secret</u>.
　　　　　　　　　O　　　　　　　S　　V　　C　（不完全な文）

　　　　　（彼が秘密にしている---事実）

---

● 同格の名詞節をとる重要名詞

- the agreement that ---（---という同意）
- the appeal that ---（---という訴え）
- the assumption that ---（---という仮定）
- the belief that ---（---という信念）
- the chance that ---（---という機会）
- the condition that ---（---という条件）
- the decision that ---（---という決定）
- the discovery that ---（---という発見）
- the doubt that ---（---という疑い）
- the explanation that ---（---という説明）
- the fact that ---（---という事実）

199

## ● 同格の名詞節をとる重要名詞の続き

- the fear that --- (---という恐れ)
- the hope that --- (---という希望)
- the hypothesis that --- (---という仮説)
- the idea that --- (---という考え)
- the impression that --- (---という印象)
- the knowledge that --- (---という知識)
- the message that --- (---というメッセージ)
- the news that --- (---というニュース)
- the opinion that --- (---という意見)
- the plan that --- (---という計画)
- the possibility that --- (---という可能性)
- the probability that --- (---という見込み・公算)
- the promise that --- (---という約束)
- the proof that --- (---という証拠)
- the proposal that --- (---という提案)
- the request that --- (---という依頼)
- the resolution that --- (---という決意)
- the rumor that --- (---という噂)
- the story that --- (---という話)
- the suspicion that --- (---という疑い)
- the theory that --- (---という理論)
- the thought that --- (---という考え)

## クイックレビュー ……26

次の ( ) に適当な語句を入れなさい。

1. ( ) ( ) ( ) my daughter doesn't cook at all surprised me.
   私の娘はまったく料理をしないという事実に私は驚いた。
2. ( ) ( ) ( ) only women should cook is nonsense now.
   女性だけが料理をすべきだという考えはいまではナンセンスだ。
3. I still cannot give up ( ) ( ) ( ) someone will cook for me.
   私は誰かが私のために料理をしてくれるという希望を捨てきれないでいる。

解答：1. The fact that  2. The idea that  3. the hope that

# 英語力をアップする筋力トレーニング

## ●リスニング（正しく聞いてポイントの理解を深める）演習●

**1** 音声を聞いて空所に入る語を書きなさい。

1. She came up with the suggestion _____ _____ _____ _____ _____ _____.

2. There was a fear _____ _____ _____ _____ _____ because there was a rumor _____ _____ _____ _____ _____.

3. There was no proof _____ _____ _____ _____ _____, but we came to the conclusion _____ _____ _____ _____ _____.

4. I can't believe the news _____ _____ _____ _____ _____ _____ _____.

5. There was a special request _____ _____ _____ _____ _____ _____.

6. There is _____ _____ _____ she will get married in October.

7. There is _____ _____ _____ she will quit the job.

8. She made _____ _____ _____ _____ _____ _____ _____ _____ _____.

9. I received _____ _____ _____ _____ _____ _____ _____ _____ my office this afternoon.

10. _____ _____ _____ _____ _____ _____ _____ is the key to success.

[解答]
1. that we invite him to the party
2. that he might disturb the party / that he was an alcoholic
3. that he was an alcoholic / that we wouldn't invite him
4. that a 17-year-old boy robbed the bank
5. that we give them a raise
6. no doubt that
7. a possibility that
8. a promise that she would invite us to dinner
9. a message that my friend will drop by
10. The belief that we can make it

## ●リーディング（読めるようにする）演習●

**2** リスニング演習の解答を記入した後、その英文を日本語に訳しなさい。

訳は[4]の日本文を参照。

## ●オーラルオーラル（正しく発音し意味を伝えられるようにする）演習●

**3** リスニング演習の解答を記入した後、その英文を見ながら音声を聞き正しく発話しなさい。

**4** 下の日本文はリスニング演習の訳です。日本文を見て、それに該当する英文を正しく発話しなさい。

1. 彼女はパーティーに彼を招待するという提案をした。
2. 彼がパーティーをだめにしてしまうかも知れないという恐れがあった。というのも彼はアルコール中毒だという噂があった。
3. 彼がアルコール中毒だという証拠はなかったが、私たちは彼を招待しないという結論に達した。
4. 17歳の少年が銀行強盗をしたというニュースは信じられない。
5. 彼らの給料を上げるようにという特別な要請があった。
6. 彼女が10月に結婚するということは間違いない。
7. 彼女がその仕事を辞めるという可能性がある。
8. 彼女は私たちを食事に招待してくれるという約束をした。
9. 私の友達が今日の午後事務所に立ち寄るというメッセージを受け取った。
10. 私たちはできるという信念が成功への鍵だ。

●ライティング（書けるようにする）演習●

**5** 次の単語を並べ替えて正しい文を作りなさい。

1. [ soon, there, up, pick, will, sales, is, that, an, auto, expectation ]

_____

2. [ denied, that, they, they, reserve fund, the, charge, misused, the ]

_____

3. [ his own, interested in, I, the fact, he, business, when he, still, in college, am, that, started, was ]

_____

［解答-5］
1. There is an expectation that auto sales will pick up soon.
（自動車の販売はまもなく上向くだろうという期待がある）
2. They denied the charge that they misused the reserve fund.
（彼らは準備金を不正使用したという容疑を否定した）

203

**6** 次の日本文を英語に直しなさい。

1. 彼らが間違っているという可能性は十分にある。
（間違っている＝be mistaken/be wrong）

2. 彼女は16時半の急行に乗って東京に来るいうメッセージが今朝届いた。
（急行＝a limited express）

3. その山が再び噴火して我々の村を破壊するという恐れは根拠がない。

3. I am interested in the fact that he started his own business when he was still in college. (私は彼がまだ大学生のときにビジネスを始めたという事実に興味を持っている)

[解答-6]
1. There is a strong possibility that they are mistaken/wrong.
2. The message came here this morning that she will take the 16:30 limited express to Tokyo.
3. The fear that the mountain will erupt again and destroy our village is groundless.

## トレーニングメニュー 27 「昨日買った本」は関係代名詞で表現

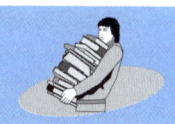

### 関係代名詞による拡大の確認

This is the book
 S   V    C

which I bought yesterday.　（第2文型）
　　　関係詞節

[訳] これは私が昨日買った本です。
　関係代名詞は接続詞と代名詞の働きを兼ねる。

### ルール54 関係代名詞は接続詞と代名詞、関係副詞は接続詞と副詞を兼ねる

　名詞の拡大をする代表的なものは「関係詞」です。関係詞は2つの文を簡潔につなぐ働きをしています。関係詞は接続詞と代名詞や副詞の働きをかねて、その前に置かれた名詞を修飾する形容詞節になります。接続詞と代名詞を兼ねる関係詞を「関係代名詞」、接続詞と副詞を兼ねる関係詞を「関係副詞」と呼びます。

・もとの文（途中経過）

　I like the book　**and　it**　is on the desk.
　S  V    O　　接続詞 +S（代名詞）V
　（私はその本が好きですが、それは机の上にあります）

・関係代名詞の文（接続詞と代名詞を兼ねる）

| S | V | O | 関係代名詞 | v | 副詞句 |
|---|---|---|---|---|---|
| I | like | the book | which | is | on the desk. |

　（私は机の上にある本が好きです）　　　　　　　　　（第3文型）

205

・もとの文(途中経過)

<u>That</u> <u>is</u> <u>the store</u>　**and there**　<u>I</u> <u>bought</u> <u>the book</u>.
　S　V　　C　　接続詞 + 副詞　S　　V　　　O

(あれがその店で、そこで私はこの本を買いました)

・関係副詞の文(接続詞と副詞をかねる)

| S | V | C | 関係副詞 | s | v | o |
|---|---|---|---|---|---|---|
| That | is | the store | **where** | I | bought | the book. |

(あれは私がこの本を買った店です)　　　　　　　　　　(第2文型)

### ルール55　関係代名詞と関係副詞の区別：
先行詞を関係詞節内に戻したとき、名詞だけでよければ関係代名詞、前置詞が必要なら関係副詞

関係代名詞か関係副詞かのチェックの仕方は、修飾される名詞(先行詞)を関係詞節の中に戻します。

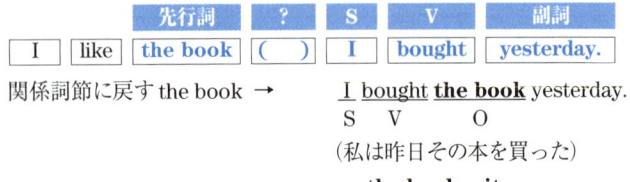

| 先行詞 | ? | S | V | 副詞 |
|---|---|---|---|---|
| I　like | the book | ( ) | I　bought | yesterday. |

関係詞節に戻す the book →　　I bought **the book** yesterday.
　　　　　　　　　　　　　　 S　V　　　O

(私は昨日その本を買った)

**the book = it**

上の例のように名詞だけでいい場合は、関係代名詞(which)になります。

| | | 先行詞 | ? | S | V | O |
|---|---|---|---|---|---|---|
| That | is | the store | ( ) | I | bought | the book. |

関係詞節に戻す the store →　　I bought the book **at the store**.

**at the store = there**

(私はその本をその店で買った)

上の例のように前置詞と名詞が必要になる場合は、関係副詞(where)になります。

## ルール 56 | 関係代名詞は先行詞が物の場合は which、人の場合は who、人と動物の場合は that

修飾される名詞（先行詞）の種類によって which、who、that などをとります。

### 1) 先行詞が物の場合＝ which（主語）／which（目的語）／whose（所有）
・関係代名詞が主語の場合

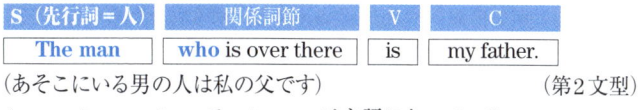

| S（先行詞＝物） | 関係詞節 | V | C |
|---|---|---|---|
| The book | which is on the desk | is | mine. |

（机の上にある本は私のです）　　　　　　　　　　　　　（第2文型）

the book is on the desk で、the book は主語になっている。

・関係代名詞が目的語の場合

| S（先行詞＝物） | 関係詞節 | V | 副詞句 |
|---|---|---|---|
| The pen | which I bought yesterday | is | on the desk. |

（私が昨日買ったペンは机の上にあります）　　　　　　　（第1文型）

I bought the pen で、the pen は目的語になっている。

・関係代名詞が所有格の場合

| S（先行詞＝物） | 関係詞節 | V | C |
|---|---|---|---|
| The book | whose cover is yellow | is | hers. |

（カバーが黄色の本は彼女のものです）　　　　　　　　　（第2文型）

its（その本の）cover is yellow で、the book は所有格になっている。

### 2) 先行詞が人の場合＝ who（主語）／whom（目的語）／whose（所有）
・関係代名詞が主語の場合

| S（先行詞＝人） | 関係詞節 | V | C |
|---|---|---|---|
| The man | who is over there | is | my father. |

（あそこにいる男の人は私の父です）　　　　　　　　　　（第2文型）

the man is over there で、the man は主語になっている。

・関係代名詞が目的語の場合

| S（先行詞＝人） | 関係詞節 | V | C |
|---|---|---|---|
| The man | whom you met yesterday | is | my father. |

（あなたが昨日会った男の人は私の父です）　　　　　　　（第2文型）

you met the man yesterday で、the man は目的語になっている。

・関係代名詞が所有格の場合

| S（先行詞=人） | 関係詞節 | V | C |
|---|---|---|---|
| The man | whose hair is gray | is | my father. |

（髪の毛がグレーな男の人は私の父です）　　　　　　　　　（第2文型）

the man's hair is grayで、the manは所有格になっている。

### 3）先行詞が人と動物の場合 = that（主語）／that（目的語）

・関係代名詞が主語の場合

| S（先行詞=人と物） | 関係詞節 | V |
|---|---|---|
| The woman and her dog | that entered the contest | won |

| O |
|---|
| the second prize. |

（コンテストに出たその女性と彼女の犬は2等賞を取った）（第3文型）

the woman and her dog entered the contestで、the woman and her dogは主語になっている。

・関係代名詞が目的語の場合

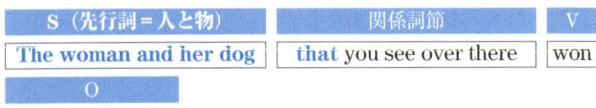

| S（先行詞=人と物） | 関係詞節 | V |
|---|---|---|
| The woman and her dog | that you see over there | won |

| O |
|---|
| the second prize. |

（そこに見える女性と彼女の犬は2等賞を取った）　　　　（第3文型）

you see the woman and her dog over thereで、目的語になっている。

## ルール57　関係代名詞に前置詞やsome、anyなどがつく場合は、関係代名詞の前につく

関係代名詞の前に前置詞やsome、anyなどが来る場合があります。何がどうつくかを理解するには、関係代名詞がつないでいる文をもとの2つに分けてみて、その役割を考えます。そして、接続詞と代名詞を適当な関係詞に置き換えます。

・もとの文（途中経過）

I bought a dozen eggs **and some of them** were bad.
S　V　　O　　　　　　　接続詞+S　　V　C

・someのついた関係代名詞（物の場合）の文

| S | V | O | 関係代名詞 | V | C |
|---|---|---|---|---|---|
| I | bought | a dozen eggs, | some of which | were | bad. |

（卵を1ダース買ったが、そのいくつかは悪くなっていた）（第3文型）

・もとの文（途中経過）

<u>I</u> <u>talked</u> with many guests, **and some of them** <u>were</u> from Africa.
S　V　　　　　　　　　　　　　　接続詞 + S　　V

・someのついた関係代名詞（人の場合）の文

| S | V | 副詞句 | 関係代名詞 | V | 副詞句 |
|---|---|---|---|---|---|
| I | talked | with many guests, | some of whom | were | from Africa. |

（私は多くのゲストの方とお話をしたが、その何人かはアフリカからの方でした）　　　　　　　　　　　　　　　　　　　　　　　　　　（第1文型）

・もとの文（途中経過）

<u>This</u> <u>is</u> <u>the restaurant</u>,　　**and**　<u>I</u> <u>met</u> <u>her</u> **in the restaurant**.
S　V　　　C　　　　接続詞　S　V　O　　副詞句

→ This is the restaurant **and** I met her in **it**.

→ This is the restaurant I met her **in which**（and it → which）

→ This is the restaurant **which** I met her **in**（whichを移動）

・inのついた関係代名詞の文

| S | V | C | 関係代名詞 | S | V | O |
|---|---|---|---|---|---|---|
| This | is | the restaurant | in which | I | met | her. |

（これが私が彼女と会ったレストランです）　　　　　　　（第2文型）

・もとの文（途中経過）

<u>This</u> <u>is</u> <u>the company</u>　**and**　<u>I</u> <u>work</u> **for it**.
S　V　　　C　　　接続詞　S　V　副詞句

→ This is the company I work **for which**（and it → which）

→ This is the company **which** I work **for**

・forのついた関係代名詞の文

| S | V | C | 関係代名詞 | S | V |
|---|---|---|---|---|---|
| This | is | the company | for which | I | work. |

（これが私が働いている会社です）　　　　　　　　　　（第2文型）

### チェックポイント

●先行詞と関係詞が離れる場合

・もとの文（途中経過）

| S | V | O | 接続詞 | S |

**Many teachers** attended the conference, **and** some of them

| V |

were from Okinawa.

→Many teachers attended the conference **some of whom were from Okinawa**.

・someのついた関係代名詞の文

| S（先行詞） | V | O | 関係代名詞 |

**Many teachers** attended the conference, **some of whom**

| V |

**were from Okinawa.** （第3文型）

（多くの先生がその協議会に参加したが、その何人かは沖縄から来ていた）

＊補足説明になるので、カンマを入れます。

---

## ルール58
制限的用法はカンマがつかず名詞の意味を限定、非制限的用法はカンマがついて名詞を補足説明

　関係代名詞には、「制限的用法（限定的用法）」と「非制限的用法（継続的用法）」があります。制限的用法とは名詞の意味を限定する働きを言います。非制限的とは名詞を制限することなく、補足的な情報を加える働きを言います。

・制限的用法

| 主文 | 関係詞節 |
| This is the book | which I bought yesterday. |

（これは私が昨日買った本です）

　上の例でwhich I bought yesterdayはこの本は人から借りたものなどではなく「私が昨日買ったもの」と、意味の限定をしています。このように名詞（先行詞）の意味に制限を加える用法を「制限的（限定的）用法」と呼びます。上の例でわかるように、このときは先行詞の後にカンマを入れません。

・非制限的用法

| 主文 | 関係詞節 | 接続詞 | 主文 |
| This is Susan, | **who is a medical student.** | and | that is Nancy, |

| 関係詞節 |
| **who is a law student.** |

（こちらがスーザンで、医学生です。あちらがナンシーで法律を勉強しています）

上の例で言うと、Susanという人物はこの世界で1人ですので、Susanの意味を制限することはできません。したがって、who is a medical studentはSusanという人物の補足的な情報をつけ加えているだけです。同様に、Nancyの後のwho is a law studentはNancyの補足的情報をつけ加えています。このように補足的な情報を加える用法を「非制限的（継続的）用法」と言います。このときは先行詞の後に必ずカンマを入れます。関係代名詞のthatにはこの非制限用法がないので注意します。

正：We visited New York, **which** is the financial capital of the world.
誤：We visited New York, **that** is the financial capital of the world.

## ルール59　固有名詞が先行詞のときは、通常非制限的用法

固有名詞はこの世にただ1つしかないので意味の限定はできませんので、固有名詞が先行詞になる場合は、通常、非制限的（継続的）用法になります。前の例文の文構造を整理しておきましょう。

| S | V | O(固有名詞) | 関係詞節 |
| We | visited | New York, | which is the financial capital of the world. |

（我々はニューヨークを訪ねたが、ニューヨークは世界の財政の中心地です）
　　　　　　　　　　　　　　　　　　　　　　　　　（第3文型）

Tokyo, which is the largest city in Japan, attracts many people.
S　　　　　関係詞節　　　　　　　　　　V　　　O
（東京は日本最大の都市で、多くの人を惹きつける）　　（第3文型）

### チェックポイント

●固有名詞が先行詞で制限的用法が可能な場合

固有名詞が先行詞で制限的用法が可能な場合は、同じ名前の人や場所が複数存在し、その区別をしないと誤解される可能性があるときです。

We have two **Susans** in our class. Susan **who is a medical student** lives in my neighborhood.
（私たちのクラスにはスーザンが2人いて、医学生のスーザンのほうが私の近所に住んでいます）

---

### クイックレビュー ……27

次の（　）に適当な語句を入れなさい。

1. I have a friend （　　）（　　）（　　） me when I am in bed.
   私には私が寝ているときに決まって電話をかけてくる友達がいる。

2. I need a dictionary （　　）（　　） many example sentences.
   私は例文がたくさん載っている辞書が必要です。

3. Today, I visited Mr. Tanaka, （　　）（　　）（　　）（　　） on the tax system.
   今日私は田中氏を尋ねたが、彼は税制の専門家です。

4. I talked with the guests, （　　）（　　）（　　） were from America.
   私はゲストの人たちと話をしたが、その何人かはアメリカから来ていた。

---

□解答： 1. who always calls　2. that has　3. who is an expert　4. some of whom

# 英語力をアップする筋力トレーニング

●リスニング（正しく聞いてポイントの理解を深める）演習●

**1** 音声を聞いて空所に入る語を書きなさい。

1. I have a friend _____ _____ _____ _____ _____ _____ _____ _____.
2. His father, _____ _____ _____ _____ _____ _____ _____, expects a lot from him.
3. His two brothers, _____ _____ _____ _____ _____ _____, think that he is lazy.
4. He needs a place _____ _____ _____ _____ _____ _____ _____.
5. His mother, _____ _____ _____ _____ _____ _____ _____, always encourages him when he is in pain.
6. This is the bank _____ _____ _____ _____ _____ _____ _____.
7. There are ten math questions, _____ _____ _____ _____ _____.
8. We really enjoyed the tour of the Midwest, _____ _____ _____ _____ _____ _____ _____.
9. Ahead of me I saw a woman _____ _____ _____ _____ _____.
10. You must not use words _____ _____ _____ _____ _____ _____.

［解答］
1. who is being pressured to become a doctor
2. who is a famous professor of medicine
3. one of whom is also a doctor
4. where he can escape from the pressure
5. whose love and understanding are essential to him
6. that the two masked men robbed yesterday
7. some of which are really difficult
8. which is known as the breadbasket of the United States
9. who I thought was my aunt
10. whose meaning you don't understand well

●リーディング（読めるようにする）演習●

**2** リスニング演習の解答を記入した後、その英文を日本語に訳しなさい。

訳は[4]の日本文を参照。

●オーラルオーラル（正しく発音し意味を伝えられるようにする）演習●

**3** リスニング演習の解答を記入した後、その英文を見ながら音声を聞き正しく発話しなさい。

213

**4** 下の日本文はリスニング演習の訳です。日本文を見て、それに該当する英文を正しく発話しなさい。

1. 私には、医者になれと強要されている友達がいる。
2. 彼の父は、有名な医学部教授だが、彼に多くを期待している。
3. 彼の2人の兄弟は、その1人も医者だが、彼が怠け者だと思っている。
4. 彼はそのプレッシャーから逃れられる場所が必要だ。
5. 彼の母は、その愛と理解は彼にはなくてはならないものだが、彼が苦しんでいるときいつも彼を励ましてくれる。
6. これは昨日マスクをした2人組の男が襲った銀行です。
7. 数学の問題が10問あるが、そのうちの何問かは本当にむずかしい。
8. 私たちは中西部へのツアーを心から楽しんだ。その中西部はアメリカの穀倉地帯として知られている。
9. 私は自分の前に叔母だと思う女性を見た。
10. あなたは意味があまりよくわからない単語を使ってはいけない。

●ライティング（書けるようにする）演習●

**5** 次の単語を並べ替えて正しい文を作りなさい。

1. [ Dr. Smith, country, whom, we, his, at, to, back, party, the, met, is going ]

   _____

2. [ angry, the man, very, whose, was, hat, by mistake, I, took ]

   _____

3. [ house, bought, a, she, new, which, of, proud, she, very, is ]

   _____

[解答-5]
1. Dr. Smith, whom we met at the party, is going back to his country.
   （スミスさんは、パーティーで会ったのだが、自分の国に戻るところです）
2. The man whose hat I took by mistake was very angry.
   （私が間違えてつかんだ帽子の男はとても怒っていた）

214

**6** 次の日本文を英語に直しなさい。

1. 貿易に依存している日本の経済はアメリカの市場に大きく左右される。
（左右される＝be influenced）

_____

2. スイスは彼女が長い間訪れたいと思っていた国です。
（スイス＝Switzerland）

_____

3. そこにある表紙の黄色い本はいまとてもよく売れています。

_____

3. She bought a new house, which she is very proud of.
（彼女は新築の家を買って、そのことをとても誇りにしている）

［解答-6］
1. The Japanese economy, which depends on trading, is greatly influenced by the U.S. market.
2. Switzerland is the country which she has wanted to visit for a long time（which she has long wanted to visit）.
3. The book whose cover is yellow（The book the cover of which is yellow）you see over there is selling very well now.

215

トレーニングメニュー **28** 「肉食動物」は合成形容詞使って簡潔に

### 合成形容詞による拡大の確認

## These are **meat-eating** animals.
| S | V | 合成形容詞 | C |

[訳] これらは**肉食動物**です。　　　　　　　　　　　　（第2文型）

合成形容詞の語順は、通常の語順と逆になる。

> **ルール60** 分詞を使った合成形容詞は、名詞・形容詞・副詞をハイフンでつないで作る

2語以上の単語を[ - ]で結んだ形容詞があります。これを「合成形容詞」と呼びます。

#### a. 現在分詞を使った合成形容詞

合成形容詞には現在分詞を使ったものが多く、語順に特徴があります。

an object **that moves fast** → a **fast-moving** object
　　　　　 V　　　副詞　　　　　副詞　　V
（速く動く物体）　　　　　　（速く動いている物体）

a {moving-fast} object にならないことに注意します。

animals **that eat meat** → **meat-eating** animals
　　　　　V　　O　　　　　　O　　V
（肉を食べる動物）　　　（肉食動物）

| There +V | 形容詞 | 合成形容詞 | C | 副詞句 |
| There are | many | **rubber-producing** | countries | in the tropics. |

（熱帯地方には多くのゴムの生産国があります）　　　（第1文型）

| S | V | C（太字が**合成形容詞**） |
| Japan | is | one of the most famous **rice-producing** countries. |

（日本は最も有名な米の生産国の1つです）　　　　　（第2文型）

216

**b. 過去分詞を使った合成形容詞**

過去分詞を使った表現もあります。

left-handed（左利きの）、red-haired（赤毛の）、brown-eyed（茶色い目をした）、absent-minded（ぼんやりした）など、身体の特徴を述べたものが多いと言えます。

## ルール61 分詞を使わない合成形容詞は複数にしないでそのままハイフンでつないで作る

分詞を使わない場合もあります。そのときも［-］を入れて形容詞にしますが、名詞はそのままの形を使い複数形にしません。

・He is five **years** old.
名詞なので、yearに複数のsがつく。
・合成形容詞を用いた文

| S | V | 冠詞 | 合成形容詞 | C |
|---|---|---|---|---|
| He | is | a | five-year-old | boy. |

（彼は5歳です）　　　　　　　　　　　　　　　　（第2文型）
形容詞になっているので、yearにsをつけない。

I have to write a **20-page** report.
S　V　　　　合成形容詞　O
（私は20ページのレポートを書かなくてはならない）　（第3文型）
形容詞になっているので、pageにsをつけない。

・It is **ten minutes'** walk from the station.
名詞なので、minuteに複数のsがつく。
・合成形容詞を用いた文

| S | V | 冠詞 | 合成形容詞 | C | 前置詞句 |
|---|---|---|---|---|---|
| It | is | a | ten-minute | walk | from the station. |

（駅から歩いて10分です）　　　　　　　　　　　　（第2文型）
形容詞になっているので、minuteにsをつけない。

## クイックレビュー ……28

次の（　）に適当な語句を入れなさい。

1. I cannot keep up with the (　　) pace of our life.
   私は急速に変化する生活のペースについていけない。
2. I stopped wearing the (　　) jacket.
   私は油のしみのついたジャケットを着るのを止めた。
3. I would like to spend a (　　) holiday in Hawaii this summer.
   私は今年の夏は5日間の休みをハワイで過ごしたい。

□解答：1. fast-changing　2. oil-stained　3. five-day

## 英語力をアップする筋力トレーニング

●リスニング（正しく聞いてポイントの理解を深める）演習●

**1** 音声を聞いて空所に入る語を書きなさい。

1. We could see _____ _____ _____ through the window.
2. It is _____ _____ _____ from the airport.
3. My friend is _____ _____ _____ _____ _____.
4. He has been studying _____ _____ _____ _____ _____ _____.
5. Though very intelligent, he is _____ _____ _____ _____.
6. He has _____ _____ _____ and _____ _____ _____.
7. Anthropology is _____ _____ _____ _____ _____ now.
8. The Internet is becoming _____ _____ _____.
9. _____ _____ _____ with customers was very fruitful.
10. _____ _____ _____ _____ _____ is a famous star in Hollywood.

［解答］
1. a fast-moving object
2. a 50-minute ride
3. a 45-year-old professor of anthropology
4. the fish-eating Indians of North America
5. a very absent-minded man
6. a ten-year-old son / a seven-year-old daughter
7. a well-founded field of study
8. a fast-growing business
9. The two-hour meeting
10. The fair-haired man over there

●リーディング（読めるようにする）演習●

**2** リスニング演習の解答を記入した後、その英文を日本語に訳しなさい。

訳は[4]の日本文を参照。

●オーラルオーラル（正しく発音し意味を伝えられるようにする）演習●

**3** リスニング演習の解答を記入した後、その英文を見ながら音声を聞き正しく発話しなさい。

**4** 下の日本文はリスニング演習の訳です。日本文を見て、それに該当する英文を正しく発話しなさい。
1. 私たちは窓を通して素早く移動する物体を見ることができた。

2. 空港から車で50分です。
3. 私の友達は45歳の、人類学の教授です。
4. 彼は北アメリカの魚を食べるインディアンを研究しています。
5. 非常に頭はいいのですが、とてもうっかり者です。
6. 彼には10歳の息子と7歳の娘がいます。
7. 人類学は今では十分に確立された研究分野です。
8. インターネットは急成長を遂げるビジネスになってきている。
9. お客様との2時間の会議は実りの多いものだった。
10. あそこにいる金髪の男性は有名なハリウッドのスターです。

### ●ライティング（書けるようにする）演習●

**5** 次の単語を並べ替えて正しい文を作りなさい。

1. [ we, Professor Brown, love, very, all, absent-minded, that, man ]

2. [ we, latest, must, the, hand, at, a, Monday, 20-page, next, by, report, in ]

3. [ my father, middle-aged, you, there, is, see, the, man, over ]

**6** 次の日本文を英語に直しなさい。

1. あそこの赤毛の少女は私の姪です。
   （姪 = a niece）

2. サウジアラビアは世界でも有数の石油産出国だ。
   （有数の = leading）

3. 私はこの夏人里離れた避暑地に旅行をしてみたい。

[解答-5]
1. We all love that very absent-minded man, Professor Brown.
   （私たちはみんな、とてもうっかり者のブラウン教授を愛している）
2. We must hand in a 20-page report by next Monday at the latest.
   （私たちは遅くとも来週の月曜までに20ページのレポートを提出しなければならない）
3. The middle-aged man you see over there is my father.
   （向こうに見える中年男性は私の父です）

[解答-6]
1. The red-haired girl over there is my niece.
2. Saudi Arabia is one of the leading oil-producing countries in the world.
3. I would like to take a trip to an out-of-the-way resort this summer.

## トレーニングメニュー 29 「温室野菜」は名詞の形容詞への転用による拡大

### 名詞の転用による拡大の確認

All you can buy now are **hothouse** vegetables. （第2文型）

- All you can buy now = S
- are = V
- hothouse = 名詞の転用
- vegetables = C

[訳] 今あなたが買うことのできるのはすべて温室野菜です。

hothouseは形容詞に転用されているので、hothouses vegetablesのように複数のsはつかない。

### ルール62 名詞の形容詞への転用では、名詞はハイフンもつかず複数形にもならずに形容詞の働きをする

本来は名詞の単語が形容詞として使われて、名詞の修飾をしているケースがあります。「名詞の転用」という形で覚えておきましょう。

| 温室（名詞） | 温室の（形容詞に転用されている） |
| --- | --- |
| a hothouse（単数） | a **hothouse** vegetable（単数） |
| hothouses（複数） | **hothouse** vegetables（複数） |

hothouseは形容詞に転用されているので、単数・複数とは関係がなくなっています。単数・複数はvegetableが扱います。
同様に、

| 車（名詞） | 車の（形容詞に転用されている） |
| --- | --- |
| a car（単数） | a **car** key（単数） |
| cars（複数） | **car** keys（複数） |

|  |  |
| --- | --- |
| 家（名詞） | 家の（形容詞に転用されている） |
| a house（単数） | a **house** plant（単数） |
| houses（複数） | **house** plants（複数） |

　合成形容詞のところで、[ - ] を入れて形容詞にしてしまうと複数の s がつかなくなることを述べましたが、同じように考えればまとめやすくなります。

・名詞を使った文

<u>**Five years**</u> <u>have passed</u> since he was born.
　**S**　　　　　**V**　　　　　　　　　　　　　　　　　　（第1文型）

（彼が生まれて5年が過ぎた）

five years は名詞として使われている。

・合成形容詞を使った文

<u>He</u> <u>is</u> <u>a **five-year-old** boy</u> now.
**S V　　　C**　　　　　　　　　　　　　　　　　　　　（第2文型）

（彼は今では5歳の少年だ）

five-year-old は合成形容詞になっている。

## ● 名詞の転用をするもの

| 1) 学問分野 | ・biology professor（生物学の教授） |
| --- | --- |
|  | ・history lesson（歴史の授業） |
| 2) 身体の部分 | ・heart attack（心臓発作） |
|  | ・ear specialist（耳の専門家） |
| 3) 原料・材料 | ・sugar plant（製糖工場） |
|  | ・orange juice（オレンジジュース） |
| 4) 放送媒体 | ・radio programs（ラジオ番組） |
|  | ・TV show（テレビショー） |
| 5) 気象現象 | ・rain cloud（雨雲） |
|  | ・tornado warning（トルネード警告） |
| 6) 製造・生産地 | ・factory workers（工場労働者） |
|  | ・farm produce（農産物） |
| 7) 交通機関 | ・plane ticket（飛行機の切符） |
|  | ・taxi driver（タクシーの運転手） |
| 8) 公共機関 | ・library service（図書館業務） |
|  | ・bank account（銀行口座） |
| 9) 道具・機械 | ・computer malfunction（コンピュータの故障） |
|  | ・pen tray（ペン皿） |

| | |
|---|---|
| 10）動植物 | ・vegetable garden（菜園） |
| | ・plant tissue（植物組織） |
| 11）スポーツ | ・baseball stadium（野球場） |
| | ・tennis player（テニスの選手） |
| 12）家・家の部分 | ・kitchen table（台所用テーブル） |
| | ・garage sale（ガレージセール） |

● その他の名詞の転用の例

- business card（名刺）
- fashion industry（ファッション産業）
- field trip（フィールドトリップ）
- intelligence test（知能テスト）
- package tour（パッケージツアー）
- quality control（品質管理）
- sewage treatment（下水処理）
- stamp collector（切手収集家）
- style change（スタイルチェンジ）
- transportation company（運輸会社）
- death penalty（死刑）
- government neglect（政府の怠慢）
- life imprisonment（終身刑）
- police officer（警官）
- sales promotion（販売促進）
- space agency（宇宙局）
- study room（勉強部屋）
- tax reduction（減税）

### クイックレビュー ……29

次の（　）に適当な語句を入れなさい。

1. I bought him a(n)（　）（　）for his birthday.
   私は彼の誕生日にサッカーボールを買った。
2. Hibiya is the nearest（　）（　）from my house.
   日比谷が私の家から最も近い地下鉄の駅です。
3. I would like to be a(n)（　）（　）.
   私は航空会社のパイロットになりたい。

□解答：1. soccer ball　2. subway station　3. airline pilot

# 英語力をアップする筋力トレーニング

## ●リスニング（正しく聞いてポイントの理解を深める）演習●

**1** 音声を聞いて空所に入る語を書きなさい。

1. The _____ _____ this time was not so bad.
2. _____ _____ _____ is very strong in this country.
3. Most of the people, especially housewives, are strongly against _____ _____ _____ _____ _____ _____.
4. They have organized _____ _____ _____ to deepen their knowledge of _____ _____ _____.
5. They are trying to get students and _____ _____ involved in this movement.
6. _____ _____ _____ at this hotel is excellent.
7. You can get _____ _____ _____ at that store.
8. The factory radically improved _____ _____ _____ _____ to compete in the market.
9. There is a deadly serious survival game going on _____ _____ _____ _____.
10. My father has been _____ _____ _____ _____ for more than 20 years.

[解答]
1. book review
2. The consumer movement
3. the introduction of a consumption tax
4. a study group / the tax system
5. company employees
6. The delivery service
7. discount plane tickets
8. the quality control system
9. among Japanese car manufacturers
10. working for the transportation company

## ●リーディング（読めるようにする）演習●

**2** リスニング演習の解答を記入した後、その英文を日本語に訳しなさい。

訳は[4]の日本文を参照。

## ●オーラルオーラル（正しく発音し意味を伝えられるようにする）演習●

**3** リスニング演習の解答を記入した後、その英文を見ながら音声を聞き正しく発話しなさい。

**4** 下の日本文はリスニング演習の訳です。日本文を見て、それに該当する英文を正しく発話しなさい。
1. 今度の書評はそれほど悪くはなかった。
2. 消費者運動はこの国ではとても盛んです。

3. たいていの国民、特に主婦は、消費税の導入に強く反対しています。
4. 彼らは税システムの知識を深めるために研究グループを組織した。
5. 彼らはこの運動に学生や会社の従業員を巻き込もうとしている。
6. このホテルのデリバリーサービスはすばらしい。
7. あの店でディスカウントの航空券を買えます。
8. その工場は市場で競うために品質管理システムを抜本的に変えた。
9. 日本の自動車メーカーの間できびしい生き残り競争が行われている。
10. 私の父はその運送会社に20年以上も勤めている。

●ライティング（書けるようにする）演習●

**5** 次の単語を並べ替えて正しい文を作りなさい。

1. [ a, calculator, the, of, hand, use, in this test, is, strictly, prohibited ]

2. [ room, study, my son, insists, on, own, having, his ]

3. [ her ambition, to, is, become, a , newspaper reporter, of, newspaper, Japanese, major, a ]

**6** 次の日本文を英語に直しなさい。
1. アメリカの貿易赤字の問題は非常に深刻だ。
（深刻＝ serious）

2. 日本の石油生産はほとんどないに等しい。
（ないに等しい＝ almost equal to ---）

3. 今の日本のファッション産業は若者に狙いを定めている。（狙う＝ target）

[解答-5]
1. The use of a hand calculator is strictly prohibited in this test.
（計算機の使用はこの試験では厳密に禁止されている）
2. My son insists on having his own study room.
（私の息子は自分の勉強部屋がほしいと言い張っている）
3. Her ambition is to become a newspaper reporter of a major Japanese newspaper.
（彼女の野心は大きな日本の新聞社の新聞記者になることです）

[解答-6]
1. The issue of the US. trade deficit is very serious.
2. Japan's oil production is almost equal to nothing.
3. The fashion industry of Japan today especially targets young people.

# 第4章 文のかなめ・背骨(動詞)を太くしてさらにパワーアップしよう

## この章で学ぶこと

### 文の背骨となる動詞の拡大

文の中心をなしているのは動詞です。この動詞の部分も拡大されて、文が豊かになっていきます。この動詞を拡大する重要な要素は次の4つになります。

1. 時制：文法上の時を表します。
   - I **have been studying** English for five years.
2. (法)助動詞：can、may、willなど
   - He **must have been** careless.
3. 態：能動の文を受け身の意味に変えます。
   - Her children **are loved** by her.
4. 句動詞：句の形で1つの動詞の役割を果たします。
   - We all **look up to** our leader.

この章では、これらの使い方をトレーニングして、表現力を豊かにしていきます。

トレーニングメニュー **30**　「いつも文句を言っている」は現在形で表す

### 現在時制での拡大の確認

> He always **complains**
> S　　　　　　V
> about the dorm food.　　　　　　　　　　（第1文型）
>
> [訳] 彼はいつも寮の食べ物について文句を言っている。
> 　現在行われている習慣は現在形で表す。

永続的な事実関係は「単純形」で表します。現在形は現在の時点における事実、過去形は過去における事実、未来形は未来における事実を担当します。

### ルール **63** 　現在形は「現在の時点」における「永続的な状況」を表す

1) 現在の習慣

| S | V | 副詞句 | 副詞句 |
|---|---|---|---|
| My father | gets up | at 7 | every morning. |

（父は毎朝7時に起きます）　　　　　　　　　　　　　　　　（第1文型）

2) 現在の事実

My father **works** for a trading company.
　　S　　V　　　　　　　　　　　　　　　　　　　　　　　（第1文型）
（私の父は貿易会社に勤めている）

3) 不変の真理

The earth **is** round.
　　S　　V　C　　　　　　　　　　　　　　　　　　　　　（第2文型）
（地球は丸い）

228

4) 予定された未来・スケジュール

　The bus **leaves** in five minutes.
　　S　　V　　　　　　　　　　　　　　　　（第1文型）

（そのバスはあと5分で出発します）

5) 観察・宣言

　I **see** (that) you are angry about the game last night.
　S　V　　　　　O（名詞節）　　　　　　　（第3文型）

（昨日の試合に腹を立てているようですね）

　I **tell** the truth, and nothing but the truth.
　S　V　　O　　　　　　　O　　　　　　　（第3文型）

（私は真実のみを話します）

6) 時・条件を表す副詞節の中で、未来形の代用

　If it **rains** tomorrow, we will postpone the game.
　　　副詞節　　　　　　S　　V　　　　O　　（第3文型）

（もし明日雨が降れば、試合を延期いたします）

　When he **comes** this afternoon, I will ask him about the accident.
　　　副詞節　　　　　　　　　　　S　　V　　O　　　（第3文型）

（彼が今日の午後来たときに、その事故について聞いてみます）

### チェックポイント

●名詞節の中では、そのまま未来形を使う

| S | V | O（名詞節） |
| --- | --- | --- |

　I　don't　know　when he **will come** back from New York.

（第3文型）

　　上の文のwhen he will come back from New Yorkはknowの目的語になっています。目的語になれるのは名詞（節）なので、そのまま未来形を使っていることに注意しましょう。

## ルール64 過去形は「過去のある時点」における「永続的な状況」を表す

1) 過去の習慣

| S | 副詞 | V | 副詞句 | 副詞句 | 副詞節 |
|---|---|---|---|---|---|
| I | often | went | to bed | after midnight | when in college. |

(私は大学時代よく深夜過ぎに床につきました)　　　　　　　(第1文型)

2) 完結した活動（過去を示す副詞を伴って）

I **finished** the assignment just an hour ago.
　S　　V　　　　O　　　　　　　　　　　　　　　　　　(第3文型)

(私はちょうど1時間前にその課題を終えました)

3) 直前の過去（過去を示す副詞なしに）

Who **broke** the glass?
　S　　V　　　O　　　　　　　　　　　　　　　　　　　(第3文型)

(誰がグラスを割ったんだ)

4) 過去の事実

The author **was** very famous in the 1960s.
　　S　　　　V　　　　C　　　　　　　　　　　　　　　(第2文型)

(その作家は1960年代に非常に有名だった)

5) 丁寧な依頼

**Would** you show us around the campus?
助動詞　S　V　　O　　　　　　　　　　　　　　　　　　(第3文型)

(キャンパスを案内していただけますか)

### チェックポイント

● when は「ある1点」における状況を尋ねるときに使われる

・**When** are you going to do it?［未来の1点］
　(いつそれをするつもりですか)

　I am going to do it **tomorrow.**
　(明日するつもりです)

・**When** did you do it?［過去の1点］
　(いつそれをしたのですか)

　I did it **yesterday**.
　(昨日しました)

したがって、「過去のある時から現在まで」の広い範囲におよぶ現在完了時制とは一緒に使うことができません。

誤：**When have** you **done** it?

## ルール65 未来形は「未来のある時点」における「永続的な状況」を表す

1) 未来の状況

| S | V | C |
|---|---|---|
| She | will be | a wonderful counselor. |

（彼女はすばらしいカウンセラーになるだろう） （第2文型）

2) hope、expectなどを伴って「希望・期待」を表す。

I **hope** that you **will have** a wonderful trip.
S　V　　　　　　　　O （第3文型）
（すてきな旅行をお楽しみください）

● このパターンの重要動詞

| ・assume（---だと思う） | ・believe（---だと信じる） |
| ・doubt（---ではないと思う） | ・expect（---を期待する） |
| ・suppose（---だと思う） | ・think（---だと信じる） |

3) perhaps、possibly、probablyなどを伴って不確実な予測

You **will** probably **like** people here.
S　V　　　　　　O （第3文型）
（あなたはおそらくここの人が好きになりますよ）

4) 予定、計画されたイベント

A wedding reception **will be held** at Hotel Okura on December 20.
　　　S　　　　　　V （第1文型）
（結婚披露宴は12月20日にホテルオークラで行われます）

## クイックレビュー ……30

次の（　）に適当な語句を入れなさい。

1. I knew that America (　　) a presidential government.
   私はアメリカが大統領制をしいていることを知っていた。
2. I usually (　　) (　　) before six in the morning.
   私はたいてい午前6時前には起きる。
3. If it (　　) tomorrow, I will drive to work.
   もし明日雨が降れば車で会社に行く。
4. I (　　) angry when she broke the expensive wine glass.
   私は彼女がその高価なワイングラスを割ったとき腹を立てた。
5. I hope it (　　) fine tomorrow.
   明日も晴れるといいな。

□解答：1. has  2. get up  3. rains  4. got  5. stays

# 英語力をアップする筋力トレーニング

## ●リスニング（正しく聞いてポイントの理解を深める）演習●

**1** 音声を聞いて空所に入る語を書きなさい。

1. Our new teacher, Mr. Brown, _____ an American.
2. Mr. Brown _____ _____ Harvard University, majoring in Japanese literature.
3. He often _____ hours at a time in the listening lab.
4. He _____ he _____ _____ his Japanese while he _____ in Japan.
5. His American teacher once _____ that Japanese _____ not so difficult a language to master.
6. He _____ what he heard and has been studying Japanese very hard since then.
7. His Japanese _____ almost perfect, and is far better than my English.
8. Tomorrow _____ Labor Day, and a huge rally _____ _____ _____ in Yoyogi park.
9. Some events _____ _____ _____ somewhere on national holidays.
10. Many people _____ _____ the parade that _____ _____ _____ downtown tomorrow.

[解答]
1. is
2. graduated from
3. spent
4. hopes / will master / stays
5. said / is
6. believed
7. is
8. is / will be held
9. are always held
10. will watch / will be held

## ●リーディング（読めるようにする）演習●

**2** リスニング演習の解答を記入した後、その英文を日本語に訳しなさい。

訳は[4]の日本文を参照。

## ●オーラルオーラル（正しく発音し意味を伝えられるようにする）演習●

**3** リスニング演習の解答を記入した後、その英文を見ながら音声を聞き正しく発話しなさい。

**4** 下の日本文はリスニング演習の訳です。日本文を見て、それに該当する英文を正しく発話しなさい。
1. 私たちの新しい先生、ブラウン先生はアメリカ人です。

2. ブラウン氏はハーバード出身で日本語を専攻していました。
3. 彼はリスニングラボで1度に何時間も過ごしました。
4. 彼は日本にいる間に日本語をマスターしたいと思っています。
5. 彼のアメリカの先生はかつて日本語はマスターするのにそんなにむずかしい言語ではないと言った。
6. 彼は彼の言葉を信じてそれ以来一生懸命日本語を勉強している。
7. 彼の日本語はほとんどパーフェクトで私の英語よりもずっとすばらしい。
8. 明日は勤労感謝の日でとても大きな集会が代々木公園で開かれる。
9. 国民の祝日にはいつも何らかのイベントがどこかで開かれる。
10. 多くの人が明日下町で開かれるパレードを見るでしょう。

### ●ライティング（書けるようにする）演習●

**5** 次の単語を並べ替えて正しい文を作りなさい。

1. [ years, is, my, five, father, died, since, it ]

2. [ please, it, lend, with, me, done, the, have, book, when, you ]

3. [ the, is, ocean, three-fourths, earth's surface, of ]

**6** 次の日本文を英語に直しなさい。

1. 次の大阪行きの新幹線は5分後に出発します。
（新幹線＝a bullet train）

2. わが社の未来はあの建築会社との合併次第だ。

[解答-5]
1. It is five years since my father died.
（彼女の父が死んで5年になる）
2. Please lend me the book when you have done with it.
（あなたがその本を読み終わったら私に貸してくれませんか）
3. Three-fourth of the earth's surface is ocean.
（地表の4分の3は海です）

3. 10年後のわが町は今の町とは似ても似つかない物になっているだろう。

[解答-6]
1. The next bullet train for Osaka leaves in five minutes.
2. The future of our company depends on the merger with that construction company.
3. Ten years from now, our town will be completely different from what it is now.

## トレーニングメニュー 31

「同僚に電子メールを送っていた」は過去進行形で表す

### 進行形での拡大の確認

When he called me, I was sending an e-mail to my colleague. （第3文型）

S ： I
V（過去進行形） ： was sending
O ： an e-mail

[訳] 彼が私に電話をくれたとき、私は同僚に電子メールを送っていた。

過去のある時に進行中の動作は、過去進行形で表す。

### ルール66　現在進行形は「現在の時点」における「一時的な状況」を表す

1) 現在進行中の動作

| S | V | 副詞句 | 副詞 |
|---|---|---|---|
| My friend | is studying | in the library | now. |

（私の友達はいま図書館で勉強しています）　　（第1文型）

2) 一時的な状況

<u>My father</u> **is staying** at a hotel now to write a book.
　S　　　　V
（私の父は本を書くために現在ホテルに滞在しています）　（第1文型）

3) 現在の習慣的・反復的動作

<u>She</u> **is studying** English whenever I see her.
　S　　　V　　　　O
（彼女は見るといつも英語を勉強している）　　（第3文型）

4) 予定された計画

<u>I</u> **am leaving** for New York next week.
S　　V　　　　　　　　　　　　　　　　　（第1文型）

236

（私は来週ニューヨークに発つ予定です）
5) いらだち

<u>You</u> <u>are wasting</u> <u>our precious time</u>!
　S　　　V　　　　　　　O　　　　　　　　　（第3文型）
（あなたは我々の貴重な時間を無駄にしている）

## ルール67　過去進行形は「過去のある時点」における「一時的な状況」を表す

1) 過去のある時に進行していた動作

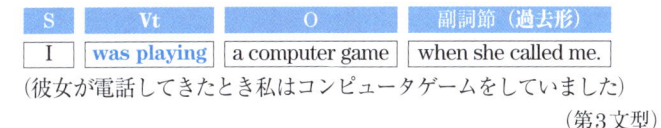

| S | Vt | O | 副詞節（過去形） |
|---|---|---|---|
| I | was playing | a computer game | when she called me. |

（彼女が電話してきたとき私はコンピュータゲームをしていました）
　　　　　　　　　　　　　　　　　　　　　　　　　　　（第3文型）

2) 過去のある時に同時に進行していた動作

<u>While I</u> <u>was studying</u>, <u>my wife</u> <u>was talking</u> loudly on the phone.
　　副詞節　　　　　　　　　S　　　　V　　　　　　　　　（第1文型）
（私が勉強中に、家内は大声で電話で話していた）

3) 過去の反復的動作・習慣

<u>She</u> <u>was</u> always <u>watering</u> <u>the plants</u> just before going to bed.
　S　　　　　　V　　　　　　　O　　　　　　　　　　　　　（第3文型）
（彼女はいつも寝る直前に植木に水をあげていた）

4) 丁寧な依頼

<u>I</u> <u>was wondering</u> <u>if you would show me how to use this machine</u>.
S　　　V　　　　　　　　　　　　　O　　　　　　　　　　（第3文型）
（この機械の使い方を教えていただけないでしょうか）

## ルール68　未来進行形は「未来のある時点」における「一時的状況」を表す

1) 未来のある時点で進行している動作

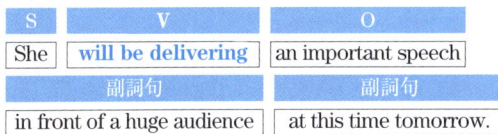

| S | V | O |
|---|---|---|
| She | will be delivering | an important speech |

| 副詞句 | 副詞句 |
|---|---|
| in front of a huge audience | at this time tomorrow. |

(彼女は明日の今頃は大勢の聴衆の前で重要なスピーチをしているでしょう)

(第3文型)

2) 直接的な言い方を避ける丁寧な表現

　I wonder what you **will be doing** tomorrow evening.
　**S    V                    O** (第3文型)

(明日の夕方は何をしていらっしゃいますか)

・cf. I **will see** him tomorrow.　[はっきりと意志を表明する]

　(明日彼に会います)

3) 取り決め・計画を表す

　We **will be meeting** people from a bank tomorrow.
　**S    V           O**

(明日銀行の人と会うことになっています)　　　　(第3文型)

### チェックポイント

●あるときから現在までに至る習慣的・反復的動作を表すには現在完了進行形を使う

| S | V | O |
|---|---|---|
| I | **have been playing** | golf |

　every Sunday this month.

(今月は毎日曜日ゴルフをしている)

## クイックレビュー ……31

次の（　）に適当な語句を入れなさい。

1. I (　　) (　　) (　　) three miles every day this week.
私は今週毎日3マイル走っている。
2. I (　　) (　　) for Osaka tomorrow.
私は明日大阪に出発します。
3. I (　　) (　　) a baseball game on TV when an earthquake hit us.
地震が起こったとき私はテレビで野球の試合を見ていた。
4. I (　　) (　　) my time playing pinball while I was in Osaka on business.
商用で大阪にいたときにはパチンコをやって無駄な時間を過ごしていた。
5. I (　　) (　　) (　　) with my colleague at eight this evening.
今晩の8時には仲間と飲んでいるでしょう。

□解答：1. have been running　2. am leaving　3. was watching　4. was wasting
　　　　5. will be drinking

# 英語力をアップする筋力トレーニング

## ●リスニング（正しく聞いてポイントの理解を深める）演習●

**1** 音声を聞いて空所に入る語を書きなさい。

1. He _____ _____ advanced Japanese at a Japanese graduate school now.
2. He _____ _____ _____ taking private lessons from his Japanese friend, too.
3. He _____ _____ a short vacation and _____ _____ his hometown next week to see his sister, who is getting married.
4. My friend _____ _____ in New York to negotiate with an American car company.
5. I _____ _____ a nap when the office called me on urgent business.
6. The Japanese economy _____ _____ _____ when I _____ _____ _____ a securities company twenty years ago.
7. The car _____ _____ at a speed of 120 kilometers an hour when it collided with the truck.
8. When I _____ _____ in the park I stepped on a stone and sprained my ankle.
9. She _____ _____ _____ in the northern part of Hokkaido at this time tomorrow.
10. When the earthquake hit Kobe, I _____ _____ a car on the highway.

[解答]
1. is studying
2. is thinking of
3. is taking / leaving for
4. is staying
5. was taking
6. was still expanding / was working for
7. was moving
8. was jogging
9. will be traveling
10. was driving

## ●リーディング（読めるようにする）演習●

**2** リスニング演習の解答を記入した後、その英文を日本語に訳しなさい。

訳は[4]の日本文を参照。

## ●オーラルオーラル（正しく発音し意味を伝えられるようにする）演習●

**3** リスニング演習の解答を記入した後、その英文を見ながら音声を聞き正しく発話しなさい。

**4** 下の日本文はリスニング演習の訳です。日本文を見て、それに該当する英文を正しく発話しなさい。

1. 彼はいま日本の大学院で上級日本語を勉強している。
2. 彼はまた日本の友達から個人レッスンを受けることも考えている。
3. 彼は短い休みを取って結婚する妹に会いに来週故郷に帰る予定です。
4. 私の友人はアメリカの自動車会社と交渉のために、ニューヨークに滞在しています。
5. 急用で会社が電話をかけてきたとき、私は昼寝をしていました。
6. 私が証券会社に勤めていた20年前は日本の経済はまだ拡大していた。
7. トラックと衝突した時はその車は120キロのスピードを出していた。
8. 公園をジョッギングしていたとき石を踏んでくるぶしを捻挫してしまった。
9. 明日の今ごろ彼女は北海道の北部を旅行しているでしょう。
10. 地震が神戸を襲ったとき、私は高速道路で車を運転していた。

●ライティング（書けるようにする）演習●

**5** 次の単語を並べ替えて正しい文を作りなさい。

1. [ Narita airport, it, at, was, arrived, raining, the plane, hard, when ]

───────────────────────

2. [ his office, he, his colleague, called at, having, with, lunch, was, when, I ]

───────────────────────

3. [ morning, I, sleeping, tomorrow, will, be, me, call, when, in bed, still, you ]

───────────────────────

[解答-5]
1. It was raining hard when the plane arrived at Narita airport.
（飛行機が成田に着いたときには激しい雨が降っていた）
2. He was having lunch with his colleague when I called at his office.
（彼の事務所を尋ねたとき彼は同僚と昼食を取っていた）

**6** 次の日本文を英語に直しなさい。

1. その候補者の演説の最中に、聴衆の何人かは大声で話をしていた。

2. 明日のこの時間には私はサンフランシスコ行きのジェット機の中で眠っているだろう。

3. 会社でのストレスに対処するために私の友達は近頃ほとんど毎晩飲んでいる。

3. I will still be sleeping in bed when you call me tomorrow morning.
（明日君が電話をかけてくる時私はまだベッドで寝ているでしょう）

[解答-6]
1. Some of the audience were talking in a loud voice while the candidate was delivering a speech.
2. I will be sleeping in a jet plane bound for San Francisco at this time tomorrow.
3. My friend has been drinking almost every night recently to cope with stress in the office.

## トレーニングメニュー 32 「ちょうど夕食を済ませた」は完了時制で表す

### 完了時制での拡大の確認

We **had** just **finished** supper
[ S ] [ V（過去完了形） ] [ O ]

when father came home.  （第3文型）

[訳] 父が帰宅したときちょうど夕食を済ませたところだった。
動作の完了は完了時制を使って表す。

単純形と進行形が原則的にそれぞれの時点における「時の1点」を扱うのに対して完了形はその時点よりさらに前の時点からその時点に至るまでの「幅の広い時間帯」を扱います。

### ルール69 現在完了形は「過去のある時から現在におよぶ幅広い時間帯」における「状況」を表す

1) 過去のある時に始まって、今完了した動作

I **have** just **finished** the assignment.
S　　V　　　　　　　　O
（ちょうど課題を終えたところです）　　（第3文型）

2) 過去のある時に始まって、現在も継続している状態

We **have been** friends for more than ten years.
S　　V　　C　　　　　　　　　　　　　（第2文型）
（私たちは十年来の友人です）

3) 過去のある時から現在までに経験したこと

I **have** already **seen** the movie twice.
S　　V　　　　　　O　　　　　　　　　（第3文型）
（私はその映画をすでに2度見てしまった）

4) 過去に起こったことの現在の結果

My father **has** already **gone** to New York.
　S　　　　V　　　　　　　　　　　　　　　　（第1文型）
(父はすでにニューヨークに行ってしまっています)［だから今ここにいない］

5) 過去のある時から現在までの習慣的・反復的動作

I **have** frequently **seen** a doctor for headaches and dizziness.
S　　V　　　　　　　O　　　　　　　　　　　　　　　（第3文型）
(このところしばしば頭痛とめまいで医者にかかっている)

6) 時・条件を表す副詞節の中で、未来完了形の代用

When he **has finished** the report, he will have to give it to the manager.
　　　副詞節　　　　　　　　　S　　　V　　　O　（第3文型）
(報告書を終えたら、彼はそれをマネージャーに提出しなければならない)

## ルール70　過去完了形は「過去のある時点よりさらに前からその時点までの幅広い時間帯」での「状況」を表す

1) 過去のある時までの動作の完了

| S | V | O | 副詞節 |
|---|---|---|---|
| I | had just finished | all the questions | when the bell rang. |

(ベルが鳴ったときちょうどすべての問題を終えていた)　　（第3文型）

2) 過去のある時までの状態の継続

We **had lived** there for two years before we finally moved back to the
S　　V

country.　　　　　　　　　　　　　　　　　　　　　　　（第1文型）
(私たちは最終的に田舎に戻る前にそこに2年間住んでいました)

3) 過去のある時までの経験

I **had** never **missed** a single class until I became sick yesterday.
S　　V　　　　　　O　　　　　　　　　　　　　　　　（第3文型）
(昨日病気になるまでたった1度も授業を休んだことはなかった)

4) 過去のあるときより以前の過去（大過去）の動作・状態

When I arrived at the airport, my plane **had** already **taken off**.
　　　　　　　　　　　　　　　　　S　　　　　V　　　（第1文型）
(私が空港に着いたときはすでに私の飛行機は離陸をしていた)

5）実現されなかった希望・願望

I **had hoped** to say good-bye to her before she left.
S　V　　　　　O　　　　　　　　　　　　　　　　（第3文型）
（彼女が去る前にさよならを言いたかったが、できなかった）

● この用法に使用される重要動詞

- expect（期待する）
- hope（希望する）
- intend（意図する）
- mean（---するつもりである）
- want（---したいと思う）

## ルール71 未来完了形は「現在から未来のある一時点までの幅広い時間帯」における「状況」を表す

1）未来のある時点で完了している動作

| S | V | O | 副詞句 |
|---|---|---|---|
| They | **will have completed** | a new production line | by next year. |

（彼らは新しい生産ラインを来年までに完成しているでしょう）
　　　　　　　　　　　　　　　　　　　　　　　　　　（第3文型）

2）未来のある時点まで継続している状態

I **will have belonged** to this club for ten years by next summer.
S　　　V　　　　　　　　　　　　　　　　　　　　（第1文型）
（次の夏になると、10年間このクラブに所属していることになる）

3）未来のある時点までに経験していること

I **will have won** the championship three times if I win again this year.
S　V　　　　　　O　　　　　　　　　　　　　　　　（第3文型）
（もし今年また勝てば3回選手権を獲得したことになるだろう）

4）未来のある時点までに起こることの結果

The lake **will have** completely **frozen** by this weekend.
　　S　　　　　　V　　　　　　　　　　　　　　　（第1文型）
（今週末までに湖は完全に凍っているでしょう）

### チェックポイント

**●完了時制と進行形が合体した形もあるので注意しよう**

1) **現在完了進行形は「過去のある時点から現在までの一時的な動作の継続」**

   | S | V | O |

   They **have been discussing** the issue since ten this morning.
   (彼らは今朝10時からその問題を討議している)　　　　　　　　(第3文型)

2) **過去完了進行形は「過去よりさらに前の時点からその過去の時点までの一時的な動作の継続」**

   | S | V |

   They **had been waiting** in the cave until the rescue party arrived.
   (彼らは救助隊が来るまで洞窟の中で待っていた)　　　　　　　(第1文型)

3) **未来完了進行形は「現在から未来のある一時点までの一時的な動作の継続」**

   | S | V | O |

   She **will have been learning** Japanese for three years by next April.
   (彼女は今年の4月で日本語を3年習っていることになる)　　　(第3文型)

---

#### クイックレビュー ……32

次の（　）に適当な語句を入れなさい。

1. I (　　) just (　　) talking with my friend on the phone.
   ちょうど友達と電話での話を終えたところだ。

2. I (　　) just (　　) typing the document when you called me.
   君が電話をしてきたときはちょうど書類のタイプを終えたところだった。

3. I (　　) (　　) my e-mail five times already today.
   今日はもう5回も電子メールをチェックした。

4. I (　　) (　　) sick until I took a couple of aspirins.
   アスピリンを2錠飲むまでずっと具合が悪かった。

5. I (　　) (　　) (　　) this report by this evening.
   今晩までにはこの報告書を終えているでしょう。

---

□解答：1. have / finished　2. had / finished　3. have checked　4. had been
　　　　5. will have finished

# 英語力をアップする筋力トレーニング

## ●リスニング（正しく聞いてポイントの理解を深める）演習●

**1** 音声を聞いて空所に入る語を書きなさい。

1. The computer company _____ _____ _____ to get into the already tight market.
2. The United States _____ _____ _____ Japan to open its market for some years.
3. The government _____ _____ _____ to comply with the request for free access to information.
4. Japan _____ _____ on the exporting of manufactured goods so far.
5. It _____ _____ _____ _____ when the bullet train arrived at Kyoto station.
6. The climbing party _____ _____ _____ the summit by noon tomorrow.
7. When the police arrived, the mob _____ _____ _____ _____ _____ _____ _____.
8. The fans _____ _____ _____ _____ _____ _____ _____ _____ _____ when the actress finally appeared.
9. My wife _____ _____ _____ _____ _____ _____ _____ for twenty years by next month.
10. The management and union _____ _____ _____ _____ _____ _____ _____ when they finally reached agreement.

[解答]
1. has been struggling
2. has been pressuring
3. has been reluctant
4. has survived
5. had already stopped raining
6. will have reached
7. had already set fire to several shops
8. had been waiting for her for more than one hour
9. will have been practicing the tea ceremony
10. had been negotiating for over a week

## ●リーディング（読めるようにする）演習●

**2** リスニング演習の解答を記入した後、その英文を日本語に訳しなさい。

訳は[4]の日本文を参照。

## ●オーラルオーラル（正しく発音し意味を伝えられるようにする）演習●

**3** リスニング演習の解答を記入した後、その英文を見ながら音声を聞き正しく発話しなさい

247

**4** 下の日本文はリスニング演習の訳です。日本文を見て、それに該当する英文を正しく発話しなさい。

1. そのコンピュータ会社はすでに厳しい市場に入り込もうと努力を続けてきている。
2. 合衆国は日本に数年間市場解放の圧力をかけてきている。
3. 政府は情報公開の要求に応じることを躊躇してきている。
4. これまで日本は製品の輸出で生き延びてきている。
5. 新幹線が京都駅に着いたときには雨はすでに上がっていた。
6. その登山隊は明日のお昼には頂上に到達しているでしょう。
7. 警察が到着したときには暴徒はすでにいくつかの店に火をつけていた。
8. その女優がやっと姿を現すときまでファンは一時間以上もずっと待っていた。
9. 私の家内は来月で20年間お茶の稽古をしていることになる。
10. 最終的な合意に達するまで経営側と組合は1週間以上交渉を続けていた。

●ライティング（書けるようにする）演習●

**5** 次の単語を並べ替えて正しい文を作りなさい。

1. [ will, married, 15 years, they, next, have, June, been, by ]

2. [ on, for, business, pleasure, overseas, been, have, I, never, or, either ]

3. [ his doctor, new, a, tried, had, given up, remedy, the patient, hope, already, when ]

[解答-5]
1. They will have been married 15 years by next June.
（彼らは次の6月で結婚して15年になる）
2. I have never been overseas either on business or for pleasure.
（私は仕事でも、遊びでもこれまでに海外に行ったことがない）

248

**6** 次の日本文を英語に直しなさい。

1. 明日までにその工事は完成しているでしょう。
（工事＝construction work）

2. 2階にある自動販売機は1週間以上も故障したままだ。

3. 新しい指導者を選ぶために重役会議が開かれたときまでにすべての根回しは終わっていた。

3. The patient had already given up hope when his doctor tried a new remedy.
（患者は彼の医師が新しい治療を試みたときにはすでに希望を失っていた）

［解答-6］
1. The construction work will have been completed by tomorrow.
2. The vending machine on the second floor has been out of order for over a week.
3. All the groundwork had been laid when a board meeting was held to choose a new leader.

## トレーニングメニュー 33 「喜んで手伝う」は（法）助動詞willで表す

### （法）助動詞の基本的用法の確認

If you **will** help us, we **will** appreciate it very much. (第3文型)

- If you **will** → (法)助動詞
- we → S
- **will** → (法)助動詞
- appreciate → V
- it → O

[訳] もしあなたが手伝ってくれるなら、私たちは大変ありがたいのだが。
willは「喜んで…する」の意味を表す。

動詞の前に置かれて、いろいろな意味とニュアンスを付加する助動詞があります。これらの助動詞は「（法）助動詞」と呼ばれます。この「（法）助動詞」も文を豊かにします。

### ルール72　willは「話者・第3者の決心・意志」「主語の強い意志」「習性・特性」「約束」「命令」「依頼」「勧誘・招待」を表す

#### 1. will

a) 話者・第3者の決心・決意

| S | 助動詞 | V | O | 副詞 |
|---|---|---|---|---|
| I | will | help | her | out. |

（私は最後まで彼女を助ける） (第3文型)

She **won't** change her mind.
　S　助動詞　V　　O (第3文型)
（彼女は決心を変えようとしない）

b) 主語（人とは限らない）の強い意志

The old window **won't** open.
　　S　　　助動詞　V (第1文型)
（その古い窓はどうしても開かない）

250

c) 習性・特性

<u>The fish</u> **will** <u>swim</u> against the current.
　S　　助動詞　V　　　　　　　　　　　　　　　　（第1文型）
(その魚は流れに逆らって泳ぐ習性がある)

<u>Susan</u> **will** <u>lick</u> <u>her lips</u> when she is nervous.
　S　　助動詞　V　　O　　　　　　　　　　　　　（第3文型）
(スーザンは緊張するとよく唇をなめる)

d) 約束

<u>I</u> **will** <u>give</u> <u>you</u> <u>my old computer</u>.
S　助動詞　V　O　　O　　　　　　　　　　　　　（第4文型）
(あなたに私の古いコンピュータをあげる)

e) 命令

<u>You</u> **will** <u>stay</u> here until I return.
　S　　助動詞　V　　　　　　　　　　　　　　　　（第1文型）
(私が戻るまでここにいなさい)

f) 喜んで---する、快く---する（willingness）

If you **will** come to my daughter's birthday party, <u>she</u> **will** <u>be</u> <u>delighted</u>.
　　　助動詞　　　　　　　　　　　　　　　　　　　　　S　助動詞　V　　C
(もしあなたが喜んで娘の誕生パーティーに来ていただければ、娘は非
常に喜ぶでしょう)　　　　　　　　　　　　　　　　　　　　（第2文型）

このif節内のwillは未来形を作るwillではないので、時・条件を表す副詞節の中でも使用される。

正：If it **rains** tomorrow, <u>we</u>　**will**　<u>cancel</u> <u>the game</u>.
　　　　　　　　　　　　　　S　　助動詞　　V　　　O

誤：If it **will** rain tomorrow, we will cancel the game.

この文のwillは単に未来を表すwillなので、時・条件を表す副詞節の中では使えない。

g) 依頼（Will you ---?）

**<u>Will</u>** <u>you</u> <u>help</u> <u>me</u> with my English?
助動詞　S　V　O　　　　　　　　　　　　　　　　（第3文型）
( 私の英語を見てもらえませんか)

h) 勧誘・招待（Will you ---?）

**<u>Will</u>** <u>you</u> <u>come</u> to my wedding reception?
助動詞　S　V　　　　　　　　　　　　　　　　　　（第1文型）
(私の結婚披露宴に出席していただけませんか)

## ルール73 　would は「控えめな意向」「丁寧な依頼」を表す。他に、仮定法、would rather など慣用表現で使われる

### 2. would

will と同じ内容を表すが、時制の一致を受けて現在形（will）でなく過去形（would）になります。しかし、will との違いも多少あります。

a) 控えめな意向

| S | 助動詞 | V | O | 副詞句 |
|---|---|---|---|---|
| I | would like to | visit | your place | next week, |

| 副詞節 |
|---|
| if it is all right with you. |

（第3文型）

（もしよろしければ、来週あなたのところへおうかがいしたいのですが）

b) 丁寧な依頼

<u>Would</u> you <u>show us</u> around the campus?
**助動詞　S　V　O**　　　　　　　　　　　　　　（第3文型）

（キャンパスを案内していただけますか）

c) 仮定法で使用される

I <u>wouldn't</u> <u>do</u> <u>it</u> if I were you.
**S　助動詞　V O**

（もし私があなたなら、それをしないでしょう）　　　　（第3文型）

d) would rather の慣用表現で使用される

**i) would rather (sooner) A than B**（B よりはむしろ A したい）

I <u>would rather</u> <u>stay</u> here with you <u>than</u> go there alone.
**S　　助動詞　　V**

（私は1人でそこへ行くよりはむしろあなたとここにいたい）

**ii) would rather (that) 主語 {過去}**（主語に---してもらいたい）

I <u>would rather</u> you <u>went</u> there alone.
**S　　助動詞　　　V**

（私はあなたにそこに1人で行ってもらいたい）

## ルール74 shallは「話者の意志」「相手の意向・勧誘」を表す

### 3. Shall

a) 話者の意志(意志未来＝you shall, he／she shall)

| S | 法助動詞 | V | O | 副詞 |
|---|---|---|---|---|
| You | **shall** | have | the results of the investigation | tomorrow. |

= I {will promise} that you will have the results of the investigation tomorrow. (調査の結果は明日お渡しします)　　　　　(第3文型)

b) 規約文などの中で(--すべき)

<u>Each member</u> **shall** <u>observe</u> <u>the following provisions</u>.
　　**S**　　　助動詞　**V**　　　　　**O**　　　　　　(第3文型)
(各メンバーは次の条項を遵守しなければならない)

c) 相手の意向・勧誘(Shall I ---?／Shall we ---?)

**Shall**　<u>I</u> <u>do</u> <u>it</u> for you?
助動詞　**S V O**　　　　　　　　　　　　　　　(第3文型)
(あなたの代わりにそれをしてあげましょうか)

**Shall**　<u>we</u> <u>go</u> out for lunch after this?
助動詞　**S V**　　　　　　　　　　　　　　　　(第1文型)
(この後でお昼に出ましょうか)

## ルール75 shouldは「拘束力のない義務・必要」「控えめな表現」「主観的判断」「感情」を表す

### 4. should

a) 拘束性のない義務・必要

| S | 助動詞 | V | O | 副詞句 |
|---|---|---|---|---|
| You | **should** | study | English | every day. |

(あなたは毎日英語を勉強すべきです)　　　　　　(第3文型)

b) 控えめな表現

<u>I</u> **should** <u>think</u> <u>that we need his help</u>.
**S 助動詞**　**V**　　　　**O**　　　　　　　　(第3文型)
(私たちには彼の手助けが必要だと思いますが)

253

c) 主観的判断

　It is natural that she **should** think that way.
　**S V　C　　　　　　助動詞**　　　　　　　　　　　　（第2文型）
　（彼女がそのように考えるのも当然だ）

d) 感情

　It is surprising that he **should** miss the question.
　**S V　C　　　　　　助動詞**　　　　　　　　　　　　（第2文型）
　（彼がその問題を間違えるなんて驚きだ）

e) 仮定法で（万一---なら）

　If he **should** forget her birthday, she would be very upset.
　　　**助動詞**　　　　　　　　　　　　S　　V　　C　（第2文型）
　（万一彼が彼女の誕生日を忘れたら、彼女は非常に気分を害するでしょう）

f) should have + p.p. ＝ ―すべきだった（のにしなかった）

　You **should have** finished the report yesterday.
　**S　助動詞　　V　　　　　O**　　　　　　　　　　　（第3文型）
　（昨日レポートを終えるべきだったのに）

f) 慣用表現　lest / in case / for fear ～（should）---（～が---しないように）

　You had better write it down　**lest** you **should** forget it.
　**S　　　　　　　V　O**　　　　**in case** you **should** forget it.
　　　　　　　　　　　　　　　　**for fear** you **should** forget it.
　　　　　　　　　　　　　　　　副詞節の**助動詞**　　　　（第3文型）
　（忘れないようにそれを書き留めて置いたほうがよい）

---

### チェックポイント

●次の構文に注意

　　**it is ～ that S (should) 原形**の波線の部分に「必要・重要」を表す形容詞が来ると、イギリス英語ではshouldをとります。アメリカ英語では、仮定法現在（原形）、すなわちshouldがとれた形が好まれます。

・It is **important / necessary / essential / urgent** that 主語 (should) 原形

　It is **important** that he **should be** there on time.　　イギリス英語
　**S V　　C**　　　that he **be** there on time.　　　　　アメリカ英語
　　　　　　　　　　　　　　　　　　　　　（第2文型）

（彼が時間通りそこにいることは重要です）

## ルール76 ought to は「義務」を表す

### 5. ought to

a) 義務

| S | 法助動詞 | V | O | C |
|---|---|---|---|---|
| We | ought to | keep | our park | clean. |

（我々は公園をきれいにしておくべきだ） （第5文型）

We <u>ought not to</u> <u>litter</u> <u>our park</u>.
**S　助動詞　V　O** （第3文型）
（我々は公園を取り散らかすべきではない）［否定］

<u>Ought</u> we <u>to</u> <u>clean</u> <u>our park</u> every day?
**助動詞 S　V　O** （第3文型）
（我々は公園を毎日掃除すべきですか）［疑問］

b) ought to have + p.p. ＝---すべきだった（のにしなかった）

We <u>ought to</u> <u>have followed</u> <u>his advice</u>.
**S　助動詞　V　　　O** （第3文型）
（我々は彼の忠告に従うべきだった）

## ルール77 can は「能力」「許可」「依頼」「軽い命令・禁止」を表す

### 6. can

a) 能力

| S | 助動詞 | V | O | 副詞句 |
|---|---|---|---|---|
| He | can | finish | this job | in ten minutes. |

（彼はこの仕事を10分で終えることができる） （第3文型）

b) 許可

You can <u>use</u> <u>the computer</u> if you wish.
**S 助動詞 V　　O** （第3文型）
（もし望むなら、このコンピュータを使って結構です）

c) 依頼

<u>Can</u> you <u>tell</u> <u>me</u> <u>where the administration building is</u>?
**助動詞 S V O　　　　　　O** （第4文型）

(管理棟はどこか教えていただけませんか)

d) 軽い命令・禁止

<u>You</u> **cannot** talk back to the teacher.
  **S**  助動詞  **V** (第1文型)
(先生に口答えしてはいけません)

e) 慣用表現

**1) cannot help --- ing = cannot but 原形**（---せざるをえない）

<u>I</u> **cannot help admiring (cannot but admire)** <u>her talent</u>.
  **S**          助動詞 + V         **O** (第3文型)

= I **really admire** her talent.
(彼女の才能を賞賛せざるをえない)

**2) cannot --- too much （enough）= ---しすぎることはない**

<u>You</u> **cannot admire** <u>her talent</u> **too much (enough)**.
  **S**  助動詞 + V    **O** (第3文型)
(彼女の才能を賞賛してもしすぎることはない)

**3) as --- as （S）can be**（この上なく---）

<u>The new champion</u> <u>was</u> **as** happy **as** (happy) **can be**.
       **S**         **V**        **C**              助動詞 (第2文型)
(新チャンピオンはこの上なく幸せだった)

## ルール78 | couldは「過去の一般的能力」「仮定の能力」「丁寧な依頼」「否定的な推定・強い疑い」を表す

### 7. could

a) 過去の一般的能力

| S | 助動詞 | V | O | 副詞句 | 副詞節 |
|---|---|---|---|---|---|
| I | could | type | 60 words | per minute | when I was in college. |

(私は大学時代は1分間に60語タイプを打てた) (第3文型)

過去の1回の活動・イベントの成功・完成・成就はbe able to/manage to/succeed inなどで表します。

Fortunately, <u>I</u> **was able to** <u>deliver</u> <u>a speech</u> successfully though I was very
            **S**         **V**        **O** (第3文型)
nervous.
(非常に上がっていたが、幸運にもうまく演説を行うことができた)

b) 仮定の能力

I was so hungry that I **could** eat two large pizzas.
**S　V　　C　　　　　助動詞**　　　　　　　　　　　　　　（第２文型）
（とても空腹だったので、Lサイズのピザ２枚でも食べられただろう）

c) 丁寧な依頼

**Could**　I have your address and phone number?
**助動詞　S　V　　　　　　　　　O**　　　　　　　　　（第３文型）
（あなたの住所と電話番号を教えていただけますか）

d) 否定的な推定・強い疑い

How **could**　you do that to me?
　　**法助動詞　S　V　O**　　　　　　　　　　　　　　（第３文型）
（どうして私にそんなことができるんだ）

## ルール79　mayは「許可」「軽い命令」「祈願」を表す

### 8. may

a) 許可

| S | 助動詞 | V | O | 副詞節 |
|---|---|---|---|---|
| You | may | use | the phone | anytime you want. |

（いつでも好きなときに電話を使って結構です）　　　　（第３文型）

b) 軽い命令

**May**　I have your attention, please?
**助動詞　S　V　　　　O**　　　　　　　　　　　　　　（第３文型）
（すみません、ちょっとお聞きください）

c) 祈願

**May**　you pass the test!
**助動詞　S　V　　O**　　　　　　　　　　　　　　　　（第３文型）
= I hope you will pass the test.
（テストに合格しますように）

d) 慣用句

1) **may well ---**（---するのももっともだ）

You **may well** get excited about the game today.
**S　助動詞　V　C**　　　　　　　　　　　　　　　　　（第２文型）
（君が今日の試合に興奮するのももっともだ）

257

2） **may (might) as well ---**（---したほうがよい）

<u>You</u> <u>**may as well**</u> <u>tell</u> him before you do it.
 S     助動詞    V   O                             （第3文型）
（それをする前に彼に言ったほうがよい）

3） **may (might) as well A as B**（BするくらいならAしたほうがましだ）

<u>You</u> <u>**may as well**</u> <u>give up</u> <u>a trip</u> **as** go on a very tight schedule and budget.
 S     助動詞    V    O                       （第3文型）
（きつい日程と予算で旅行するくらいなら諦めたほうがよい）

## ルール80 mightは「躊躇した許可・依頼」「軽い非難」を表す

**9. might**　mayの過去。用法はほぼ同じになる

a）mayよりも躊躇した許可・依頼

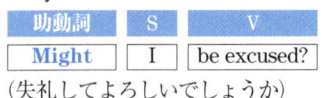

| 助動詞 | S | V |
|---|---|---|
| Might | I | be excused? |

（失礼してよろしいでしょうか）　　　　　　　　　　　　（第1文型）

b）軽い非難

<u>You</u> <u>**might**</u> at least <u>tell</u> <u>us</u> about it beforehand.
 S    助動詞         V   O                    （第3文型）
（少なくとも事前にそれを私たちに言ってくれてもいいのに）

## ルール81 mustは「避けることのできない義務」「強い禁止」「勧誘」を表す

**10. must**

a）避けることのできない義務

| S | 助動詞 | V | O | 副詞句 |
|---|---|---|---|---|
| You | must | attend | the conference | if it is at all possible. |

（あなたはもし可能ならばぜひその会議に参加しなければなりません）
                                                              （第3文型）

b）強い禁止（must not）

<u>You</u> <u>**must not**</u> <u>leave</u> <u>the conference</u> while it is in session.
 S    助動詞    V     O                          （第3文型）
（あなたはこの会議を開催途中で抜け出すことはできません）

c) 勧誘（親しみを表す）

<u>You</u>  **must**  <u>drop</u> in on us when you come near here.
**S　助動詞　V**　　　　　　　　　　　　　　　　　　　（第1文型）
（近くに来たらぜひ立ち寄ってください）

### チェックポイント

● mustは過去や未来を表す表現がないので、had to、will have toで代用する

・He **had to** attend the conference yesterday.
（彼は昨日その会議に出席しなければならなかった）

・He **will have to** attend the conference tomorrow.
（彼は明日その会議に出席しなければならないでしょう）

● 義務を表す表現

1) should（個人の意見として---すべき［拘束性はない］）
2) ought to（状況から判断して---すべき）
3) had better（あることに対する提案で---したほうがよい）
4) be + to ---（指示を表し---しなければいけない）
5) need（---する必要がある）
6) have to（［mustの代用表現で］---しなければならない）
7) have got to（have toのインフォーマルな口語表現）
8) must（選択の余地なく---しなければならない［拘束性あり］）

## クイックレビュー ……33

次の（　）に適当な語句を入れなさい。

1  I (　　) talk to you later about it.
それについて後でお話します。
2  You (　　) call me anytime.
いつでも電話をしてください。
3  I (　　) be wrong but I am sure she will like it.
間違っているかもしれないが、彼女はそれが好きになると思う。
4  I (　　) contact him by noon.
私は彼とお昼までに連絡を取らなければならない。

□解答： 1. will　2. can　3. may　4. must

## 英語力をアップする筋力トレーニング

### ●リスニング（正しく聞いてポイントの理解を深める）演習●

**1** 音声を聞いて空所に入る語を書きなさい。

1. We _____ _____ _____ when we are tired.
2. However, you _____ _____ _____ _____ important things.
3. You _____ _____ _____ _____ them whenever possible.
4. You _____ _____ _____ to do so, but you _____ _____ _____ it a habit.
5. If you _____ _____ _____ this in mind, you _____ _____ _____ of important meetings, dates, etc.
6. You _____ _____ _____ _____ _____ _____ and practice it.
7. _____ _____ _____ _____ for a while?
8. You _____ _____ _____ _____ in order to use the computer here.
9. He is very stubborn and _____ _____ _____ to us.
10. There _____ _____ _____ _____ against keeping a mobile switched on in the classroom.

[解答]
1. will forget things
2. ought not to forget
3. should take note of
4. may sometimes forget / must not make
5. will always keep / can keep track
6. must take my word for it
7. May I be excused
8. must have your ID
9. will not listen
10. should be a rule

### ●リーディング（読めるようにする）演習●

**2** リスニング演習の解答を記入した後、その英文を日本語に訳しなさい。

訳は[4]の日本文を参照。

### ●オーラルオーラル（正しく発音し意味を伝えられるようにする）演習●

**3** リスニング演習の解答を記入した後、その英文を見ながら音声を聞き正しく発話しなさい。

**4** 下の日本文はリスニング演習の訳です。日本文を見て、それに該当する英文を正しく発話しなさい。

1. 私たちは疲れるとものを忘れるものです。
2. しかし、重要なことは忘れるべきではない。

3. 可能なときはメモを取るべきだ。
4. ときにはそうすることを忘れてしまうかも知れないが、それを習慣にしてはいけない。
5. いつもこのことを心に留めておけば、ミーティングや日付などを押さえておくことができる。
6. あなたは私の言葉を信じ、実行しなければならない。
7. しばらく中座してもよろしいでしょうか。
8. ここでコンピューターを使うには身分証明書がなければならない。
9. 彼はとても頑固で私たちの言うことに耳を貸そうとしない。
10. 教室で携帯電話のスイッチを入れておくことに禁止する規則があるべきだ。

### ●ライティング（書けるようにする）演習●

**5** 次の単語を並べ替えて正しい文を作りなさい。

1. [ essential, she, it, finish, Monday, is, it, that, next, by ]

2. [ cannot, house, you, careful, buying, when, a, be, too, new ]

3. [ you, him, may, to, as, it, well, give, throw, as, money, away, your ]

**6** 次の日本文を英語に直しなさい。

1. この部屋は夕方5時以降使用してはならない。

2. 20代のときは2日間寝ないで仕事することができた。
（20代＝ in one's twenties）

3. 彼の言うことを聞くくらいなら仕事を辞めたほうがまして。

［解答-5］
1. It is essential that she finish it by next Monday.
（彼女はどうしても来週の月曜までにそれを終えなければならない）
2. You cannot be too careful when buying a new house.
（新しい家を買うときには慎重すぎるということはない）
3. You may as well throw your money away as give it to him.
（あなたは金を彼にあげるくらいなら投げ捨ててしまうほうがいい）

［解答-6］
1. You must not use the room after five in the evening.
2. In my twenties, I could work for two days without sleeping at all.
3. I/You might as well quit the job as listen to him.

## トレーニングメニュー 34 「一緒にいるべきだった」は二義的用法の助動詞で表す

### 二義的用法での拡大の確認

You **should have been** there with them at that time.

S / 助動詞+V

（第1文型）

[訳] あなたはそのとき彼らと一緒にいるべきだった。

should have + ---ed で「---すべきだったのにしなかった」の意。

shallを除くすべての助動詞には「二義的用法」があります。「二義的用法」とは、話し手があることの可能性に対してどれくらい確信を持っているかを表す用法です。一番確信が持てないのがmight、一番確信しているのがmustになります。mightとmustの間は状況によって多少順序が変わる可能性があります。

### ルール 82　might / could は過去ではなく、「確信のなさ」を表す

1) **might**　　She **might be** wrong.　　ひょっとして間違っているかもしれない［確信できない］
2) **may**　　　She **may be** wrong.　　　間違っているかもしれない
3) **could**　　She **could be** wrong.　　間違っているかもしれない
4) **can**　　　She **can be** wrong.　　　間違っている可能性がある
5) **should**　　She **should be** wrong.　　間違っているはずだ
6) **ought to**　She **ought to be** wrong.　間違っているはずだ
7) **would**　　She **would be** wrong.　　間違っているでしょう
8) **will**　　　She **will be** wrong.　　　間違っているだろう
9) **must**　　　She **must be** wrong.　　間違っているに違いない［ほぼ確信］
・ **be動詞**　　She **is** wrong.　　　　　　間違っている［確信］

## ルール83　過去を表すときには、完了形を使う

| | | |
|---|---|---|
| 1) might | She **might have been** wrong. | ひょっとして間違っていたかもしれない［確信できない］ |
| 2) may | She **may have been** wrong. | 間違っていたかもしれない |
| 3) could | She **could have been** wrong. | 間違っていたかもしれない |
| 4) can | She **can have been** wrong. | 間違っていた可能性がある |
| 5) should | She **should have been** wrong. | 間違っていたはずだ |
| 6) ought to | She **ought to have been** wrong. | 間違っていたはずだ |
| 7) would | She **would have been** wrong. | 間違っていたでしょう |
| 8) must | She **must have been** wrong. | 間違っていたに違いない［ほぼ確信］ |
| ・be動詞 | She **was** wrong. | 間違っていた［確信］ |

## ルール84　should、ought to、need、cannotは完了形を使う表現では注意が必要

a) should have + ---ed（—すべきであった［のにしなかった］）

|   | S | 助動詞 + V | O |
|---|---|---|---|
| It was a wonderful movie. | You | **should have seen** | it. |

（すばらしい映画だった。見ればよかったのに）　　　　　（第3文型）

b) should not have + ---ed（—すべきでなかった［のにした］）

<u>You</u> <u>**should not have listened**</u> to him.
**S**　　　　　助動詞 + V　　　　　　　　　　　　（第1文型）

（彼の言うことに耳を貸すべきではなかったのに）

c) ought to have + ---ed（—すべきであった［のにしなかった］）

<u>You</u> <u>**ought to have registered**</u> for the course.
**S**　　　　　助動詞 + V　　　　　　　　　　　　（第1文型）

（君はそのコースに登録をすべきだった）

d) ought not to have + ---ed（—すべきでなかった［のにした］）

<u>You</u> <u>**ought not to have canceled**</u> <u>the reservation</u>.
**S**　　　　　助動詞 + V　　　　　　　　**O**　　（第3文型）

（君は予約を取り消すべきではなかった）

e) need not have + ---ed（—必要はなかった［のにした］）

<u>She</u> **need not have paid** for it.
　S　　　助動詞 + V　　　　　　　　　　　　　　　　　（第1文型）
（彼女はその支払いをする必要はなかったのに）

f) cannot have + ---ed（—したはずはない／であったはずはない）

<u>She</u> **cannot have arrived** there yet because she left here just an hour ago.
　S　　　助動詞 + V　　　　　　　　　　　　　　　　　（第1文型）
（彼女はほんの1時間前にここを出たのでまだそこに着いているはずはない）

## ルール 85 ｜ used to、need、had better、had best、dare は助動詞と同じ働きをして後ろに動詞の原形をとる

### 1. used to

a) 過去の習慣（would often ---）

| S | 助動詞 + V | O |
|---|---|---|
| I | **used to** take | a nap | early in the afternoon. |

= I {would often} take a nap early in the afternoon.
（私はよく午後の早い時期に昼寝をした）　　　　　　　（第3文型）

b) 過去の事実（was/were）

<u>Our town</u> <u>is</u> not <u>what</u> it **used to** be.
　　S　　　V　　　　C　　助動詞　　　　　　　　　　　（第2文型）

= Our town is not what it {was}.
（私たちの町は過去のものとは違う）

### チェックポイント

●used to ---の疑問文と否定文

used to ---の疑問文は、Did 〜 use to ---/Used 〜 to ---?、used to ---の否定はused not to ---/didn't use to ---になる。付加疑問文もdidn't 〜 をつけます。

疑問文
・**Did** you **use to** jog in the morning?
（以前は朝ジョギングをしていたのですか）

否定文
・She **used not to** eat so much.
= She **didn't use to** eat so much.

(彼女は以前はそんなに食べなかった)
- She **used to** go there alone, **didn't she**?
  (彼女はよくそこへひとりで行ったんでしょう)

  \* **be used to 〜ing = be accustomed to 〜ing（〜に慣れている）と混同しないこと。**

- She **is used to staying up** late at night.
  (彼女は夜遅くまで起きていることに慣れている)

---

**2. need**　動詞と助動詞の両方があるので注意が必要です。
　助動詞：**need 〜 ; need not 〜**
　動詞：**need to 〜 ; don't need to 〜**
[助動詞]

| 助動詞 | S | V | O |
|---|---|---|---|
| Need | we | take | his class? |

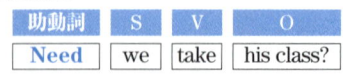

(彼の授業を取る必要がありますか)　　　　　　　　　　　　(第3文型)

| S | 助動詞 | V | O | 副詞 |
|---|---|---|---|---|
| You | needn't | do | everything | today. |

(今日全部やる必要はありません)　　　　　　　　　　　　(第3文型)

[動詞]

　<u>Do</u> we <u>need to</u> take his class?
　　S　V　　O　　　　　　　　　　　　　　　　　　　(第3文型)

(彼の授業を取る必要がありますか)

　You <u>don't need to</u> do everything today.
　　S　　　V　　　　O　　　　　　　　　　　　　　　(第3文型)

(今日全部やる必要はありません)　　　　　　　　　　　　(第3文型)

　日常会話では普通、動詞として使われ、助動詞で使われるケースは、否定[need not／needn't]や疑問文の場合です。

### 3. had better/had best

a)　had better 〜（〜したほうがよい）
　　had better not 〜（〜しないほうがよい）

| S | 助動詞 | V | O | 副詞 |
|---|---|---|---|---|
| You | had better | see | him | today. |

(今日彼に会ったほうがいい)　　　　　　　　　　　　　　(第3文型)

You **had better not** stay here long.
　　**S　　助動詞　　V**　　　　　　　　　　　　　　（第1文型）
　　（ここに長くいないほうがいい）

b) had best ～ （～するのが一番いい）

　　You **had best** talk to her.
　　**S　　助動詞　V**　　　　　　　　　　　　　　（第1文型）
　　（彼女と話すのが一番いい）

**4. dare**

a) dare（あえて～する）　　助動詞と動詞の用法がある。

[助動詞]

| S | 助動詞 | V | O |
|---|---|---|---|
| She | dared | refuse | his invitation. |

　　（彼女はあえて彼の招待を断った）　　　　　　　　（第3文型）

　　She **dared not** speak against the plan.
　　**S　　助動詞　　V**　　　　　　　　　　　　　　（第1文型）
　　（彼女はあえてその計画に反対の発言をしなかった）

[動詞]

　　She **dared** to speak against the plan.
　　**S　　V　　O**　　　　　　　　　　　　　　　　（第3文型）
　　（彼女はあえてその計画に反対の発言をした）

　　She **didn't dare** to speak against the plan.
　　**S　　　V　　　　O**　　　　　　　　　　　　　（第3文型）
　　（彼女はあえてその計画に反対の発言をしなかった）

b) I dare say（おそらく）　　節の前にthatをつけない

　　**I dare say** there will be a shower this afternoon.
　　**S　V　　　　　　O**　　　　　　　　　　　　　（第3文型）
　　（おそらく午後に夕立があるでしょう）

c) How dare ～?（よくも厚かましく～できるね）

　　**How dare** you talk back to me!
　　　　　　　　**S　V**　　　　　　　　　　　　　　（第1文型）
　　（よくも厚かましく口答えができるね）

267

## クイックレビュー ……34

次の（　）に適当な語句を入れなさい。

1. You (　　) (　　) angry to say such a thing to me.
   そんなことを私に言うなんて君は怒っているに違いない。
2. I (　　) (　　) (　　) my wife about the accident.
   事故のことを家内に話しておくべきだった。
3. I (　　) (　　) (　　) (　　) the reservation.
   予約の確認をする必要はなかったんだが。
4. She (　　) (　　) (　　) the promise.
   彼女が約束を破ったはずはない。
5. I (　　) (　　) (　　) tired to fall asleep during the meeting.
   会議中に眠り込んでしまうなんて私は疲れていたに違いない。

---

□解答：1. must be　2. should have told　3. need not have confirmed
　　　　4. cannot have broken　5. must have been

# 英語力をアップする筋力トレーニング

## ●リスニング（正しく聞いてポイントの理解を深める）演習●

**1** 音声を聞いて空所に入る語を書きなさい。

1. You _____ _____ _____ too much last night to have such a headache.
2. You _____ _____ _____ _____ _____ to your health.
3. You _____ _____ _____ _____ _____ about your health.
4. _____ _____ you drink this much?
5. You and your friend _____ _____ _____ _____ _____ the same drinking pace.
6. Your friend _____ _____ _____ _____ if you had done that.
7. There are pieces of glass all over the street. An accident _____ _____ _____ sometime last night.
8. You _____ _____ _____ _____ such an expensive car. Your wife would have been quite happy with a more economical one.
9. He _____ _____ _____ _____, for his train is still at the station.
10. There is so much work left to do. I _____ _____ _____ some of it yesterday.

[解答]
1. must have drunk
2. should have paid more attention
3. used to be very careful
4. How dare
5. need not have kept up
6. couldn't have gotten angry
7. must have happened
8. should not have bought
9. cannot have left here
10. should have done

## ●リーディング（読めるようにする）演習●

**2** リスニング演習の解答を記入した後、その英文を日本語に訳しなさい。

訳は[4]の日本文を参照。

## ●オーラルオーラル（正しく発音し意味を伝えられるようにする）演習●

**3** リスニング演習の解答を記入した後、その英文を見ながら音声を聞き正しく発話しなさい。

**4** 下の日本文はリスニング演習の訳です。日本文を見て、それに該当する英文を正しく発話しなさい。

1. そんなに頭痛がするなんて昨晩飲み過ぎたに違いない。
2. あなたは健康にもっと注意を払うべきだった。
3. あなたは以前は健康にとても注意していた。
4. よくこんなに飲むものだ。
5. あなたと友達は同じペースで飲む必要はなかった。
6. あなたがそれをしたとしてもあなたの友達は怒ったりしなかっただろう。
7. 通りいっぱいにガラスの破片がある。事故が昨夜のうちに起こったに違いない。
8. あなたはそんな高い車を買うべきではなかった。あなたの妻はもっと経済的な車でも喜んだだろう。
9. 彼がここに去ってしまったはずはない。彼の電車はまだ駅にいるから。
10. する仕事がまだたくさん残っています。私は昨日いくらかでもしておくべきだった。

●ライティング (書けるようにする) 演習●

**5** 次の単語を並べ替えて正しい文を作りなさい。

1. [ however, off, hard, the lid, tried, come, she, would, not ]

_____

2. [ yesterday, settled, been, between, the dispute, have, must, him, his wife, and ]
He looks so happy today._____

_____

3. [ there, station, be, beside, used, the, to, an, building, right, old ]

_____

[解答-5]
1. However hard she tried, the lid would not come off.
(彼女がいくら頑張っても、ふたははずれなかった)
2. The dispute between him and his wife must have been settled yesterday.
(今日彼は幸せそうだった。昨日奥さんとの口論にけりがついたに違いない)
3. There used to be an old building right beside the station.
(以前駅のすぐそばに古いビルがあった)

270

**6** 次の日本文を英語に直しなさい。

1. この部屋は汚い。昨日掃除をしておくべきだった。

2. 君がそんなことを言うなんて疲れていたに違いない。

3. 列車事故がこれほど頻繁に起こってはならなかった。

[解答-6]
1. The room is dirty. You/I should have cleaned it yesterday.
2. You must have been tired to say such a thing.
3. Train accidents ought not to have happened so often.

271

## トレーニングメニュー 35 「新しい事務所は完成した」は受け身で表す

### 受け身による拡大の確認

> The new office **has been completed**.
>
> | S | 現在完了形の受け身 |
>
> （第1文型）
>
> [訳] 新しい事務所が完成した。
>
> office は「完成される」ので、受け身になる。

受け身によっても動詞の部分が拡大されます。受け身になりえるのは目的語を持つ文ですので、第3文型・第4文型・第5文型の文になります。

### ルール86 受け身の形をとれるのは第3文型・第4文型・第5文型の文

◇ She **made** the birthday cake. [第3文型]
　　S　V　　　　O

| S | V | 副詞句 |
| The birthday cake | was made | by her. |

（そのバースデーケーキは彼女によって作られた）　　　（第1文型）

◇ She **gave** him a birthday present. [第4文型]
　　S　V　O　　　O

◆間接目的語が主語（第3文型）

| S | V | O | 副詞句 |
| He | was given | a birthday present | by her. |

◆直接目的語が主語（第1文型）

| S | V | 副詞句 | 副詞句 |
| A birthday present | was given | (to) him | by her. |

（バースデープレゼントは彼女から彼に与えられた）　　　（第1文型）

272

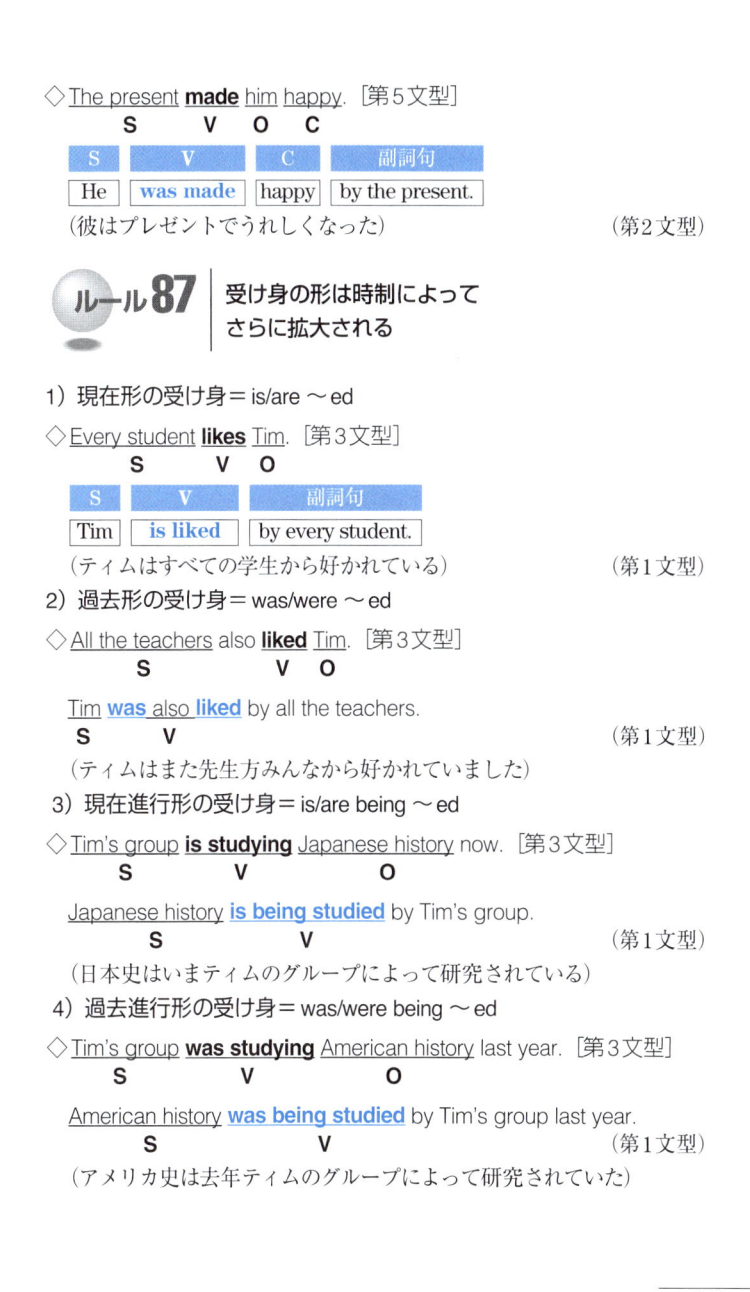

◇ <u>The present</u> **made** <u>him</u> <u>happy</u>. ［第5文型］
   S     V  O  C

| S | V | C | 副詞句 |
|---|---|---|---|
| He | was made | happy | by the present. |

（彼はプレゼントでうれしくなった）       （第2文型）

## ルール87 | 受け身の形は時制によってさらに拡大される

1）現在形の受け身＝ is/are 〜ed

◇ <u>Every student</u> **likes** <u>Tim</u>. ［第3文型］
   S     V  O

| S | V | 副詞句 |
|---|---|---|
| Tim | is liked | by every student. |

（ティムはすべての学生から好かれている）    （第1文型）

2）過去形の受け身＝ was/were 〜ed

◇ <u>All the teachers</u> also **liked** <u>Tim</u>. ［第3文型］
    S       V  O

 <u>Tim</u> **was** also **liked** by all the teachers.
  S    V          （第1文型）

（ティムはまた先生方みんなから好かれていました）

3）現在進行形の受け身＝ is/are being 〜ed

◇ <u>Tim's group</u> **is studying** <u>Japanese history</u> now. ［第3文型］
   S     V      O

 <u>Japanese history</u> **is being studied** by Tim's group.
    S       V       （第1文型）

（日本史はいまティムのグループによって研究されている）

4）過去進行形の受け身＝ was/were being 〜ed

◇ <u>Tim's group</u> **was studying** <u>American history</u> last year. ［第3文型］
   S      V      O

 <u>American history</u> **was being studied** by Tim's group last year.
    S       V       （第1文型）

（アメリカ史は去年ティムのグループによって研究されていた）

5) 現在完了形の受け身＝has/have been 〜ed

◇ Tim's group **has completed** the project. ［第3文型］
　　S　　　　　　　V　　　　　　O

　The project **has been completed** by Tim's group.
　　S　　　　　　V　　　　　　　　　　　　　　（第1文型）
　（そのプロジェクトはティムのグループによって完成された）

6) 過去完了形の受け身＝had been 〜ed

◇ The other groups **had** already **completed** it by Monday. ［第3文型］
　　S　　　　　　　　V　　　　　　　　　　　　O

　It **had** already **been completed** by the other groups by Monday.
　S　　　　V　　　　　　　　　　　　　　　　　　　　　　　　（第1文型）
　（それはすでに月曜日までに他のグループによって完成されていた）

7) 未来形の受け身＝will/shall be 〜ed

◇ Tim **will hand in** the assignment tomorrow. ［第3文型］
　　S　　V　　　　　　O

　The assignment **will be handed in** by Tim tomorrow.
　　S　　　　　　　V　　　　　　　　　　　　　　（第1文型）
　（課題は明日ティムによって提出されるでしょう）

8) 未来完了形の受け身＝will/shall have been 〜ed

◇ Tim **will have completed** all the assignments by tomorrow. ［第3文型］
　　S　　V　　　　　　　　　　O

　All the assignments **will have been completed** by Tim by tomorrow.
　　S　　　　　　　　V　　　　　　　　　　　　　　　　　　（第1文型）
　（すべての課題はティムによって明日までに完成されているでしょう）

## ルール88｜助動詞、不定詞、動名詞などで受け身の形はさらに拡大される

通常の受け身以外にもいろいろな受け身の形があるのでしっかり覚えましょう。

1) 助動詞のある受け身＝may / can / should be 〜ed

◇ The decision **may anger** them. ［第3文型］
　　S　　　　　　V　　　　O

| S | 助動詞のある受け身 | 副詞句 |
|---|---|---|
| They | **may be angered** | by the decision. |

(彼らはその決定に怒りを覚えるでしょう)　　　　　　　　　　　(第1文型)

◇ They **should have rejected** the decision. [第3文型]
　　S　　　　V　　　　　　　　O

| S | 助動詞のある受け身 | 副詞句 |
|---|---|---|
| The decision | **should have been rejected** | by them. |

(その決定は彼らによって拒否されるべきであった)　　　　　　(第1文型)

2) 不定詞の受け身＝ to be 〜 ed

◇ I would like **to do** it my way. [第3文型]
　S　　V　　　O

　I don't like it **to be done** the other way.
　S　　V　　O C(不定詞)　　　　　　　　　　　　　　　　　(第5文型)
(私はそれを他の方法でやってもらいたくない)

3) 動名詞の受け身＝ being 〜 ed（現在）

　　　　　　　　　　having been 〜 ed（過去）

◇ She objects to **ignoring** them. [第1文型]
　　S　　V

　She objects to **being ignored** by them.
　　S　　V　　　　動名詞　　　　　　　　　　　　　　　　　　(第1文型)
(彼女は彼らに無視されるの嫌がる)

4) 分詞構文の受身＝ being 〜 ed（現在）

　　　　　　　　　　having been 〜 ed（過去）

◇ **Finishing** his homework, he went to the park to play soccer. [第1文型]
　　　　　　　　　　　　　　　　S　V

　**His homework (being) finished**, he went to the park to play soccer.
　　　　分詞構文　　　　　　　　　S　V　　　　　　　　　　(第1文型)
(宿題が終わったので彼はサッカーをしに公園に行きました)

◇ **Having eaten** all the food, they have nothing to eat tonight. [第3文型]
　　　　　　　　　　　　　　　　　S　　V　　　O

　**All the food (having been) eaten**, they have nothing to eat tonight.
　　　　分詞構文　　　　　　　　　　　　　S　　V　　　O　　(第3文型)
(すべての食べ物を食べつくして、彼らは今夜食べるものが何もない)

＊being、having been はよく省略される。

5) 句動詞の受け身＝be + ～ed＋副詞・前置詞

◇ <u>We</u> should **carry out** <u>the plan</u> by any means. ［第3文型］
   S      V       O

<u>The plan</u> should **be carried out** (by us) by any means.
   S       V      句動詞                  （第1文型）

（計画はぜひとも実行されるべきだ）

6) 命令文の受け身＝let + O + be ～ed

◇ <u>Let's</u> **finish** it now. ［第5文型］
  V O   C

<u>Let</u> <u>it</u> **be finished** now.
 V O     C                                   （第5文型）

（それを今終わらせてしまおう）

## チェックポイント

●知覚動詞・使役動詞の受け身に注意

　知覚動詞（see、watch、hearなど）や使役動詞（makeなど）の受け身では、補語にくる動詞の原形がto不定詞に変わるので注意が必要です。

◇ I **saw** <u>the old woman</u> **enter** the shop. ［第5文型］
  S V        O        C

<u>The old woman</u> **was seen** **to enter** the shop.
        S         V      不定詞         （第2文型）

（その老婦人は店に入るところを見られた）

◇ <u>The teacher</u> **made** him **read** the passage twice. ［第5文型］
     S        V   O  C

<u>He</u> **was made** **to read** the passage twice by the teacher.
 S     V      不定詞                    （第2文型）

（彼は先生にそのパッセージを2度読まされた）

## クイックレビュー .......35

次の（　　）に適当な語句を入れなさい。

1. I (　　) (　　) to water the plants but I didn't.
   植木に水をあげてくれと頼まれたがしなかった。
2. I (　　) (　　) (　　) to sleep more than eight hours a day.
   1日に8時間寝るように忠告されてきている。
3. I (　　) (　　) (　　) misinformed about it.
   そのことを間違って伝えられていたかもしれない。
4. All the work (　　) (　　) (　　), I can go out to play tennis.
   すべての仕事が終わってしまっているので、テニスをしに出かけられる。
5. I (　　) (　　) to slip out of the house.
   家をこっそり抜け出すところを見られてしまった。

□解答： 1. was told   2. have been advised   3. may have been
　　　  4. having been done   5. was seen

# 英語力をアップする筋力トレーニング

●リスニング（正しく聞いてポイントの理解を深める）演習●

**1** 音声を聞いて空所に入る語を書きなさい。

1. The details of the trip to Hawaii _____ _____ yesterday.
2. Since tickets _____ _____ _____ and hotels _____, there was, actually, not much _____ _____ _____.
3. Another meeting _____ _____ _____ tomorrow to finalize the plan.
4. Though some of the concerns about the trip _____ _____ _____ informally now, nothing concrete _____ _____ _____.
5. The informal meeting _____ _____ _____ by 3 p.m.
6. Judging from the discussion so far, I cannot imagine any serious problems _____ _____ at tomorrow's meeting.
7. She doesn't want _____ _____ _____ as a special guest.
8. Without _____ _____ _____ thoroughly, the bill was sent to the Upper House.
9. The construction work _____ _____ _____ by next April.
10. All the money _____ _____ _____ _____ by the time I noticed that I had lost my credit card.

［解答］
1. were discussed
2. had been purchased / reserved / left to discuss
3. will be held
4. are being discussed / has been decided
5. will have finished
6. being discussed
7. to be treated
8. having been discussed
9. will be finished
10. had been drawn out

●リーディング（読めるようにする）演習●

**2** リスニング演習の解答を記入した後、その英文を日本語に訳しなさい。

訳は［4］の日本文を参照。

### ●オーラルオーラル（正しく発音し意味を伝えられるようにする）演習●

**3** リスニング演習の解答を記入した後、その英文を見ながら音声を聞き正しく発話しなさい。

**4** 下の日本文はリスニング演習の訳です。日本文を見て、それに該当する英文を正しく発話しなさい。
1. ハワイ旅行の詳細について昨日議論された。
2. チケットも購入され、ホテルも予約されているので、実際には話し合うことはあまり残っていなかった。
3. そのプランを仕上げるために明日また会議が開かれるでしょう。
4. その旅行についての問題のいくつかがいま内輪で論議されているが、具体的なことは何も決定されていない。
5. その非公式のミーティングは3時までに終わっているでしょう。
6. 今までの議論から判断すると、明日のミーティングで論議される深刻な問題があるなんて考えられない。
7. 彼女は特別ゲストとして扱ってもらいたくない。
8. 議論し尽くさないで、法案は上院に送られた。
9. 建設作業は次の4月には終わっているだろう。
10. 私がクレジットカードをなくしたことに気づいたときには、お金はすべて引き出されていた。

### ●ライティング（書けるようにする）演習●

**5** 次の単語を並べ替えて正しい文を作りなさい。

1. [ Japan, by, the economies, supported, of, some Asian nations, are ]

_____

2. [ the, month, case, has, a, more, been, than, for, investigated ]

_____

3. [ she, others, was, of, often, ill, heard, speak, to ]

_____

[解答-5]
1. The economies of some Asian nations are supported by Japan.
(何カ国かのアジアの国々の経済は日本によって支えられている)
2. The case has been investigated for more than a month.
(その訴訟事件は1カ月以上に渡って調査されている)

279

**6** 次の日本文を英語に直しなさい。

1. 多くの外国製品が日本の市場で売られている。

2. 給与引き上げの要求は却下された。

3. その工事は8月の終わりまでには完成しているでしょう。

3. She was often heard to speak ill of others.
(彼女はしばしば他人の悪口を言うのを聞かされた)

[解答-6]
1. Many foreign products are sold in the Japanese market.
2. A request for a pay raise was turned down.
3. The construction work will have been completed by the end of August.

## トレーニングメニュー 36

「経済が上向きになる」は句動詞で表現できる

### 句動詞による拡大の確認

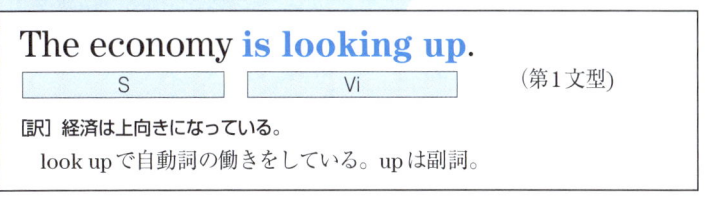

**The economy is looking up.**
　　　S　　　　　　　Vi　　　　（第1文型）

[訳] 経済は上向きになっている。

　look upで自動詞の働きをしている。upは副詞。

時制・法助動詞・受け身で基本文型が拡大されるように、「動詞＋前置詞／副詞」の「句動詞」と呼ばれるものによっても拡大されます。

### ルール89　句動詞は[動詞＋副詞(前置詞)]、[動詞＋副詞＋前置詞]が1つにまとまって、自動詞や他動詞の働きをする

通常の動詞と同じように、目的語を持っているものを他動詞、目的語を持ってないものを自動詞と考えます。

例： The enemy finally **surrendered**. ［第1文型］
　　　S　　　　　　　Vi

| S | 副詞 | Vi（句動詞） |
|---|---|---|
| The enemy | finally | gave in. |

（敵はついに降伏した）　　　　　　　　　　　　　　（第1文型）

例： They finally **canceled** the game. ［第3文型］
　　　S　　　　Vt　　　O

| S | 副詞 | Vt（句動詞） | O |
|---|---|---|---|
| They | finally | called off | the game. |

（彼らはとうとう試合を取りやめた）　　　　　　　　（第3文型）

句動詞の中で［自動詞＋副詞］がセットになって、自動詞の働きをするものがあります。また［自動詞＋副詞］が他動詞の働きをするものもありますが、目的語に代名詞がくる場合には注意が必要になります（ルール91参照）。

<u>You</u> should **look up** <u>the word</u> in a dictionary.
**S　　　　Vt（句動詞）　　O**
(その単語を辞書で調べるべきです)　　　　　　　　　　　　　　　(第3文型)

● 自動詞になる重要句動詞

| | |
|---|---|
| ・ break down（collapse） | 故障する、倒れる、ノイローゼになる |
| ・ break in（interrupt） | ［話に］割り込む |
| ・ break out（start） | ［疫病・湿疹などが］急に発生する |
| ・ break up（come to the end of） | ［会議・関係などが］終わる |
| ・ calm down（cool down） | 冷静になる |
| ・ carry on（continue） | 続ける |
| ・ catch on（understand） | 理解する |
| ・ catch up（overtake） | 追いつく |
| ・ clear up（improve） | 晴れる |
| ・ come about（happen） | 起こる |
| ・ come off（succeed） | 成功する |
| ・ come to（regain consciousness） | 意識を回復する |
| ・ cut in（interrupt） | 割り込む |
| ・ die out（become extinct） | 絶滅する |
| ・ drop by [in]（visit） | 訪ねる |
| ・ drop out（withdraw） | やめる、退学する |
| ・ fall back（retreat） | 退却する |
| ・ fall through（come to nothing） | ［計画などが］だめになる |
| ・ get ahead（succeed） | 成功する |
| ・ get on（have a good relationship） | 仲良くやる |
| ・ give in（surrender） | 屈服する |
| ・ go off（explode） | 爆発する |
| ・ hold back（hesitate） | 後込みする |
| ・ hold on（don't hang up） | 電話を切らずに待つ |
| ・ keep on（continue） | 続ける |
| ・ keep up（maintain one's pace） | 維持する |
| ・ look up（improve） | 良くなる |
| ・ make off（escape） | 逃げる |
| ・ make out（pretend） | ふりをする |
| ・ pass away（die） | 死ぬ |
| ・ pay off（be successful） | うまくゆく |
| ・ pass out（faint） | 気を失う |
| ・ pick up（improve） | 上向きになる |

● 自動詞になる重要句動詞（続き）

| | |
|---|---|
| ・pull through（recover） | 回復する |
| ・pull up（come to a stop） | ［車などが］とまる |
| ・set in（start） | ［季節・天候などが］始まる |
| ・set out（start one's journey） | ［旅などに］出発する |
| ・show off（flaunt one's ability） | 見せびらかす |
| ・show up（appear、turn up） | 現れる |
| ・steal away（leave quietly） | そっと抜け出す |
| ・take place（happen） | 起こる |
| ・turn in（retire、go to bed） | 起こる |
| ・wind up（end up） | 寝る |
| ・work out（be successful） | ［事が］うまく行く |

## ルール90　［動詞 + 副詞］で他動詞の働きをする句動詞がある

例：They **canceled** the meeting because of an emergency. ［第3文型］
　　　S　　Vt　　　　O

| S | Vt | O | 副詞句 |
|---|---|---|---|
| They | called off | the meeting | because of an emergency. |

（彼らは緊急事態のために会議を中止した）　　　　　（第3文型）

例：I couldn't **understand** what she was saying. ［第3文型］
　　S　　　　　　Vt　　　　　O

| S | 助動詞 | Vt | O |
|---|---|---|---|
| I | couldn't | make out | what she was saying. |

（私は彼女の言っていることを理解できなかった）　　（第3文型）

## ルール91　［動詞 + 副詞］の句動詞では目的語に代名詞がくると、副詞が代名詞の後に移動する

正：I will **take her out** tonight.
　　（今晩彼女を連れ出すつもりです）
誤：I will **take out** her tonight.
※目的語に名詞を取っている場合はどちらも可能です。
正：I will **take out Susan** tonight.
正：I will **take Susan out** tonight.

283

## ● 他動詞になる重要句動詞

- back up（support） 支持する
- break down（analyze） 分解する
- break off（end） ［親善関係などを］急に絶つ
- bring about（cause to happen） 引き起こす
- bring up（rear、educate） 育てる、教育する
- call off（cancel） 取りやめる
- carry on（continue） 続ける
- carry out（execute、perform） 実行する、行う
- cover up（conceal） ［事実などを］隠す
- cut off（interrupt on the phone、stop supplies）
  ［電話を］切る、［供給を］絶つ
- do over（redecorate） 修繕する
- draw up（compile） 作成する
- fill in [out]（supply details） 記入する
- give away（make known） ［秘密などを］漏らす
- give up（stop、surrender） 止める、降参する
- hold up（delay、stop） 遅らせる、停滞させる
- lay off（stop employing） 一時解雇する
- leave out（omit） ［人、名前を］除く
- look up（look in a dictionary、visit someone）
  調べる、訪れる
- make out（understand） 理解する
- make up（invent） ［話などを］でっち上げる
- point out（show, explain） 示す、指摘する
- set up（establish） 設立する
- shake off（get rid of） 取り除く
- step up（increase） 増加させる
- take in（deceive） だます
- take out（invite someone out） 外に誘う
- take over（take responsibility for） 引き受ける
- take up（occupy, start） 占める、専門に始める
- try out（test） 試す
- turn down（reject） 拒絶する
- wipe out（destroy completely） 一掃する
- work out（solve） 解決する

## ルール92 ［動詞 + 前置詞］の句動詞は目的語に代名詞が来ても後置されない

句動詞の中には［動詞 + 前置詞］で、他動詞の働きをするものがあります。前置詞は名詞の前に置かれなければならないので、代名詞が目的語になっても後置されません。

例：I **ran into** Tom at the bookstore the other day.［第3文型］
　　S　Vt　　O

| S | Vt | 代名詞 | 副詞句 |
|---|---|---|---|
| I | ran into | him | at the bookstore the other day. |
| I | met | him | by accident at the bookstore the other day. |

（私は先日本屋で偶然トムに会った）　　　　　　　　　（第3文型）

誤：I **ran** him **into** at the bookstore the other day.

● 代名詞が後置されない重要句動詞

| | |
|---|---|
| ・agree with（concur with） | 体質に合う |
| ・call for（require） | 要求する |
| ・come across（happen to meet） | 偶然出くわす |
| ・come by（obtain） | 手に入れる |
| ・count on（rely on） | あてにする、頼る |
| ・do with（want） | 欲しい |
| ・do without（manage without） | なしですます |
| ・enter for（enroll） | 参加申し込みをする |
| ・enter into（start） | 始める |
| ・get over（overcome） | 克服する |
| ・harp on（constantly refer to） | 同じことをくどくど言う |
| ・hit on（get an idea） | 思いつく |
| ・live on（support oneself） | 常食とする |
| ・look into（investigate） | 調査する |
| ・pass for ---（be accepted as ---） | ---として通る |
| ・root for（support） | 支持する、応援する |
| ・run into（meet by chance） | 偶然出会う |
| ・run over（knock down） | ［人を］ひく |
| ・stand for（tolerate） | 我慢する |
| ・take after（resemble） | 似る |
| ・take to（come to like） | 気に入る |

| | |
|---|---|
| ・touch on --- (mention ---) | ---に触れる |
| ・wait on (serve) | 仕える |

　［動詞 + 副詞 + 前置詞］がセットになって他動詞の働きをするものがあります。

・I cannot **put up with** his rude manners.
　= I cannot <u>tolerate</u> his rude manners.
　**S　　　Vt　　　　O**　　　　　　　　　　　　　（第3文型）
（私は彼の不作法を我慢できない）

## ● ［動詞 + 副詞 + 前置詞］で前置詞が後置されない重要句動詞

| | |
|---|---|
| ・(be) fed up with (have had enough of) | うんざりする |
| ・boil down to --- (be summarized as ---) | つまるところ---になる |
| ・catch up with (overtake) | 追いつく |
| ・come down to --- (mean ---、boil down to ---) | とどのつまり---になる |
| ・come in for (receive) | こうむる |
| ・come up with (produce) | 思いつく、提案する |
| ・cut down on (reduce) | 減らす |
| ・drop in on (visit) | 訪ねる |
| ・do away with (abolish) | 廃止する |
| ・face up to (be realistic、accept --- with courage) | 直視する、立ち向かう |
| ・fall back on (resort to) | 頼る |
| ・feel up to (feel capable of) | できると感じる |
| ・get away with (escape the penalty of) | うまくやってのける |
| ・get on with (make progress with、have a good relationship with) | はかどる、気が合う |
| ・go in for (start an occupation or a hobby) | ［専門に・趣味として］始める |
| ・go through with (finish) | 終える |
| ・live up to (maintain a high standard) | ［期待などに］応える |
| ・look down on (despise) | 見下す、軽蔑する |
| ・look out for (keep constant watch) | 気をつける |
| ・make up for (compensate for) | 補う |
| ・put up with (tolerate) | 我慢する |
| ・run out of (have no supplies) | 使い果たす |
| ・stand up for (support) | 支持する |

## クイックレビュー ……36

次の（　）に適当な語句を入れなさい。

1. I was too excited to （　　）（　　）.
   私は興奮しすぎて冷静になることができなかった。
2. I couldn't （　　）（　　） the offer.
   私はその申し出を断ることができなかった。
3. You can （　　）（　　） me whenever you have a problem.
   何か問題があるときはいつでも当てにしていいですよ。
4. I hope I will （　　）（　　）（　　） your expectations.
   あなたの期待に添いたいと思います。
5. I will （　　）（　　）（　　） to dinner someday.
   いつか食事に連れて行きますよ。

□解答： 1. calm down　2. turn down　3. count on　4. live up to　5. take you out

287

# 英語力をアップする筋力トレーニング

●リスニング（正しく聞いてポイントの理解を深める）演習●

**1** 音声を聞いて空所に入る語を書きなさい。

1. Suicides of juveniles frequently _____ _____ these days.
2. One of the causes of suicide _____ _____ _____ rejection by the peer group.
3. No one can _____ _____ _____ being disregarded all the time.
4. He or she cannot _____ _____ being _____ _____ _____ someone.
5. This really _____ _____ serious attention from everyone concerned.
6. We went to the airport to _____ _____ _____.
7. The result of the investigation will certainly not _____ _____ _____.
8. The union finally _____ _____ negotiations with the management.
9. There are several states that _____ _____ _____ _____ the death penalty.
10. The company will _____ _____ ten part-time workers this time.

[解答]
1. take place
2. boils down to
3. put up with
4. do without / cared for by
5. calls for
6. see him off
7. let you down
8. entered into
9. have done away with
10. take on

●リーディング（読めるようにする）演習●

**2** リスニング演習の解答を記入した後、その英文を日本語に訳しなさい。

訳は[4]の日本文を参照。

●オーラルオーラル（正しく発音し意味を伝えられるようにする）演習●

**3** リスニング演習の解答を記入した後、その英文を見ながら音声を聞き正しく発話しなさい。

**4** 下の日本文はリスニング演習の訳です。日本文を見て、それに該当する英文を正しく発話しなさい。

1. 青少年の自殺が最近頻繁に起こる。
2. 自殺の原因の1つは結局仲間から阻害されるためだ。
3. 誰もいつも無視されるなんて我慢できない。
4. 人は誰かに面倒を見てもらわなくてはならない。
5. これは本当に関りのある人全員からのまじめな注目を必要とする。
6. 私たちは彼を見送りに空港へ行った。
7. 調査の結果はあなたをきっと失望させることがないでしょう。
8. 組合はとうとう経営側との交渉に入った。
9. 死刑を廃止した州がいくつかあります。
10. 会社は今度パートタイムの労働者を10人雇うでしょう。

●ライティング（書けるようにする）演習●

**5** 次の単語を並べ替えて正しい文を作りなさい。

1. [ It, is, to, dinner, for, you, her, out, better, to, take ]

2. [ her, down, let, failure, time, this, me, really ]

3. [ people, they, don't, on, down, look, because, poor, are ]

**6** 次の日本文を英語に直しなさい。

1. 君はこの計画をぜひとも実行しなければならない。
   （ぜひとも＝ by any means）

2. 身分証明書の再発行のためにはこの用紙に必要事項を書き込まなければなりません。
   （身分証明書の再発行する＝ reissue an ID card）

3. あなたの期待に添えるよう全力を尽くします。
   （全力を尽くす＝ do one's best）

[解答-5]
1. It is better for you to take her out to dinner.
   （あなたは彼女を食事に連れだしたほうがいい）
2. Her failure this time really let me down.
   （今度の彼女の失敗は本当に私を失望させた）
3. Don't look down on people because they are poor.
   （貧しいからといって人を見下してはいけない）

[解答-6]
1. You should carry out the plan by any means.
2. You must fill in this form to have an ID card reissued.
3. I will do my best to live up to your expectations.

# 第5章 要素の代用・it・挿入・省略でパワーアップの総仕上げ

## 要素の代用・it・挿入・省略でスタイルを整える

この章で学ぶこと

最終ステージは要素の代用・it・挿入・省略です。主語・補語・目的語の代用と挿入で基本文はさらに豊かに複雑になり、また、itを巧みに使いスタイルを整えると同時に重要な情報を読者に印象づけて行きます。そして、省略で無駄を省き英語らしい表現ができあがります。

1. 主語の代用　　　　**Whether you like it or not** is ---
2. 目的語の代用　　　--- suggested **postponing** ---
3. 補語の代用　　　　--- was **to take the photo back**
4. 形式主語のit　　　**It** is difficult **to please** ---
5. 形式目的語 it　　　I believe **it** important **to master** ---
6. 形容詞的な挿入　　Sugar cane, **a tropical plant**, is ---
7. 副詞的な挿入　　　The country, **after the revolution,** ―
8. 構文上の省略　　　She **may or may not** ---
9. 慣用的な省略　　　His policy is, **if anything** ---

この章では、これらの使い方をトレーニングして、表現力を豊かにしていきます。

トレーニングメニュー **37**　「あなたがそれを好きかどうかは問題ではない」は主語の代用で表す

### 主語の代用による拡大の確認

**Whether you like it or not** (S)

**doesn't matter.** (V)　　　　　　　　　　　（第1文型）

[訳] あなたがそれを好きかどうかは問題ではない。

　文は主語になれないので、whether / that をつけて名詞節にする。

主語の代用は、文の主要な骨（主語）をパワーアップして、文を拡大します。

## ルール93　主語の代用となるのは、基本的に「名詞の働きをするもの」

a) さまざまな名詞（普通名詞、物質名詞、集合名詞、抽象名詞など）

| S | V | C | 副詞句 |
|---|---|---|---|
| Money | is | essential | for our economy. |

（お金は私たちの経済に不可欠である）　　　　　　　　　　（第2文型）

The audience was excited.
　　S　　　　V　　C　　　　　　　　　　　　　　　　　（第2文型）

（聴衆は興奮していた）

b) 代名詞

| S | V | C | 副詞句 |
|---|---|---|---|
| It | is | essential | for our economy. |

（それは私たちの経済に不可欠である）　　　　　　　　　　（第2文型）

They were all excited.
　S　　V　　　　C　　　　　　　　　　　　　　　　　　（第2文型）

（彼らはみんな興奮していた）

c) The + 形容詞 ＝（複数の名詞）

| S | V |
|---|---|
| **The old** | should be well taken care of. |

= **Old people** should be well taken care of.
（老人は十分世話をされなければならない）　　　　　　　　　（第1文型）

**The young** shouldn't give up hope for the future.
　S　　　　　　V　　　　　　　O　　　　　　　　　　　　　（第3文型）

= **Young people** shouldn't give up hope for the future.
（若い人は将来の希望を捨ててはいけない）

● このパターンに使われる重要な形容詞

| | |
|---|---|
| ・the brave（勇敢な人々） | ・the dead（死んだ人々、故人） |
| ・the deaf（耳の聞こえない人々） | ・the dumb（口のきけない人々） |
| ・the elderly（年老いた人々） | ・the guilty（有罪な人々） |
| ・the homeless（家のない人々） | ・the innocent（無実な人々） |
| ・the needy（貧しい人々） | ・the old（年老いた人々） |
| ・the rich（豊かな人々） | ・the sick（病気にかかっている人々） |
| ・the wealthy（金持ちの人々） | ・the wise（賢い人々） |
| ・the stupid（愚かな人々） | ・the young（若い人々） |

d) The + 分詞 ＝（単数・複数の人）

| S | V | C |
|---|---|---|
| **The accused** | was | a famous novelist. |

= **The accused person** was a famous novelist.
（被告は有名な小説家だった）　　　　　　　　　　　　　　　　（第2文型）

**The unemployed** are all looking for a decent job.
　　S　　　　　　　　　V　　　　　　　　O　　　　　　　（第3文型）

= **The unemployed people** are all looking for a decent job.
（職を失った人たちはみんなきちんとした仕事を探している）

e) 動名詞

| S | V | C |
|---|---|---|
| **Watching baseball games on TV** | is | his favorite pastime. |

（テレビで野球の試合を見るのが彼のお気に入りの気晴らしです）
　　　　　　　　　　　　　　　　　　　　　　　　　　　　　（第2文型）

Learning English is strongly encouraged in our company.
　　　　S　　　　　　　V　　　　　　　　　　　　　（第1文型）
（当社において英語を勉強することが強く推奨されています）

f）不定詞

| S | V | C |
|---|---|---|
| To watch commercials on TV | is | to waste our precious time. |

（テレビでコマーシャルを見るのは貴重な時間の浪費だ）　（第2文型）

To learn English is to help your future employment prospects.
　　　S　　　　 V　　　　　　　　　　　C　　　　　　　（第2文型）
（英語を学ぶことは将来の就職の見通しをよくする手助けになります）

g）名詞句

| S | V | C |
|---|---|---|
| What to do for our economy | is | difficult to decide. |

（私たちの国の経済のために何をすべきかを決めることはむずかしい）
　　　　　　　　　　　　　　　　　　　　　　　　　　　（第2文型）

How to set up the machine is shown in this guidebook.
　　　　　S　　　　　　　　　V　　　　　　　　　　　（第1文型）
（この機械の組み立て方はこのガイドブックに書いてあります）

h）引用語句

| S | V | O |
|---|---|---|
| "Kick the bucket" | means | to die. |

("kick the bucket"は「死ぬ」という意味です)　　　　（第3文型）

"I will never do it again" was the promise he made at that time.
　　　　S　　　　　　　　 V　　　　C　　　　　　　（第2文型）
（「もう2度としません」はあのときに彼がした約束です）

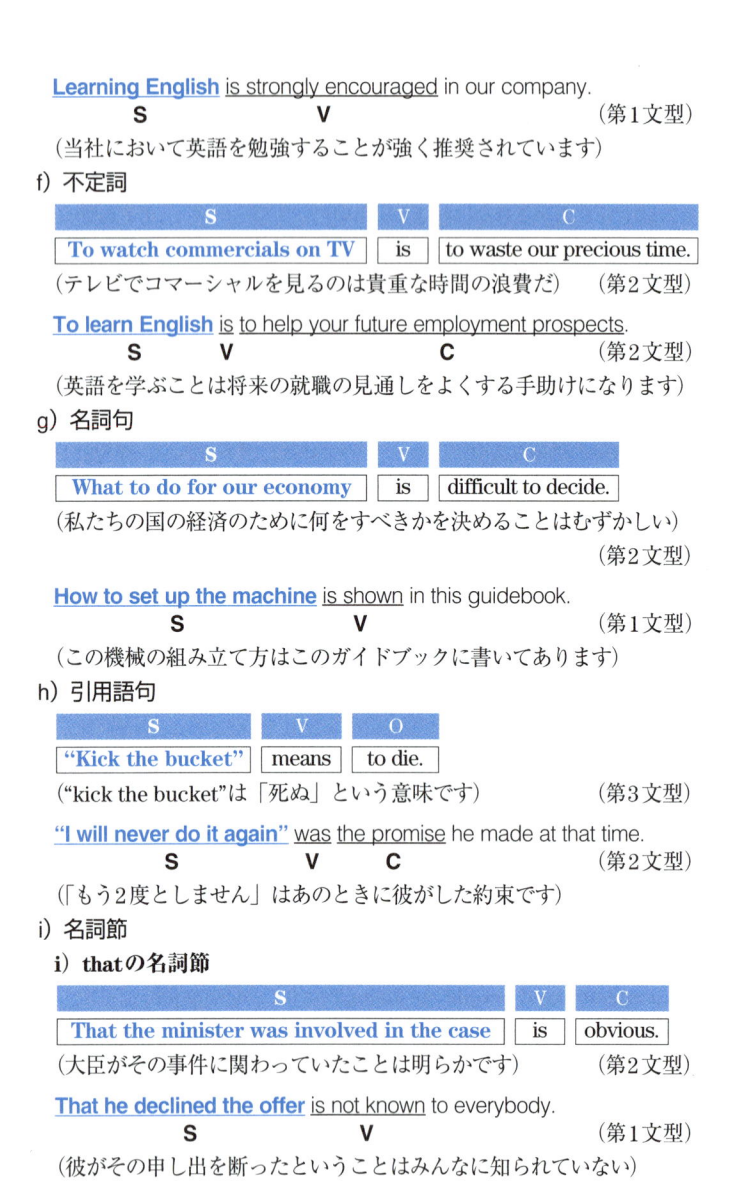

i）名詞節

　i）thatの名詞節

| S | V | C |
|---|---|---|
| That the minister was involved in the case | is | obvious. |

（大臣がその事件に関わっていたことは明らかです）　　（第2文型）

That he declined the offer is not known to everybody.
　　　　S　　　　　　　　 V　　　　　　　　　　　（第1文型）
（彼がその申し出を断ったということはみんなに知られていない）

この構文では、主語が長くなりすぎるので「形式主語のit」がよく使われる。

- **It** is obvious **that the minister was involved in the case**.
- **It** is not known to everybody **that he declined the offer**.

### ii) whetherの名詞節

| S | V | C |
|---|---|---|
| Whether he will be elected mayor of the city | is not | certain. |

（彼が市長に選ばれるかどうかははっきりしない）　　　　　（第2文型）

Whether we made a right decision or not also isn't certain.
　　　　　　　　S　　　　　　　　　　　　　　　　　V　　C　（第2文型）

（私たちが正しい結論を下したかどうかもまだはっきりしない）

### iii) 関係代名詞（先行詞を含むもの）の名詞節：what, whoeverなど

| S | V | C | 副詞句 |
|---|---|---|---|
| What you will experience here | will become | an asset | in the future. |

= **The things which you will experience here** will become an asset in the future.　　　　　　　　　　　　　　　　　　　　　　（第2文型）

（ここであなたが経験することは将来あなたの財産になるでしょう）

Whoever leaves the office last must lock all the doors.
　　　　　　S　　　　　　　　　　V　　　　O　　（第3文型）

= **The person who leaves the office last** must lock all the doors.

（事務所を最後に出る人は誰でもすべてのドアを閉めなければならない）

### iv) 疑問詞の名詞節

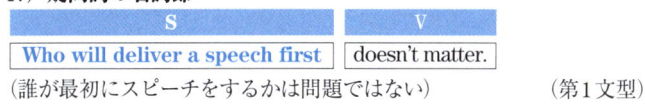

| S | V |
|---|---|
| Who will deliver a speech first | doesn't matter. |

（誰が最初にスピーチをするかは問題ではない）　　　　　（第1文型）

When we will have the vote has not been decided yet.
　　　　　　S　　　　　　　　　　　V　　　　（第1文型）

（いつ投票するかはまだ決定されていない）

### チェックポイント

●文の一部に組み込まれた疑問文の語順

疑問文が文の一部に組み込まれると、名詞になります。したがって、主語の代用として使用されます。ここで注意することは、語順です。疑問詞の後は必ずSVになります。(疑問詞 + SV)

・When **will we have** the vote?

　<u>When **we will have** the vote</u> <u>has not been decided</u> yet.
　　　　　　S　　　　　　　　　　　　V

・When **did he do** it?

　<u>When **he did it**</u> <u>is not</u> <u>important</u>.
　　　　S　　　　　V　　　　C

---

### クイックレビュー ……37

次の（　）に適当な語句を入れなさい。

1. (　　　)(　　　) are looking for a stable job.
　失業者たちは安定した職を探している。

2. (　　　) the rich are always unhappy is not necessarily true.
　金持ちはつねに不幸だというのは必ずしも正しくない。

3. (　　　) finds a job these days is lucky.
　近頃は仕事を見つける人は誰でもラッキーだ。

4. (　　　) you can do now is to be patient.
　今できることは辛抱することだ。

5. (　　　)(　　　)(　　　) a good job is my No. 1 priority
　いかにして良い仕事を探すかが私の最優先課題です。

□解答：1. The unemployed　2. That　3. Whoever　4. What　5. How to find

## 英語力をアップする筋力トレーニング

### ●リスニング（正しく聞いてポイントの理解を深める）演習●

**1** 音声を聞いて空所に入る語を書きなさい。

1. _____ _____ happened last night.
2. _____ _____ were involved in the accident.
3. _____ _____ were mostly school children.
4. _____ _____ _____ _____ was the carelessness of the driver.
5. _____ _____ _____ _____ _____ _____ was the main cause of the accident.
6. _____ _____ _____ _____ _____ _____ _____ will be the focus of today's seminar.
7. _____ _____ _____ _____ _____ _____ was obvious.
8. _____ _____ _____ was the decision made by the board.
9. _____ _____ _____ not a popular hobby now.
10. _____ _____ _____ _____ _____ _____ is not certain yet.

[解答]
1. A traffic accident
2. Many people
3. The injured
4. What caused the accident
5. That the driver was looking away
6. How to prevent careless accidents like this
7. That he did it on purpose
8. What bothered him
9. Collecting stamps is
10. When the result will be announced

### ●リーディング（読めるようにする）演習●

**2** リスニング演習の解答を記入した後、その英文を日本語に訳しなさい。

訳は[4]の日本文を参照。

### ●オーラルオーラル（正しく発音し意味を伝えられるようにする）演習●

**3** リスニング演習の解答を記入した後、その英文を見ながら音声を聞き正しく発話しなさい。

**4** 下の日本文はリスニング演習の訳です。日本文を見て、それに該当する英文を正しく発話しなさい。

1. 交通事故が昨夜起こった。
2. 多くの人がその事故に巻き込まれた。
3. けが人はほとんど学童だった。

297

4. 事故を引き起こしたのは運転手の不注意だった。
5. 運転手が脇見をしていたというのが事故の主な原因だった。
6. このような不注意な事故をどのようにして直すかが今日のセミナーの焦点となるでしょう。
7. 彼がそれをわざとやったということははっきりしている。
8. 彼を悩ませたのは委員会による決定だった。
9. 切手を集めるのは今人気の趣味ではない。
10. その結果がいつ発表されるかまだはっきりしない。

### ●ライティング（書けるようにする）演習●

**5** 次の単語を並べ替えて正しい文を作りなさい。

1. [ the, were, injured, taken, the, to, hospital, away, nearby, right ]

   _____

2. [ reserve, whoever, the, a, seat, play, must, wants, see, to ]

   _____

3. [ negotiations, is, known, yet, not, when, the, will, resume ]

   _____

**6** 次の日本文を英語に直しなさい。

1. 日本がこの不景気を脱出できるか否かは政府の経済対策次第だ。（不景気＝ recession、経済対策＝ an economic policy）

   _____

2. 失業者たちは日比谷公園で抗議集会を開いた。
   （抗議集会を開く＝ hold a protest rally）

   _____

3. どんなコンピュータソフトウエアを買うべきかは、コンピュータで何をしたいかによる。
   （コンピュータソフトウエア＝ computer soft wares）

   _____

[解答-5]
1. The injured were taken to the nearby hospital right away.
   （けが人はすぐに近くの病院に収容された）
2. Whoever wants to see the play must reserve a seat.
   （その試合を見たい人は誰でも席を予約しなければならない）
3. When the negotiations will resume is not known yet.
   （その交渉がいつ再開されるかはまだはっきりしない）

[解答-6]
1. Whether Japan can get out of the recession depends on the government's economic policies.
2. The unemployed held a protest rally in Hibiya park.
3. What kind of computer software you should buy depends on what you want to do with your computer.

トレーニングメニュー **38** 「延期するよう提案した」は目的語の代用で表す

### 目的語の代用による拡大の確認

> She suggested
> S　　V
>
> postponing it till tomorrow. (第3文型)
> 　　　　　　O
>
> [訳] 彼女は明日までそれを延期するよう提案した。
> suggestは動名詞を目的語にとる。

もう1つの重要な骨（目的語）の代用でパワーアップして、さらに文を拡大します。

## ルール94 目的語となるものは主語と同様、基本的に「名詞の働きをするもの」

a) さまざまな名詞（普通名詞、物質名詞、集合名詞、抽象名詞など）

| S | 副詞 | V | O | 副詞句 |
|---|---|---|---|---|
| We | absolutely | need | **water** | to sustain life. |

（私たちは生命を維持するために絶対に水を必要とする）　（第3文型）

We support **the committee**.
　S　　V　　　　O

（私たちは委員会を支持します）　　　　　　　　　　　（第3文型）

b) 代名詞

| S | 副詞 | V | O | 副詞句 |
|---|---|---|---|---|
| We | absolutely | need | **it** | to sustain life. |

We support **them**.
S　V　　　O　　　　　　　　　　　　　　　　　　（第3文型）

（私たちは彼らを支持します）

299

c) The + 形容詞＝（複数の名詞）

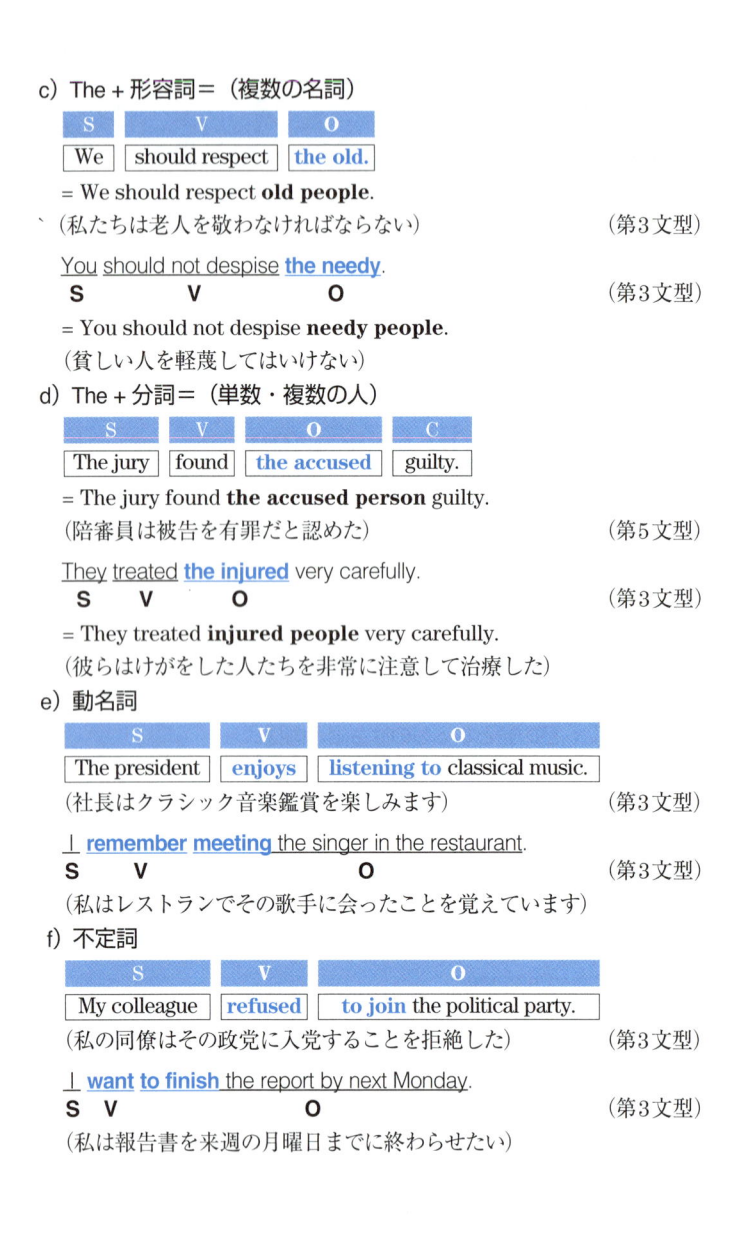

| S | V | O |
|---|---|---|
| We | should respect | the old. |

= We should respect **old people**.
（私たちは老人を敬わなければならない）　　　　　　　　　（第3文型）

<u>You</u> should not despise **the needy**.
　S　　　　V　　　　　　　O　　　　　　　　　　　　　　　（第3文型）

= You should not despise **needy people**.
（貧しい人を軽蔑してはいけない）

d) The + 分詞＝（単数・複数の人）

| S | V | O | C |
|---|---|---|---|
| The jury | found | the accused | guilty. |

= The jury found **the accused person** guilty.
（陪審員は被告を有罪だと認めた）　　　　　　　　　　　　（第5文型）

<u>They</u> treated **the injured** very carefully.
　S　　V　　　　O　　　　　　　　　　　　　　　　　　（第3文型）

= They treated **injured people** very carefully.
（彼らはけがをした人たちを非常に注意して治療した）

e) 動名詞

| S | V | O |
|---|---|---|
| The president | enjoys | listening to classical music. |

（社長はクラシック音楽鑑賞を楽しみます）　　　　　　　　（第3文型）

<u>I</u> **remember** **meeting** the singer in the restaurant.
S　　V　　　　　　　　　　O　　　　　　　　　　　　（第3文型）

（私はレストランでその歌手に会ったことを覚えています）

f) 不定詞

| S | V | O |
|---|---|---|
| My colleague | refused | to join the political party. |

（私の同僚はその政党に入党することを拒絶した）　　　　　（第3文型）

<u>I</u> **want to finish** the report by next Monday.
S　V　　　　　　　O　　　　　　　　　　　　　　　　（第3文型）

（私は報告書を来週の月曜日までに終わらせたい）

300

g) 名詞句

| S | V | O | O |
|---|---|---|---|
| The librarian | showed | us | how to use the library. |

(図書館員は図書館の利用方を教えてくれた)　　　　　　（第4文型）

I didn't know **what to say** to them.
**S** V　　　　　O　　　　　　　　　　　　　　　　　（第3文型）
(私は彼らに何って言ったらいいかわからなかった)

h) 名詞節
### i) **that の名詞節**

| S | V | O |
|---|---|---|
| Do you | believe | that he did it on purpose? |

(彼がそれをわざとしたということを信じますか)　　　　（第3文型）

The document shows **that he was involved in the case**.
　　　　S　　　　V　　　　　　　　O　　　　　　　　（第3文型）
(その書類を見れば、彼がその事件に関わっていたということがわかる)

### ii) **whether の名詞節**

| S | V | O |
|---|---|---|
| We | don't know | whether he will be elected mayor of the city. |

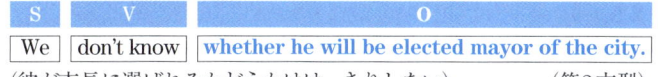

(彼が市長に選ばれるかどうかははっきりしない)　　　　（第3文型）

Nobody knows **whether the manager made the right decision or not**.
　S　　　V　　　　　　　　　　O　　　　　　　　　　（第3文型）
(監督が正しい結論を下したかどうかはまだはっきりしない)

### iii) **関係代名詞（先行詞を含むもの）の名詞節**

| S | 副詞 | V | O |
|---|---|---|---|
| He | intentionally | does | what she hates most. |

(彼は彼女が一番嫌がることをわざとやる)　　　　　　　（第3文型）

We will study **what is considered to be typically Japanese**.
S　　V　　　　　　　　　O　　　　　　　　　　　　　（第3文型）
(私たちは典型的な日本と考えられているものを勉強します)

### iv) **疑問詞の名詞節**

| S | V | O |
|---|---|---|
| Do you | know | when he will return from the United States? |

(彼がいつ合衆国から帰ってくるか知っていますか)　　　（第3文型）

She asked **me how they survived the accident**.
**S**   V   O           O                    (第4文型)
(彼女は私に彼らがどのようにして事故を生き延びたか聞いた)

## ルール95　目的語に不定詞をとるか、動名詞をとるかは動詞によって決まっている。未来志向の動詞は不定詞、過去志向の動詞は動名詞をとる

目的語をとるもので特に注意を必要とするのは、不定詞と動名詞。不定詞をとるか、動名詞をとるかは、動詞によって決まりますが、不定詞は「未来」を、動名詞は「過去」と「現在」を表すという本来の用法を押さえておくと覚えやすいでしょう。

planやhopeなどは「未来」に関するものなので、不定詞をとります。recall（思い出す）は「過去」を思い出すので動名詞を、escapeは「現在」の状況から逃れるので動名詞をとります。このように整理し納得しながら覚え、これで整理がつかない例外的なものは、リストを作ってそのまま暗記をしてしまいましょう。

| S | V | O |
|---|---|---|
| We | plan | to take a trip to Europe this summer. |

(第3文型)
(私たちは今年の夏にヨーロッパに旅行する計画をしています)

I **hope to see** you again next year.
**S V**       O                    (第3文型)
(また来年お会いできることを願っています)

| S | V | O |
|---|---|---|
| I | cannot **recall** | **seeing** you at the party. |

(パーティーであなたにお会いしたことを思い出せません)　(第3文型)

She narrowly **escaped being blamed** for the loss.
**S**           V           O                (第3文型)
(彼女はその損失に対して責められることをかろうじて免れた)

### ● 不定詞をとる重要動詞

- agree（同意する）
- choose（することに決める）
- decide（決定する）
- beg（せがむ）
- claim（主張する）
- demand（要求する）

- determine（決心する）
- hope（希望する）
- learn（するようになる）
- prefer（より好む）
- promise（約束する）
- swear（誓う）
- wish（望む）
- expect（期待する）
- intend（意図する）
- plan（計画する）
- pretend（ふりをする）
- resolve（決心する）
- threaten（脅かす）

## ● 動名詞をとる重要動詞

- admit (to)（同意する）
- avoid（避ける）
- consider（考慮する）
- defer（延期する）
- deny（否定する）
- discontinue（中断する）
- endure（辛抱する）
- escape（逃れる）
- fancy（想像する）
- forgive（許す）
- hinder（妨げる）
- include（含む）
- loathe（ひどく嫌う）
- mind（気にする）
- pardon（許す）
- practice（練習する）
- report（報告する）
- resist（抵抗する）
- suggest（提案する）
- appreciate（感謝する）
- celebrate（祝う）
- contemplate（もくろむ）
- delay（遅らす）
- detest（ひどく嫌う）
- dislike（嫌う）
- enjoy（楽しむ）
- excuse（許す）
- finish（終える）
- can't help（せざるをえない）
- imagine（想像する）
- involve（伴う）
- mention（述べる）
- miss（逃す）
- postpone（延期する）
- recall（思い出す）
- resent（憤慨する）
- risk（危険を冒す）

303

### チェックポイント

●動名詞の意味上の主語

動名詞の意味上の主語が明記されていない場合は、文の主語と一致します。

・Would **you** mind **attending** the meeting? ［attendするのはyou］
 （ミーティングに出席してくれませんか）

意味上の主語を明記したい場合は、所有格をその前に置きます。

?：Would you mind **me attending** the meeting? ［口語］

正：Would you mind **my attending** the meeting? ［attendするのはI］
 （私はミーティングに出席してもかまいませんか）

### チェックポイント

●動名詞の否定

主語と否定が一緒の場合は、否定語が直前に置かれます。

誤：Would you mind **not my attending** the meeting?

正：Would you mind **my not attending** the meeting?
 （私がミーティングに出席しなくてもかまいませんか）

---

## ルール96 目的語に不定詞と動名詞の両方をとる動詞がある。不定詞は「特定のケースでの動作・状態」、動名詞は「一般的・習慣的内容」を表す傾向がある

　動詞の中には、不定詞と動名詞の両方を目的語にとるものがあります。不定詞の場合と動名詞の場合では、多少意味が異なってきますので、注意が必要です。動名詞の場合は「一般的・習慣的内容」を表し、不定詞の場合は「特定のケースでの動作・状態」を表す傾向にあります。また、主語が無生物の場合は不定詞が好まれます。

【ある特定のケースで】

| S | V | O | 副詞句 | 副詞節 |
|---|---|---|--------|--------|
| I | don't like | to walk | to the park, | especially when it is this cold. |

（特にこんなに寒いときに公園まで歩きたくない）　　　（第3文型）

【一般的・習慣的】

| S | V | O | 副詞 | 副詞句 |
|---|---|---|---|---|
| I | don't like | walking | early | in the morning. |

(私は朝早く歩くことが好きではありません)　　　　　　　(第3文型)

【ある特定のケースで】

I hate to tell you this, but you have to do it alone.
S V　　O　　　　　　　　S　　V　　O　　　　(第3文型)

(こんなことは言いたくないが、君はそれを1人でしなければならない)

【一般的・習慣的】

I hate telling people unconfirmed stories.
S V　　　　　　O

(私は人に未確認の話をすることが嫌いです)　　　　　　　(第3文型)

【主語が人間】

| S | V | O | 副詞句 |
|---|---|---|---|
| She | started | teaching English | two years ago. |

(彼女は2年前に英語を教え始めた)　　　　　　　　　　　(第3文型)

【主語が無生物】

| S | V | O | 副詞句 |
|---|---|---|---|
| It | started | to rain | two hours ago. |

(2時間前に雨が降り始めた)　　　　　　　　　　　　　　(第3文型)

● 不定詞と動名詞をとる重要動詞

- attempt ---ing（試しに---する）
  attempt to ---（---しようと企てる）
- begin ---ing（---を始める）
  begin to ---（---を始める［進行形や主語が無生物のとき］）
- continue ---ing（---し続ける［行動の持続］）
  continue to ---（---し続ける［断続的・習慣的なこと］）
- forget ---ing（---したことを忘れる）
  forget to ---（---することを忘れる）
- go on ---ing（---し続ける）
  go on to ---（さらに---に進む、次の話題に進む）
- hate ---ing（---することが嫌い［一般に］）
  hate to ---（---したくない）
- bear ---ing = bear to ---（---することに耐える）
- intend ---ing = intend to ---（---するつもり）

● **不定詞と動名詞をとる重要動詞（続き）**

- like ---ing（---することが好き [習慣的]）
  like to ---（---したい）
- love ---ing（---することが好き [習慣的]）
  love to ---（---したい）
- prefer to ---（---するほうを好む）
  prefer {---ing} to {---ing}（---することよりも---するほうを好む）
- propose ---ing（---を提案する）
  propose to ---（---するつもり）
- regret ---ing（---したことを後悔する）
  regret to ---（残念ながら---しなければならない）
- remember ---ing（---したことを覚えている）
  remember to ---＝（忘れずに---する）
- start ---ing（---し始める）
  start to ---（---し始める [無生物が主語のとき]）
- stop ---ing（---することをやめる）
  stop to ---（---するために立ち止まる）
- try ---ing（試しに---する）
  try to ---（---しようとする）

## ルール97 | 提案・要求の動詞は、目的語にthatの名詞節をとり、節内は仮定法現在（原形）になる

目的語に名詞節をとる動詞で注意するものがあります。相手に「---しなさい」と提案をしたり要求をしたりする動詞は、that節内に仮定法現在（原形）をとります。

通常の文：【要求・提案ではない】

| S | V | O |
|---|---|---|
| I | think | that she **is** very kind. |

（私は彼女はとても親切だと思います） （第3文型）

I **hope** that she **will help** us.
S　V　　　　　O　　　　　　　　　　　　（第3文型）
（私は彼女は私たちを助けてくれると思います）

His story **suggests** that she **is** responsible for it.
　　S　　　V　　　　　　O　　　　　　　　　（第3文型）
（彼の話が暗示しているのは彼女がそれに責任があるということです）

306

仮定法現在：【要求を表す】

| S | V | O |
|---|---|---|
| I | demand | that she be there on time. |

（私は彼女が時間どおりにそこにいることを要求します）（第3文型）

仮定法現在：【提案を表す】

| S | V | O |
|---|---|---|
| I | suggest | that she finish it by Monday. |

（私は彼女がそれを月曜日までに終えることを提案します）（第3文型）

＊動詞（suggest）そのものが問題ではなく、その動詞が意味していること（提案や暗示）によって仮定法をとるかどうかが決まります。

● 仮定法現在をとる重要動詞

- advise（---するように勧める）・ask（---するように求める）
- beg（---してくれと頼む）・command（---せよと命令する）
- demand（---するように要求する）・insist（---するように主張する）
- order（---するように命令する）・propose（---するように提案する）
- recommend（---することを提案する）
- request（---することを要求する）・suggest（---しようと提案する）

## クイックレビュー ……38

次の（　）に適当な語句を入れなさい。

 1  I really enjoyed (　　) with you.
　　あなたとお話ができて本当に楽しかった。

 2  I intend (　　)(　　) another party like this.
　　またこのようなパーティーを開こうと思っています。

 3  I hope (　　) you will join us again.
　　また参加していただきたいと思っています。

 4  I don't know (　　) we will have success like this again.
　　またこのように成功できるかどうかはわかりません。

 5  I will see (　　)(　　) contributed to the success.
　　どんな要素が成功に貢献したか調べてみます。

□解答：1. talking  2. to have  3. that  4. whether  5. what factors

307

# 英語力をアップする筋力トレーニング

## ●リスニング（正しく聞いてポイントの理解を深める）演習●

**1** 音声を聞いて空所に入る語を書きなさい。

1. They refused _____ _____ his economic policy.
2. Some of the congressmen demanded _____ _____ _____ _____.
3. The president promised _____ _____ the economy of his country.
4. The president regretted _____ _____ the necessary measures sooner.
5. The public wouldn't mind _____ _____ from the position.
6. They hope _____ _____ _____ _____ _____ _____ _____ _____ _____ _____.
7. The official denied _____ the bribe.
8. The doctor suggested that he _____ _____ _____ every morning.
9. Can you imagine _____ _____ _____ the assignment by the deadline?
10. She advised _____ _____ _____ _____ _____ _____.

[解答]
1. to accept
2. that the president resign
3. to restructure
4. not taking
5. his resigning
6. that they will have a better qualified person for the presidency
7. taking
8. take a walk
9. his not finishing
10. that he not take the medicine

## ●リーディング（読めるようにする）演習●

**2** リスニング演習の解答を記入した後、その英文を日本語に訳しなさい。

訳は[4]の日本文を参照。

## ●オーラルオーラル（正しく発音し意味を伝えられるようにする）演習●

**3** リスニング演習の解答を記入した後、その英文を見ながら音声を聞き正しく発話しなさい。

**4** 下の日本文はリスニング演習の訳です。日本文を見て、それに該当する英文を正しく発話しなさい。

1. 彼らは彼の経済政策を受け入れることを拒否した。
2. 国会議員の中には大統領の退任を要求した者もいた。
3. 大統領は国の経済を立て直すと約束した。
4. 大統領はもっと早く必要な措置を執らなかったことを後悔した。
5. 大衆は彼がその地位から退任しても気にしないだろう。
6. 彼らはもっと優秀な人材が大統領になることを願っている。
7. その公務員は賄賂を受け取ったことを否定した。
8. 医者は毎朝散歩するよう彼に提案した。
9. 彼が締め切りまでその課題を終えられなかったなんて考えられますか。
10. 彼女は彼に薬を飲まないよう忠告した。

●ライティング (書けるようにする) 演習●

**5** 次の単語を並べ替えて正しい文を作りなさい。

1. [ a, exercise, 15-minute, he, taking, break, after, this, suggested ]

_____

2. [ doctor, walk, he, the, recommended, least, 50, at, minutes, day, every, that ]

_____

3. [ I, windows, don't, and, remember, doors, whether, the, or, all, not, locked, I ]

_____

**6** 次の日本文を英語に直しなさい。

1. コンピュータが現代社会においていかに重要な役割を果たしているかを知らない人はほとんどいないでしょう。(役割を果たす=play a role)

_____

[解答-5]
1. He suggested taking a 15-minute break after this exercise.
(彼はこの運動の後は15分間休憩を取るよう提案した)
2. The doctor recommended that he walk at least 50 minutes every day.
(その医者は彼は毎日少なくとも50分歩くよう勧めた)
3. I don't remember whether or not I locked all the doors and windows.
(私はドアや窓にすべて鍵をかけたかどうか覚えていない)

309

2. 家を出るとすぐに雨が降り始めた。

3. 彼が私たちに協力できないなんて信じられない。

[解答-6]
1. There are hardly any people who don't know how important a role the computer plays in modern society.
2. It started to rain right after I left home. No sooner had I left home than it started to rain.
3. I cannot imagine his being unable to cooperate with us.

## トレーニングメニュー 39

「質問は父の職業が何かということだった」は補語の代用で表す

### 補語の代用による拡大の確認

His question was （第2文型）
 S        V

**what her father's profession was.**
              C

[訳] 彼の質問は彼女の父の職業が何かということだった。

文中の疑問文の語順は、「疑問詞 + SV」になる。

3つのうち最後の主要な骨（補語）もパワーアップし、さらに文を拡大します。

### ルール 98 補語になれるものは基本的に「名詞」と「形容詞」、「形容詞の働きをするもの」

a) 名詞

| S | V | C |
|---|---|---|
| Her father | is | an architect. |

（彼女のお父さんは建築家です）　　　　　　　　　　（第2文型）

They unanimously elected him **president** of the company.
 S              V      O      C           （第5文型）

（彼らは全員一致で彼をその会社の社長に選出した）

官職・地位などを表す語句が補語の位置にくると、冠詞が省略されます。

b) 代名詞

| S | V | C |
|---|---|---|
| The most influential person in this company | is | he. |

（この会社で最も影響力のある人は彼です）　　　　（第2文型）

主格補語（主語の後に来る補語）の場合、代名詞は主格（he）になります。

311

c) 形容詞

| S | V | 副詞 | C |
|---|---|---|---|
| His daughters | are | all | wonderful. |

（彼の娘さんはみんなすばらしい） （第2文型）

d) 分詞

| S | 副詞 | V | O | C |
|---|---|---|---|---|
| We | always | see | him | working very hard. |

（私たちは彼が一生懸命働いている姿をいつも目にします） （第5文型）

He had his photo **taken** by a stranger.
　S　V　　O　　　　C

（彼は見知らぬ人に彼の写真を撮られてしまった） （第5文型）

e) 動名詞

| S | V | C |
|---|---|---|
| The problem this time | was | identifying the man. |

（今回の問題はその男の身分を明かすことだった） （第2文型）

f) 不定詞

| S | V | C |
|---|---|---|
| His intention | was | to take the photo back. |

（彼の意図はその写真を取り戻すことだった） （第2文型）

Everyone at the company believed him **to be** very serious.
　　　　S　　　　　　　V　　　O　　　C

（会社の誰もが彼は非常に真剣だと思った） （第5文型）

g) 前置詞句

| S | V | C |
|---|---|---|
| He | might have been | in danger. |

（彼は危険な状態にいたかもしれない） （第2文型）

h) 名詞句

| S | V | C |
|---|---|---|
| Our concern | was | how to solve his problem. |

（我々の関心事はいかにして彼の問題を解決するかだった） （第2文型）

i) 副詞

| S | V | C | 副詞句 |
|---|---|---|---|
| The light in his office | was | on | till late at night. |

（彼の事務所の電気は夜遅くまでついていた） （第2文型）

j) 名詞節
### i) thatの名詞節

| S | V | C |
|---|---|---|
| The problem | is | that nobody knows his real troubles. |

(問題は彼の本当の困難を知らないということです)　　　　(第2文型)

## チェックポイント

●The reason --- is because ---は間違い

誤：**The reason why** he didn't cooperate was **because he didn't like her**.
　　　　S　　　　　　　　　　　　　V　　　　　　C (?)

補語になれるのは名詞節。because he didn't like herでは「理由」を表す副詞節になってしまいます。

正：**The reason why he didn't cooperate** was **that he didn't like her**.
　　　　　　　　　S　　　　　　　　　　　　　　V　　　　C　　(第2文型)

### ii) whetherの名詞節

| S | V | C |
|---|---|---|
| The question | is | whether they will cooperate or not. |

(問題は彼らが協力してくれるかどうかです)　　　　(第2文型)

### iii) 関係代名詞 (what) の名詞節

| S | V | C |
|---|---|---|
| He | is not | what he used to be. |

(彼は昔の彼ではない)　　　　(第2文型)

### iv) 疑問詞の名詞節

| S | V | C |
|---|---|---|
| Our question | is | how we should tell him about it. |

(私たちの問題はそれをどうやって彼に伝えたらよいかということです)
　　　　　　　　　　　　　　　　　　　　　　　　(第2文型)

## クイックレビュー ……39

次の（　）に適当な語句を入れなさい。

1. What I have to do is (　　) (　　) Mr. Suzuki.
   私がすべきことは鈴木氏と相談することだ。
2. The reason for this is (　　) Mr. Suzuki is an excellent lawyer.
   この理由は鈴木氏が優れた弁護士だということです。
3. My dream during high school was (　　) (　　) a lawyer.
   私の高校時代の夢は弁護士になることでした。
4. What I want to know is (　　) (　　) (　　) (　　) the computer.
   私が知りたいのはこのコンピュータの起動の仕方です。
5. The point is (　　) you can trust my judgement.
   重要なのは君が私の判断を信用できるかどうかだ。

□解答：1. to consult　2. that　3. to become　4. how to start up　5. whether

# 英語力をアップする筋力トレーニング

## ●リスニング（正しく聞いてポイントの理解を深める）演習●

**1** 音声を聞いて空所に入る語を書きなさい。

1. Her dream is _____ _____ an international flight attendant.
2. This job is _____ _____ _____ _____ _____ since she was a child.
3. Speaking English is not just _____ _____ _____ , but _____ _____ now.
4. The first rule of thumb is _____ _____ _____ _____ _____ _____ _____.
5. The problem is _____ _____ _____ _____ _____ _____ _____ _____.
6. The fact is _____ _____ _____ _____ _____ _____ attracted by the superficial glamor of being a flight attendant.
7. Her simple strategy was _____ _____ _____ _____ it is important.
8. The reason he didn't do it was _____ _____ _____ _____.
9. Our concern is _____ _____ _____ _____ _____ _____ _____.
10. We saw a strange man _____ _____ _____.

[解答]
1. to become
2. what she has wanted ever
3. the first priority / a must
4. that the safety of passengers comes first
5. whether every flight attendant-to-be appreciates this or not
6. that there are still some girls
7. to let everybody know
8. that he didn't like it
9. when we should tell them the fact
10. entering the warehouse

## ●リーディング（読めるようにする）演習●

**2** リスニング演習の解答を記入した後、その英文を日本語に訳しなさい。

訳は[4]の日本文を参照。

## ●オーラルオーラル（正しく発音し意味を伝えられるようにする）演習●

**3** リスニング演習の解答を記入した後、その英文を見ながら音声を聞き正しく発話しなさい。

315

**4** 下の日本文はリスニング演習の訳です。日本文を見て、それに該当する英文を正しく発話しなさい。

1. 彼女の夢は国際線の客室乗務員になることです。
2. この仕事は彼女が子供のときからずっとなりたいと思っていた仕事です。
3. 英語が話せることは、最優先されるというのではなく、いまでは必須条件です。
4. 経験からまず言えることは、乗客の安全は優先されるということです。
5. 問題はこれから客室乗務員になろうとする人がこのことを理解するかどうかである。
6. 事実はいまだに客室乗務員の表面的な華やかさに見せられている女の子がいるということです。
7. 彼女の単純な戦略は、それが重要だとみんなに知らせることだった。
8. 彼がそれをしなかった理由はそれが好きではなかったからだ。
9. 私たちの関心はその事実をいつ彼らに言うかということです。
10. 私たちは不審な男が倉庫に入るのを見た。

● ライティング（書けるようにする）演習 ●

**5** 次の単語を並べ替えて正しい文を作りなさい。

1. [all, time, the, some, lights, for, in, off, the, were, building]

___

2. [absent, was, was, that, he, he, why, sick, reason, the, was, yesterday]

___

3. [to know, is, is, to teach, fact, it, another, one, thing, the, quite, and]

___

[解答-5]
1. All the lights in the building were off for some time.
（建物の照明はしばらくの間消されたままだった）
2. The reason why he was absent yesterday was that he was sick.
（彼が欠席した理由は病気だったからです）
3. To know the fact is one thing and to teach it is quite another.
（その事実を知るのと教えるのとはまったく別のことです）

**6** 次の日本文を英語に直しなさい。

1. まず最初にしなければならないことは共通の理解を持つことです。
(共通の理解＝common understating)

___

2. 私たちの最大の関心事は日本経済をいかに回復させるかということです。
(回復させる＝restore)

___

3. 現行の経済政策の成功は国民が政府に信頼を置けるかどうかにかかっている。

___

［解答-6］
1. What we have to do first is to have a common understanding.
2. Our biggest concern is how to restore the Japanese economy.
3. The success of the current economic policy depends on whether the general public can put its faith in the government.

## トレーニングメニュー 40

「楽しませるのはむずかしい」は It is ~の構文で

### 形式主語・形式目的語の確認

**It is difficult to please him.** (第2文型)

S　V　　　C　　　　　不定詞

[訳] 彼を楽しませるのはむずかしい。

itが不定詞 to please him の形式主語になっている。

### 1. 不定詞の形式主語・形式目的語の it

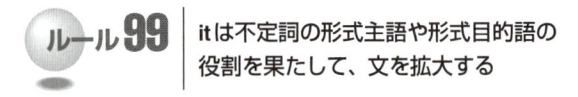

**ルール 99** itは不定詞の形式主語や形式目的語の役割を果たして、文を拡大する

例：**To master the software** is not easy.
　　　　　　S　　　　　　　V　　C

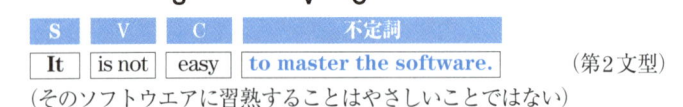

| S | V | C | 不定詞 |
|---|---|---|---|
| It | is not | easy | to master the software. |

(第2文型)

(そのソフトウエアに習熟することはやさしいことではない)

例：**For her to stay with her children** is very important.
　　　　　　　　S　　　　　　　　　　　　V　　　C

| S | V | C | 不定詞の主語 | 不定詞 |
|---|---|---|---|---|
| It | is | very important | for her | to stay with her children. |

(彼女が子どもたちと一緒にいることは非常に重要です) (第2文型)

### チェックポイント

●不定詞の目的語が形式主語の位置にくることもある

　**It is easy to please him** の構文で、形式主語のitの位置に不定詞 (to please him) の目的語 (him) がくることがあります。

・It is easy to please him.
= He is easy to please.

(彼を喜ばせるのは簡単だ)

- **It** is fun **to be with Susan**.
  = **Susan** is fun **to be with**.
  (スーザンと一緒だと楽しい)

## ルール100 第5文型の目的語は必ず形式目的語の形にする

形式主語を使わず、to不定詞をそのまま主語にする文はよく見られますが、第5文型の目的語の場合はto不定詞は使えません。必ず形式目的語の形にしなければなりません。

【第5文型】

| S | V | O | C | 不定詞 |
|---|---|---|---|---|
| I | believe | it | important | to master English. |

(私は英語をマスターすることは重要だと思います)

誤：I believe **to master English** important.
　　S　V　　　　O　　　　　　　C

【第5文型】

| S | V | O | C | 不定詞の主語 | 不定詞 |
|---|---|---|---|---|---|
| I | believe | it | important | for you | to master English. |

(私はあなたが英語をマスターすることは重要だと思います)

誤：I believe **for you to master English** important.
　　S　V　　　　　　O　　　　　　　　　C

### 2. 動名詞の形式主語・形式目的語のit

## ルール101 itは動名詞の形式主語や形式目的語の役割も果たして、文を拡大する

例：<u>**Reading detective stories**</u> is fun.
　　　　　　S　　　　　　　　V C

| S | V | C | 動名詞 |
|---|---|---|---|
| It | is | fun | reading detective stories. |

(探偵小説を読むことは楽しい)　　　　　　　　　　　(第2文型)

319

例： I found **writing detective stories** exciting.
　　 S V　　　　　　　　 O　　　　　　　　　 C

　 I found it exciting writing detective stories.
　 S　　 V　O　 C　　　　　　 動名詞　　　　　　　　（第5文型）
　（私は探偵小説を書くことはとてもおもしろいとわかった）

●**動名詞の慣用表現**　慣用的な表現もあります。

> ◇ It is no {use/good} --- ing ＝ ---しても無駄である（第2文型）
>   It is no use fixing that old car.
>   S V　 C　 動名詞
>   （あの古い車を直そうとしても無駄です）

### 3. 名詞節の形式主語・形式目的語の it

**ルール102**　itは名詞節（that、whether、疑問詞の名詞節など）の形式主語・目的語にもなり、文を拡大する

例： **That some Japanese banks are in serious trouble** is true.
　　　　　　　　　　　　　　　 S　　　　　　　　　　　　　　 V C

　 S　 V　 C　　　　　　　　　　　 名詞節
　 It　 is　 true　 that some Japanese banks are in serious trouble.
　（いくつかの日本の銀行は重大な危険にさらされているということは本当です）　　　　　　　　　　　　　　　　　　　　　　　　　　　　（第2文型）

例： **Whether she has any teaching experience or not** doesn't matter.
　　　　　　　　　　　　 S　　　　　　　　　　　　　　　　　 V

　 It doesn't matter whether she has any teaching experience or not.
　 S　　 V　　　　　　　　　 名詞節　　　　　　　　（第1文型）
　（彼女が教授の経験があるかないかは問題ではない）

例： **How I am going to spend my summer vacation** is none of your
　　　　　　　　　　　　　 S　　　　　　　　　　　　　　 V　　 C
　 business.

　 It is none of your business how I am going to spend my summer vacation.
　 S V　　　 C　　　　　　　　　　 名詞節　　　　　（第2文型）
　（私がどのように夏休みを過ごそうとあなたには関係のないことです）

## チェックポイント

●名詞節thatは第5文型の目的語になれない

名詞節thatは、第5文型(SVOC)の目的語の位置に置くことはできません。形式目的語(it)をその位置に置いて名詞節を外に出します。

[第5文型]

I think **it** ridiculous **that he will take all the responsibility for it**.
S  V    O    C                         名詞節

(私はそのことに関して彼が全責任をとるのは馬鹿げていると思う)

誤：I think **that he will take all the responsibility for it** ridiculous.
    S  V              O                                      C

## ●形式主語・目的語の重要慣用表現

- It goes without saying that --- (---は言うまでもない)
- It doesn't make any difference whether --- (---でも差し支えない)
- It is a pity that --- (---なのは残念だ)
- hear it said that --- (---という噂を聞く)
- make it a rule to --- (---することにしている)
- keep it in mind that --- (---ということを心に留める)
- see to it that --- (---になるように取り計らう)
- take it for granted that --- (---を当然と思う)
- Rumor has it that --- (---という噂である)
- Conventional wisdom has it that --- (世間一般の通念によると---)

321

## クイックレビュー …….40

次の（　）に適当な語句を入れなさい。

1. (　　) (　　) important to be punctual.
   時間厳守をすることは重要です。
2. It is strange (　　) he turned down the offer.
   彼がその申し出を断ったのは不思議だ。
3. It is no use (　　) to persuade him.
   彼を説得しようとしても無駄だ。
4. I think (　　) will be difficult to finish it by tomorrow.
   それを明日までに終わらせることはむずかしいと思います。

□解答： 1. It is  2. that  3. trying  4. it

## 英語力をアップする筋力トレーニング

### ●リスニング（正しく聞いてポイントの理解を深める）演習●

**1** 音声を聞いて空所に入る語を書きなさい。

1. It was great fun _____ _____ _____ _____.
2. It is very easy _____ _____ _____ _____ _____.
3. It is surprising _____ _____ _____ _____ _____ _____ _____ _____ _____.
4. _____ _____ _____ _____ _____ golf is a very expensive sport.
5. I found it a little boring _____ _____ _____ _____ _____ _____ _____ for such a long time. Didn't you?
6. It is quite natural _____ _____ _____ _____ _____ _____.
7. We believe it rather strange _____ _____ _____ _____ _____ _____.
8. Some people found it more fun _____ _____ _____ _____.
9. It makes no difference to me _____ _____ _____ _____ _____ _____.
10. It has long been a controversy _____ _____ _____ _____ _____ _____.

［解答］
1. playing golf with him
2. for me to play golf
3. that people can spend so much time practicing golf
4. It goes without saying that
5. to practice golf in the driving range
6. for them to ask for a raise
7. not to participate in the game
8. to play computer games
9. whether you play golf or not
10. whether golf is a sport or not

### ●リーディング（読めるようにする）演習●

**2** リスニング演習の解答を記入した後、その英文を日本語に訳しなさい。

訳は[4]の日本文を参照。

### ●オーラルオーラル（正しく発音し意味を伝えられるようにする）演習●

**3** リスニング演習の解答を記入した後、その英文を見ながら音声を聞き正しく発話しなさい。

**4** 下の日本文はリスニング演習の訳です。日本文を見て、それに該当する英文を正しく発話しなさい。

1. 彼と一緒にゴルフするのはとても楽しかった。
2. ゴルフするのは私にとってとても簡単だ。
3. そんなに長くゴルフの練習に時間をさけるなんて驚きだ。
4. ゴルフはとても金のかかるスポーツであることは言うまでもない。
5. 私はそんな長い時間ゴルフ場で練習することは少し退屈だと思います。そう思いませんか。
6. 彼らが昇給を要求するのはまったく当然のことだ。
7. 私たちはむしろその試合に参加しないほうが不自然だと思っている。
8. コンピュータゲームのほうが楽しいと思う人もいます。
9. あなたがゴルフをするかどうかは私にとってどうでもよい。
10. ゴルフはスポーツかどうかという論争がずっと行われている。

### ●ライティング（書けるようにする）演習●

**5** 次の単語を並べ替えて正しい文を作りなさい。

1. [ thirty, was, it, until, she, not, was, showed, talents, her, that, she ]

   _____

2. [ it, think, comply, request, with, your, difficult, I, to, for, us, will, be ]

   _____

3. [ the matter, with, nothing, do, to, clear, it, made, she, that, had, she ]

   _____

**6** 次の日本文を英語に直しなさい。

1. 近いうちに総選挙が行われるという噂である。
   （総選挙＝ a general election）

   _____

[解答-5]
1. It was not until she was thirty that she showed her talents.
   （彼女が才能を示したのはやっと30歳になってからである）
2. I think it will be difficult for us to comply with your request.
   （私たちがあなたの要求に応じるのはむずかしいと思う）
3. She made it clear that she had nothing to do with the matter.
   （彼女はその問題と何の関係もないことをはっきりさせた）

2. 家を離れて初めて私はいかに私の両親を愛していたか気がついた。
   (家を離れて＝（be） away from home)

3. このようなことが2度と起こらないように気をつけてください。

[解答-6]
1. Rumor has it that there will be a general election soon.
2. It was not until I was away from home that I realized how much I love my parents.
3. See to it that such a thing never happens again.

## トレーニングメニュー 41

「子供のために開発されたイタリアのゲーム」は形容詞的な働きの挿入で表す

### 形容詞的働きをするものの挿入の確認

The Italian game, **developed for children,** became popular in Europe. (第2文型)

- The Italian game : S
- developed for children : 挿入句
- became : V
- popular : C
- in Europe : 副詞句

[訳] 子供のために開発されたイタリアのゲームがヨーロッパで人気になった。

挿入できるものは、修飾語句（形容詞・副詞の働きをするもの）になる。上の例は、(which was ) developed for childrenという形でgameを修飾している。

### ルール103　「形容詞の働きをするもの」が挿入され、名詞の補足説明をして文を拡大する

a) 名詞：同格になる

| S | 挿入句 | V | 副詞 | C |
|---|---|---|---|---|
| Ogai Mori, | a doctor by profession, | was | also | a famous author. |

= Ogai Mori, **who was a doctor by profession,** was also a famous author.
（職業は医者であった森鴎外はまた有名な作家でもあった）（第2文型）

Sugar cane, **a tropical plant**, is commercially grown in Okinawa.
　　S　　　　挿入句　　　　　　V　　　　　　　　　（第1文型）

= Sugar cane, **which is a tropical plant,** is commercially grown in Okinawa.
（熱帯植物であるサトウキビは沖縄で商業栽培されている）

b) 形容詞

| S | 挿入句 | V | 副詞句 |
|---|---|---|---|
| The village, | small and isolated, | is seldom visited | by people. |

= The village, **which is small and isolated**, is seldom visited by people.
(小さくて孤立したその村はめったに人が訪れてこない)　　(第1文型)

The new car, **compact and fuel-efficient**, is designed for the Asian market.
　　S　　　　　　　　挿入句　　　　　　　　V　　　　　(第1文型)

= The new car, **which is compact and fuel-efficient**, is designed for the Asian market.
(コンパクトで燃費の良いその新車はアジアの市場のために考案された)

c) 分詞

| S | 挿入句 | V |
|---|---|---|
| World Cup soccer, | watched by tens of millions of people, | is |

| C |
|---|
| truly an international event. |

= World Cup soccer, **which is watched by tens of millions of people,** is truly an international event.
(何千万人の人に見られているワールドカップサッカーは真に国際的なイベントだ)　　　　　　　　　　　　　　　　　　　　(第2文型)

The new computer game, **more fascinating than the old version,** will be
　　　　S　　　　　　　　　　挿入句　　　　　　　　　　V

a smash hit.
　　C　　　　　　　　　　　　　　　　　　　(第2文型)

= The new computer game, **which is more fascinating than the old version,** will be a smash hit.
(旧作よりずっと面白い新しいコンピュータゲームは大当たりするだろう)

d) 前置詞句

| S | 挿入句 | V |
|---|---|---|
| The information in that computer book, | already out of date, | is |

| C |
|---|
| completely useless. |

= The information in that computer book, **which is already out of date,** is completely useless.
(あのコンピュータの本の情報はすでに古くて、まったく役に立たない)
　　　　　　　　　　　　　　　　　　　　　　　　(第2文型)

327

<u>The dictionary of English usage,</u> **of great value for non-native speakers,**
　　　　　　**S**　　　　　　　　　　　　　　　挿入句

<u>is now being reprinted</u>.
　　　**V**　　　　　　　　　　　　　　　　　　　　　　　（第1文型）

= The dictionary of English usage, **which is of great value for non-native speakers,** is now being reprinted.

(その英語語法辞典は、英語を母国語としない人に非常に価値あるものですが、現在再版中です)

＊ここに使われている前置詞句は形容詞の働きをしています。

out of date = old-fashioned／old and useless、of value = valuable

e) 関係詞

| S | 挿入句 | V |
|---|---|---|
| The movie theater in Shibuya, | which was built in 1964, | is |

| C |
|---|
| still popular among the young. |

(渋谷にあるその劇場は、1964年に建てられたのだが、現在でもまだ若い人々の間で人気がある)　　　　　　　　　　　　　　　　（第2文型）

<u>The restaurant</u>, **where we had dinner last night**, is <u>famous</u> for American
　　**S**　　　　　　　　　挿入節　　　　　　　**V　C**
home cooking.　　　　　　　　　　　　　　　　　　　　　（第2文型）

(そのレストランは、私たちは昨日そこで食事をしたのだが、アメリカの家庭料理で有名です)

### チェックポイント

●形容詞の挿入は関係詞とbe動詞が省略された形

上の例でわかるように、形容詞的な挿入は、関係代名詞とbe動詞（which is、who isなど）が省略されたような形になっています。したがって、この種の挿入が正しいかどうかをチェックするには、which isやwho isを補ってみるとよいでしょう。きちんとつながれば正しい文となります。

## クイックレビュー ……41

次の（　　）に適当な語句を入れなさい。

1. English, (　　) (　　) of international communication, is getting more and more important.
   国際コミュニケーションの道具である英語はますます重要になってきている。
2. English, (　　) for international communication, is getting more and more important.
   国際コミュニケーションのために不可欠である英語はますます重要になってきている。
3. English, (　　) as a tool of international communication, is getting more and more important.
   国際コミュニケーションの道具として機能している英語はますます重要になってきている。
4. English, (　　) (　　) a tool of international communication, is getting more and more important.
   国際コミュニケーションの道具である英語はますます重要になってきている。

□解答：1. a tool　2. indispensable　3. functioning　4. which is

# 英語力をアップする筋力トレーニング

## ●リスニング（正しく聞いてポイントの理解を深める）演習●

**1** 音声を聞いて空所に入る語を書きなさい。

1. Mr. Tanaka, _____ _____ _____, helped publish an English dictionary.
2. The dictionary, _____ _____ _____ _____ _____ _____ _____, was designed for the intermediate level.
3. The older dictionary, _____ _____ _____ _____, was also a good dictionary, though it was designed for beginners.
4. I am sure the new dictionary, _____ _____ _____ _____ _____ _____ _____ _____ _____ _____, will become very useful for us.
5. Mr. Nagashima, _____ _____ _____ _____, was a fantastic third base player.
6. The new golf club, _____ _____ _____, is very popular among middle-aged players.
7. Kyoto, _____ _____ _____ _____ _____ _____, was the old capital of Japan.
8. The old elementary school, _____ _____ _____ _____ _____ _____ _____, is now making a comeback as a home of the aged.
9. The seminar, _____ _____ _____ _____, is now held in Tokyo twice a year.
10. Lake Biwa, _____ _____ _____ _____ _____ _____ _____, has a pollution problem.

[解答]
1. our English teacher
2. rather small in size but well written
3. already out of print
4. which we are going to use in our English class
5. manager of the Giants
6. light and flexible
7. visited by many tourists every year
8. out of use for a long time
9. attended by famous scholars
10. which is the largest lake in Japan

## ●リーディング（読めるようにする）演習●

**2** リスニング演習の解答を記入した後、その英文を日本語に訳しなさい。

訳は[4]の日本文を参照。

●オーラルオーラル（正しく発音し意味を伝えられるようにする）演習●

**3** リスニング演習の解答を記入した後、その英文を見ながら音声を聞き正しく発話しなさい。

**4** 下の日本文はリスニング演習の訳です。日本文を見て、それに該当する英文を正しく発話しなさい。
1. 田中さんは、私たちの英語の先生だが、英語の辞書を出版する手伝いをした。
2. その辞書は、小さいほうだったが良く書かれていて、中級レベル向けだった。
3. その古い辞書も、すでに絶版になっていたが、良い辞書だった、でも初級者向けだった。
4. 新しい辞書は、私たちのクラスで使うことにしているが、とても役に立つものになると確信している。
5. ジャイアンツの監督である長嶋氏は、すばらしい三塁手だった。
6. その新しいゴルフクラブは、軽くて柔軟性があり、中年の選手たちの間で人気がある。
7. 京都は、毎年多くの旅行客が訪れるが、日本の古い首都でした。
8. その古い小学校は、長い間使われていなかったが、今では老人ホームとしてカムバックしようとしている。
9. そのセミナーは、有名な学者が参加するが、いま年に2度東京で開かれている。
10. 琵琶湖は、日本最大の湖だが、汚染の問題を抱えている。

●ライティング（書けるようにする）演習●

**5** 次の単語を並べ替えて正しい文を作りなさい。
1. [ young businessmen, the hotel, used, inexpensive, conveniently located, by, business trips, on, and, is ]

―――――――――――――――――――――

2. [ the term, the great earthquake, "volunteer", rather unfamiliar to, known, decades ago, became widely, Japanese people, after, in Kobe ]

_____

3. [ baseball, developed, a national, Japan, sport, now become, in the United States, has, of ]

_____

**6** 次の日本文を英語に直しなさい。

1. その鉄道の駅は、明治時代に作られたが、来年修復される。

_____

2. 駅のそばの小さな劇場は、50年以上営業をしているが、いまだに大学生の間で人気がある。

_____

3. そのゴルフ場は、美しい湖と白い砂のバンカーがたくさんあり、ゴルフをしない人でも1度は訪れる価値がある。

_____

[解答-5]
1. The hotel, inexpensive and conveniently located, is used by young businessmen on business trips.
（そのホテルは安くて便利な所にあり、商用の若いビジネスマンに利用されている）
2. The term "volunteer," rather unfamiliar to Japanese people decades ago, became widely known after the great earthquake in Kobe.
（「ボランティア」ということばは、数十年前は日本人には耳慣れないものだったが、神戸の大地震以来日本でも広く知られるようになった）
3. Baseball, developed in the United States, has now become a national sport of Japan.
（野球は、アメリカで発達したが、いまでは日本の国技になっている）

[解答-6]
1. The railway station, built in the Meiji era, will be renovated next year.
2. The small movie theater near the station, which has been in business for more than 50 years, is still popular among college students.
3. The golf course, with its beautiful lake and many white sand bunkers, is worth visiting once even for non-players.

トレーニングメニュー **42** 「その現状を考えると」は副詞的働きをする挿入句

### 副詞的働きをするものの挿入の確認

The Japanese economy, **considering the strength of its technology sector**, is not very sound right now.

- S: The Japanese economy
- 挿入句: considering the strength of its technology sector
- V: is
- C: not very sound right now
- （第2文型）

[訳] 日本経済は、技術部門の強さを考えると、いまはあまり健全とは言えない。

独立分詞構文 considering ～「～を考えると」が挿入されている。

## ルール 104　「副詞の働きをするもの」が挿入され、文全体や動詞を修飾して文を拡大する

a) 副詞（文副詞）

| S | V | 挿入句（副詞） | C | 副詞句 |
|---|---|---|---|---|
| He | is, | **unfortunately,** | a little too short | to qualify as a sumo wrestler. |

= **It is unfortunate that** he is a little too short to qualify as a sumo wrestler.

（不幸にも、彼は相撲取りになるには背が少し足らなかった）（第2文型）

The result of the interview was, **surprisingly**, very good.
　　　　S　　　　　　　　　V　　挿入句　　　C　（第2文型）

= **It is surprising that** the result of the interview was very good.

（驚いたことに、インタビューの結果は非常に良かった）

333

b) 前置詞句

| S | 挿入句（副詞句） | V | O |
|---|---|---|---|
| The country, | **after the revolution,** | abolished | the totalitarian system. |

= The country, **after it had experienced the revolution,** abolished the totalitarian system.

(その国は革命後全体主義体制を廃止した) 　　　　　　　　　(第3文型)

<u>All the people in the village</u>, **because of the danger of flooding**,
　　　　　　S　　　　　　　　　　　　　　　挿入句

<u>were ordered</u> to evacuate their homes.
　　V　　　　　　　　　　　　　　　　　　　　　　　　(第1文型)

= All the people in the village, **because there was a danger of flooding,** were ordered to evacuate their homes.

(洪水の危険のために、その村人全員に避難勧告が出された)

c) 分詞構文

| S | 挿入句 | 副詞 | V |
|---|---|---|---|
| The author, | **after spending more than ten years in research and investigation,** | finally | finished |

| O | 副詞 |
|---|---|
| his book | last week. |

= The author, **after he had spent more than ten years in research and investigation,** finally finished his book last week.

(研究と調査に10年以上の歳月をかけて、その作家はついに先週本を発行した) 　　　　　　　　　　　　　　　　　　　　　　　　(第3文型)

<u>One of my American friends</u>, **trying to escape the noise and crowds of**
　　　　　S　　　　　　　　　　　　　　　　挿入句

**Tokyo**, <u>moved</u> to a small town in Hokkaido.
　　　　　V　　　　　　　　　　　　　　　　　　　(第1文型)

= One of my American friends, **in an attempt to escape the noise and crowds of Tokyo,** moved to a small town in Hokkaido.

(私のアメリカの友人の1人は東京の騒音と混雑から逃れようとして北海道の小さな町に引っ越した)

There <u>are</u> <u>many reasons</u>, **some of them very personal**, why people hate this
　　　V　　　S　　　　　　　挿入節

story so much. 　　　　　　　　　　　　　　　　　　　(第1文型)

= There are many reasons, **some of them (being) very personal**, why people hate this story so much.

(いくつかは非常に個人的だが、なぜ人々がこの話をこれほど嫌うかには多くの理由があります)

some of themの後にbeingが省略されていることに注意してください。

d) 不定詞

| S | V | 挿入句 | C |
|---|---|---|---|
| He | is, | to be sure, | one of the most popular writers in Japan. |

= He is, **surely**, one of the most popular writers in Japan.

(彼は確かに日本で最も人気のある作家の1人だ)　　　(第2文型)

<u>To study in the United States</u>, <u>you</u> <u>must have</u> <u>a good command of</u>
　　　挿入句　　　　　　　　　　S　　　　V　　　　　　O

<u>English</u>.　　　　　　　　　　　　　　　　　　　　(第3文型)

= **If you want to study in the United States**, you must have a good command of English.

(合衆国で勉強するためには、英語が達者でなければならない)

上の文は、You must have a good command of English to study in the United States.の不定詞の部分を、挿入の形にして文頭に出したものです。すべてこのように不定詞を文頭に出すことができるわけではありません。不定詞の意味上の主語が文の意味上の主語と一致していないものを文頭に出すと、danglingになるので注意しましょう。分詞構文のdanglingの項目参照。

正：

<u>A good command of English</u> <u>is</u> <u>necessary</u> **to study in the United States**.
　　　　　S　　　　　　　　V　　　C　　　　　　　　不定詞

**誤：dangling**

**<u>To study in the United States</u>**, <u>a good command of English</u> <u>is</u> <u>necessary</u>.
　　不定詞　　　　　　　　　　　　　　S　　　　　　　　　V　　C

To studyの意味上の主語はyou、主文の主語はa good commandで、一致していない。(dangling)

正：

**<u>To study in the United States</u>** <u>you</u> <u>must have</u> <u>a good command of</u>
　　不定詞　　　　　　　　　　　　S　　　V　　　　　　C

<u>English</u>.

To studyの意味上の主語はyou、主文の主語もyouで一致している。

335

e) 原因、時、条件、譲歩などを表す副詞節

| S | 挿入節 | V | 副詞句 |

The file you asked for, **if I am not mistaken,** is in the second drawer.
= The file you asked for is in the second drawer, **if I am not mistaken**.
(あなたの求めていたファイルは、もし間違ってなければ、2番目の引き出しにあります) （第1文型）

Most of my family, **when the earthquake hit**, were sleeping on the second
　　　　S　　　　　　　　　挿入節　　　　　　　　　V
floor. （第1文型）
= Most of my family were sleeping on the second floor **when the earthquake hit**.
(地震が起こったとき、家族のほとんどは2階で寝ていた)

I can come to work, **if necessary**, this coming Sunday.
S　V　　　　　　　　　挿入節　　　　　　　　　（第1文型）
= **If it is necessary**, I can come to work this coming Sunday.
(もし必要なら、今度の日曜日は仕事に来れますよ)

---

### クイックレビュー ……42

次の（　）に適当な語句を入れなさい。

1. My daughter, (　　), bought me a present for my birthday.
   驚いたことに、娘が誕生日に贈り物をくれた。

2. Many friends, (　　) the bad weather, came to my birthday party.
   悪天候にもかかわらず、多くの人が私の誕生パーティーに来てくれた。

3. My colleague and I, (　　) (　　) (　　) there was no mistake, checked the document again.
   同僚と私は、間違いがないことを確かめるために、書類をもう1度チェックした。

4. My boss, (　　) he is rather strict, is a very nice person.
   私の社長は、かなり厳しい人ですが、とても素敵な人です。

□解答：1. surprisingly　2. despite　3. to make sure　4. though

# 英語力をアップする筋力トレーニング

## ●リスニング（正しく聞いてポイントの理解を深める）演習●

**1** 音声を聞いて空所に入る語を書きなさい。

1. The team, _____, won four consecutive games after losing the two starting games.
2. The bullet train, _____ _____ _____ _____ _____, arrived at Tokyo station two hours behind schedule.
3. _____ _____ _____ _____ _____, the child became sick.
4. _____ _____ _____ _____ _____, I didn't believe what the principal said at the PTA meeting yesterday.
5. This old car, _____ _____ _____ _____ _____, will run at least two more years.
6. A bad habit, _____ _____, is hard to get rid of.
7. There are many complaints, _____ _____ _____ _____ _____, about the way they handled the problem.
8. _____ _____ _____, you must eat many kinds of food and do a lot of exercise.
9. The new city hall, _____ _____ _____ _____ _____ _____, looks like a hotel.
10. The prime minister's answer to the question _____ _____ _____ _____.

[解答]
1. surprisingly
2. because of the heavy rain
3. Eating too much junk food
4. To be honest with you
5. if taken good care of
6. once formed
7. some of them very severe
8. To stay healthy
9. when it is seen from outside
10. was unfortunately very ambiguous

## ●リーディング（読めるようにする）演習●

**2** リスニング演習の解答を記入した後、その英文を日本語に訳しなさい。

訳は[4]の日本文を参照。

## ●オーラルオーラル（正しく発音し意味を伝えられるようにする）演習●

**3** リスニング演習の解答を記入した後、その英文を見ながら音声を聞き正しく発話しなさい。

337

**4** 下の日本文はリスニング演習の訳です。日本文を見て、それに該当する英文を正しく発話しなさい。

1. そのチームは、驚いたことに、最初の2試合に負けた後、4試合を連勝した。
2. 新幹線は、大雨のため、予定より2時間遅れて東京駅に着いた。
3. ジャンクフードを食べ過ぎてその子供は病気になった。
4. 正直に言って、私は昨日校長がPTAの会議で言ったことを信じていなかった。
5. この古い車は、もしきちんと手入れをされれば、もう2年は走ることができる。
6. 悪い習慣は一度ついてしまうと取り除くのがむずかしい。
7. 彼らの問題の処理方法に関して、中にはとても厳しいものもあるが、多くの不満がある。
8. 健康でいるには、多くの種類の食べ物を食べて、たくさん運動をしなければならない。
9. その新しい市庁舎は外から見ると、ホテルのように見える。
10. その質問に対する総理の答弁は、残念ながら、非常にあいまいだった。

●ライティング（書けるようにする）演習●

**5** 次の単語を並べ替えて正しい文を作りなさい。

1. [ trying to, the young man, an old lady, cross the street, involved in, help, was, the accident ]

2. [ less than, unfortunately, the response, was, expected, the new TV show, to, had, we ]

3. [ taken, the medicine, effectively, your blood pressure, will, if, properly, lower ]

[解答-5]
1. The young man, trying to help an old lady cross the street, was involved in the accident.
（その若者は、老婦人が通りを渡るのを助けようとして事故に巻き込まれた）

**6** 次の日本文を英語に直しなさい。

1. その新しい規制は、今年の1月に導入されたが、まだ効果を発揮していない。

_____

2. その2国間の貿易不均衡は、もし効果的な対策が講じられなければ、しばらくの間現状ままの状態が続くでしょう。

_____

3. 幸運にも、その工場は、労働者が全員外に避難した後で爆発した。

_____

2. The response to the new TV show was, unfortunately, less than we had expected.
（新しいテレビのショーに対する反応は、不運にも私たちの期待以下だった）
3. The medicine, if taken properly, will lower your blood pressure effectively.
（この薬は、もし適切に使用されれば、あなたの血圧を効果的に下げるでしょう）

［解答-6］
1. The new regulation, introduced in January this year, hasn't taken effect yet.
2. The trade imbalance between the two countries, if effective measures are not taken, will stay as it is for some time.
3. Luckily, the factory exploded after all the workers had been evacuated outside.

トレーニングメニュー **43** 「どちらがよいと思うか」は do you think の挿入で表す

### その他の挿入の確認

## Which **do you think** is better for this?
| S | 挿入句 | V | C | （第2文型）

[訳] これにはどちらが良いと思いますか。

do you think は疑問詞の後に挿入される。

### ルール **105** 強調の on earth や do you think は疑問詞の後に挿入する

a) What in the world is---? のパターン

in the world、on earth などを疑問詞の後に挿入して、「強調」を表します。

**例**：What is this?（これは何ですか）

| C（疑問詞） | 挿入句 | V | S |
| What | in the world | is | this? |

（これは一体全体何ですか） （第2文型）

**例**：Why are you staring at me?（なぜ私を見つめているのですか）

Why <u>on earth</u> <u>are</u> <u>you</u> <u>staring</u> at me?
　　　挿入句　V　S　　V

（一体全体なんで私を見つめているのですか） （第1文型）

b) What do you think is ---? のパターン

do you think、do you believe などを疑問詞の後に挿入します。普通の文に do you think をつけ足すと、次のようになります。

・**Do you think** (that) he is diligent?

（彼は勤勉だと思いますか）

疑問文に do you think をつけ足すと疑問詞が文頭に出るので、do you think が挿入された形になります。

340

**例**：Do you think + what is his profession?
疑問詞は文頭に出さなければならない。

| C（疑問詞） | 挿入句 | S | V |
|---|---|---|---|
| What | do you think | his profession | is? |

（彼の職業は何だと思いますか）　　　　　　　　　　　（第2文型）

Who do you believe will win the race?
S　　　挿入句　　　　V　　O

（あなたは誰がレースに勝つと思いますか）　　　　　（第3文型）

## ルール106　関係代名詞の後に I think、we hope、she believes などを挿入するケースがある

c) 関係代名詞節内での挿入

**例**：This is the man **who bought that expensive watch yesterday**.
　　　S　V　C　　　　　　　　関係代名詞節

（この人は昨日あの高価な時計を買った男の人です）

| S | V | C | 関係代名詞節 |
|---|---|---|---|
| This | is | the man | who I think bought that expensive watch yesterday. |

（この人は昨日あの高価な時計を買った男の人だと思います）

（第2文型）

**例**：This year's catalog, **which will be ready by next month**, should be a lot better than last year's.

（今年のカタログは来月までには完成するが、去年のものよりずっといいはずだ）

This year's catalog, which we hope will be ready by next month, should be
　　　S　　　　　　　　　挿入句　　　　　　　　　　　　　　　　　V
a lot better than last year's.
　　　　C　　　　　　　　　　　　　　　　　　　　　　　（第2文型）

（今年のカタログは、来月までには完成して欲しいと思っているが、去年のものよりもずっといいはずだ）

## ルール107 | 主節の挿入では必ずthatを省略する

d) 主節の挿入

　**例**：<u>I</u> <u>think</u> <u>that</u>　<u>he</u> <u>is</u> <u>a man of sense</u>.
　　　　S　V　　O　［s　　v　　　c　　　　　］　　　　　　　　（第3文型）

　上の文のS V（I think）の部分をthat節の中の文（he is a man of sense）「従属節」の中に挿入をすることができます。これを「主節の挿入」と言います。このときに気をつけることはthatを必ず省略することです。次のようになります。

　**例**：I think that he is a man of sense.

| S | V | 主節の挿入 | C |
|---|---|---|---|
| He | is, | **I think,** | a man of sense. |

（彼は分別のある人だと思う）　　　　　　　　　　　　　　　　（第2文型）

　**例**：It seems that he is a man of sense.

<u>He is</u>, **it seems**, <u>a man of sense</u>.
　S V　　挿入句　　　　C

（彼は分別のある人のようだ）　　　　　　　　　　　　　　　　（第2文型）

## ルール108 | 「文」「動詞」「関係代名詞のthat」は挿入できない

a) 文

　**誤**：<u>He</u> <u>is</u>, **<u>I honestly believe it</u>**, <u>a man of sense</u>.
　　　　S　V　ˢ　　　　　　　ᵛ　　　ᴼ　　　　　C

I honestly believe it（svo）という第3文型の文が挿入されている。

正：

| S | V | 主節の挿入 | C |
|---|---|---|---|
| He | is, | **I honestly believe,** | a man of sense. |

I honestly believe that –のI honestly believe（SV）だけが挿入されている。

b) 動詞

　**誤**：<u>Mr. Brown</u>, **is also a famous writer**, is <u>a doctor</u> by profession.
　　　　S　　　　　ᵛ　　　　　　　　　ᶜ　　　V　　　C

is a famous writerのisは動詞で、動詞の挿入になっている。

342

正：

| S | 関係代名詞節の挿入 | V | C |

Mr. Brown, who is also a famous writer, is a doctor by profession.

(ブラウン氏は、有名な作家でもあるが、職業は医者である)

関係代名詞の挿入になっているので正しい。

c) 関係代名詞のthat

誤：The college, **that was built more than 100 years ago**, is a famous
　　　S　　　　　　　thatの関係詞節　　　　　　　V　　C

coed institution.

関係代名詞のthat（継続用法がない）が挿入されてしまっている。

正：

| S | 関係代名詞whichの挿入 | V |

The college, which was built more than 100 years ago, is

| C |

a famous coed institution.

(その短大は、百年以上前に建てられたが、有名な男女共学の大学である)

関係代名詞のwhichは継続用法があり、挿入できる。

---

## クイックレビュー ……43

次の（　）に適当な語句を入れなさい。

1. What（　）（　）（　）are you going to do?
   いったい全体何をする気ですか。
2. Who（　）（　）（　）is going to go there?
   誰がそこに行くと思いますか。
3. He is the only person that（　）（　）can help us out.
   彼は思うに私たちを助けることのできる唯一の人です。
4. She,（　）（　）, will tell us all about it.
   彼女がそのことに関してすべてを話してくれるといいと思います。

□解答：1. in the world　2. do you think　3. I think　4. I hope

# 英語力をアップする筋力トレーニング

●リスニング（正しく聞いてポイントの理解を深める）演習●

**1** 音声を聞いて空所に入る語を書きなさい。

1. The summer in Colorado, _____ _____, is rather cool and dry.
2. This is the man who _____ _____ is responsible for the accident.
3. What _____ _____ _____ is the best strategy for this?
4. The man, _____ _____, doesn't know how to use the copying machine.
5. This is _____ _____ _____ _____ _____ the lottery the other day.
6. _____ _____ _____ _____ _____ _____ that kind of story?
7. _____ _____ _____, _____ _____, discouraged her from writing novels.
8. _____ _____, _____ _____, _____ _____ _____ _____ capable of solving simple problems.
9. Yasunari Kawabata, _____ _____ _____ , _____ _____ _____ _____ _____ _____.
10. _____ _____ _____ _____ _____ _____ _____ Upper House election next year?

[解答]
1. it seems
2. I believe
3. do you think
4. it seems
5. the man I believe won
6. Who in the world can believe
7. The severe criticism / it seems
8. The chimpanzee / they say / is an intelligent creature
9. I strongly believe / is one of the most important Japanese writers
10. Who do you think will run for

●リーディング（読めるようにする）演習●

**2** リスニング演習の解答を記入した後、その英文を日本語に訳しなさい。

訳は[4]の日本文を参照。

●オーラルオーラル（正しく発音し意味を伝えられるようにする）演習●

**3** リスニング演習の解答を記入した後、その英文を見ながら音声を聞き正しく発話しなさい。

344

**4** 下の日本文はリスニング演習の訳です。日本文を見て、それに該当する英文を正しく発話しなさい。

1. コロラドの夏はかなり涼しく湿気がないようだ。
2. この男がその事故に対して責任があると思います。
3. いったいこれに対する最善の策は何だと思いますか。
4. その男の人は、コピー機の使い方を知らないようです。
5. こちらの人が先日宝くじに当たった人だと思います。
6. いったい誰がそんな話を信じられるだろうか。
7. 厳しい批評のために彼女は小説を書く気持ちをそがれてしまったようだ。
8. チンパンジーは簡単な問題を解く能力を持った知的な生物のようです。
9. 私は、川端康成は日本を代表する作家の1人だと強く信じています。
10. 来年誰が参院選に立候補すると思いますか。

●ライティング (書けるようにする) 演習●

**5** 次の単語を並べ替えて正しい文を作りなさい。

1. [ more and more, tourists, it seems, Thailand, becoming, among, is, popular, Japanese ]

　　_____

2. [ under age ten, the show, that, this is, most, children, I believe, is, watched, by ]

　　_____

3. [ baseball, the Japan Series, do you think, which, team, win, will ]

　　_____

**6** 次の日本文を英語に直しなさい。

1. 日本は、ますます若者中心の社会になりつつあるようだ。

　　_____

2. これが強盗の当日ビルの裏に止められていたと思う車です。

　　_____

[解答-5]
1. Thailand, it seems, is becoming more and more popular among Japanese tourists.
(タイは、日本人旅行者の間でますます人気が高まってきているようです)

2. This is the show that I believe is watched most by children under age ten.
(これは十歳以下の子供たちによって最もよく見られるようなショーだと思います)

3. Which baseball team do you think will win the Japan Series?
(どの野球チームが日本シリーズで優勝すると思いますか)

345

3. その銀行は、噂では、年末には破産をするかも知れない。

[解答-6]
1. Japan, it seems, is becoming more and more a youth-centered society.
2. This is the car that I believe was parked behind the building on the day of robbery.
3. The bank, they say (rumor has it), might go bankrupt at the end of this year.

## トレーニングメニュー 44

See you later. 「じゃあ、またね」は I will が省略

### 省略の一般的ケースの確認

( I will ) See you later. （第3文型）
- 省略 | V | O

[訳] じゃあ、またね。

口語でよく使われるSee you later.は文頭のI willが省略されていると考えられる。

### ルール109 文の意味を損なわない限り、主語、形容詞の後の名詞などさまざまなものが省略される

a) 主語（代名詞）の省略

口語表現や日記などでよく使われます。

【疑問文で】

| 省略 | V | O | 副詞 |
|---|---|---|---|
| (Have you) | Seen | him | lately? |

（最近彼を見かけた）

【助動詞の前】

| 省略 | V | C |
|---|---|---|
| (It) | Could be | worse. |

（まだましなほうだ）

【否定の助動詞の前】

| 省略 | V | 副詞句 |
|---|---|---|
| (You) | Can't complain | about it. |

（文句は言えない）

【一般動詞の前】

| 省略 | V | O |
|---|---|---|
| (I) | Beg | your pardon. |

(もう一度おっしゃってください)

肯定文の助動詞will、be、haveの前では通常省略は行われません。

・? Will do it tomorrow?
・? Am leaving for New York?
・? Have seen her today?

次のように意味が正しく理解される場合は主語と助動詞は省略可能です。

**(I will)** <u>See</u> <u>you</u> soon.
　省略　　V　O

(じゃあ、また)

### b) 形容詞の後の名詞の省略

◇What kind of jobs are you interested in?

(どんな仕事に興味があるのですか)

| 形容詞 | 省略 |
| Teaching | **(jobs).** |

(教えることです)

◇<u>Which suit</u> will <u>you</u> <u>take</u>, the blue **(suit)** or gray **(suit)**?
　O　　　　　S　V　　　　　　省略　　　　省略

(どちらのスーツをお買い求めになりますか。ブルーですかグレーですか)

The gray **(suit)** please.
　　　　省略

(グレーにします)

oneを補って答えることもあります。

◇Which suit will you take, blue or gray?

A blue **one**, please.

### c) 不定詞toの後の動詞の省略

| S | V | O | C | 接続詞 | S | V | 省略 |
| She | asked | me | to do it | but | I | didn't want | to **(do it).** |

(彼女はそれをしてくれと言ったが私はしたくなかった)

<u>I</u> <u>haven't contacted</u> <u>him</u> yet but <u>I</u> <u>intend to</u> **(contact him)**.
**S**　**V**　　　　　　　**O**　　　　 **S**　**V**　　　　省略

(私は彼とまだ連絡を取っていないが、連絡を取るつもりです)

### d) 助動詞の後の動詞の省略

The Japanese soccer team hasn't won a single game in the World Cup yet.

| 助動詞＋S | V | S | 助動詞 | 省略 |
| Do you | think | they | will | **(win a game)?** |

348

(日本のサッカーチームはまだ1勝もあげていないが、試合に勝つと思いますか)

Yes, I think so and I hope they will **(win a game)**.
　　S　V　　　　　S　V　　　　O 省略

(ええ、そう思いますし、勝つことを願っています)

### クイックレビュー ……44
次の ( ) に適当な語句を入れなさい。

1. "What do you think of the party?" "( ) be better."
「パーティーどう思いますか」「最高だね」
2. "What size of pizza are you going to order?" "( )."
「どの大きさのピザを注文しますか」「大きいのです」
3. I had to work overtime, but I ( ) ( ) ( ).
残業しなければならなかったが、嫌だった。
4. "Do you think she will agree with us?" "Yes, I think ( ) ( )."
「彼女は私たちに賛成をすると思いますか」「はい、すると思います」

解答：1. Couldn't　2. Large　3. didn't want to　4. she will

349

# 英語力をアップする筋力トレーニング

## ●リスニング（正しく聞いてポイントの理解を深める）演習●

**1** 音声を聞いて空所に入る語を書きなさい。

1. "I am so glad that you could come today." "Thank you. _____ _____ _____ _____."
2. "I have finally made the team." "_____ _____ _____."
3. "How are you, Tom?" "_____ _____ _____."
4. "It's so hot and humid today." "_____ _____ _____ _____."
5. "Do you think you can come to the party?" "_____ _____ _____ _____, but I am afraid I can't."
6. "Would you like to come with me to the game?" "_____ _____ _____ _____ _____."
7. I haven't read the book yet, _____ _____ _____ _____.
8. "Which train are you going to take, _____ _____ _____?" "Express."
9. "How many fan letters do you usually have a day?" "_____ _____."
10. "Do you think she will win the contest?" "_____ _____ _____ _____ _____."

[解答]
1. Good to be here
2. Glad to hear it
3. Couldn't be better
4. No doubt about it
5. I would like to
6. I can't make it today
7. but I would like to
8. local or express
9. About ten
10. I don't think she will

## ●リーディング（読めるようにする）演習●

**2** リスニング演習の解答を記入した後、その英文を日本語に訳しなさい。

訳は[4]の日本文を参照。

## ●オーラルオーラル（正しく発音し意味を伝えられるようにする）演習●

**3** リスニング演習の解答を記入した後、その英文を見ながら音声を聞き正しく発話しなさい。

**4** 下の日本文はリスニング演習の訳です。日本文を見て、それに該当する英文を正しく発話しなさい。

1. 「今日は来てくれてうれしいですよ」「ありがとう。ここは居心地が良いですよ」
2. 「やっとチームの一員になれました」「良かったですね」
3. 「調子はどうだい、トム」「最高だね」
4. 「今日は本当に暑くて蒸すね」「本当だね」
5. 「パーティーに来れると思いますか」「行きたいけど、申しわけありませんが、行けません」
6. 「今日一緒に試合に行きませんか」「今日は行けません」
7. まだその本を読んでいませんが、読みたいですね。
8. 「どっちの電車に乗りますか、各駅それとも急行」「急行にします」
9. 「1日に普通何通のファンレターが来ますか」「約10通です」
10. 「彼女はコンテストに優勝すると思いますか」「そうは思いません」

●ライティング（書けるようにする）演習●

**5** 次の単語を並べ替えて正しい文を作りなさい。

1. [ "English, major, my, is, yours, is, what ?" ] "Literature."

_____

2. [ "what, the test, of, of, the result, think, do, you,?" ]
   [ "be, worse, could" ]

_____

3. [ "game, who, the, do, lose, you, will, think, ?" ] "Betty."

_____

**6** 次の日本文を英語に直しなさい。
1. 「地下鉄で財布を盗まれてしまった」「お気の毒に」

_____

[解答-5]
1. "My major is English. What is yours?"
   （「私の専攻は英語です。あなたの専攻は何ですか」「文学です」）
2. "What do you think of the result of the test?" "Could be worse."
   （「テストの結果をどう思います」「まあまあですね」）
3. "Who do you think will lose the game?"
   （「誰がその試合に負けると思いますか」「ベティー」）

351

2. 「さて、今日はもう十分やった」「終わりにしよう」

3. 民主党と共和党、どっちの政党が大統領選に勝つと思いますか。

[解答-6]
1. "I had my purse stolen in the subway." "Sorry to hear that."
2. "Well, we have done enough today." "Time to call it a day."
3. "Which political party do you think will win the presidential race, Democratic or Republican?"

トレーニングメニュー 45

# 「ファッションを意識していたが」は構文の省略で簡潔に

## 構文上重要な省略の確認

**Although conscious of fashion,**
副詞節内の省略

she didn't have money to spend on it.
S　V　O　（第3文型）

［訳］ファッションを意識していたが、彼女はそれに費やす金がなかった。
副詞節内では主語とbe動詞を省略する。

## ルール110　構文上重要な省略がある

構文上重要な省略があります。文の意味を正しく把握するために必要なのできちんと整理をしておく必要があります。

### a）副詞節内の省略

副詞節で省略ができるのは、①副詞節の主語が主文の主語と一致しているとき、②主語とbe動詞をセットで省略できるときです。

| S | V | O | 副詞節（省略） |
|---|---|---|---|
| I | ran into | an old friend of mine | while (**I was**) taking a walk. |

（散歩をしているときに旧友にばったり出会った）　（第3文型）

You can always call me for help when (**you are**) in trouble.
S　V　O　副詞節（省略）　（第3文型）
（困ったときはいつでも電話して助けを求めてもらって結構です）

Although (**he is**) still young, he has a good sense of humor.
副詞節（省略）　S　V　O　（第3文型）
（まだ若いけれど、彼は優れたユーモアのセンスがある）

## チェックポイント

●主語が一致しないときは省略できない

副詞節の主語と主文の主語が一致していないとき、省略はできません。分詞構文のdangling（懸垂分詞構文）の場合と同様に考えます。

誤：**When tired, a lot of sleep** is necessary.

When **you** are tired, **a lot of sleep** is necessary.
　　　S　　　　　　　　　S　　　　　V　　C

副詞節の主語（you）と主文の主語（a lot of sleep）が一致していません。

正：**When tired, you** need a lot of sleep.

When **you** are tired, **you** need a lot of sleep.

副詞節の主語（you）と主文の主語（you）が一致しています。

---

b) 関係代名詞とbe動詞が省略

| 副詞句 | V | S |
|---|---|---|
| These days | there are | many Australians |

（省略）関係詞節
(**who are**) teaching English in Tokyo.

（近頃東京には英語を教えているオーストラリア人が多い）（第1文型）

Japanese microchips, (**which are**) manufactured in very modern factories,
　　　　S　　　　　　　　　　　（省略）関係詞節

are considered to be some of the best in the world.
　　V　　　　　　C　　　　　　　　　　　　　　（第2文型）

（非常に近代的な工場で生産される日本のマイクロチップは世界で最も優れているものの中に含まれると考えられている）

c) 目的格の関係代名詞

| S | V | C | （省略）関係詞節 |
|---|---|---|---|
| That | is | the designer | (**whom**) we met at the party last night. |

（あの人は私たちが昨夜のパーティーであったデザイナーです）

（第2文型）

There are some serious problems (**that**) we have to deal with.
　　V　　S　　　　　　　　　　　　（省略）関係詞節　　（第1文型）

（我々が対処しなければならない問題がいくつかあります）

### d) 挿入（SV）の含まれた主格の関係代名詞の省略

| S | V | C | （省略）関係詞節 |
|---|---|---|---|
| That | is | the man | (**who**) [I believe] rejected our offer. |

（あの人は確か私たちの申し出を断った人だと思います）　（第2文型）

These are the conditions (**that**) [scientists believe] existed 3 billion years ago.
　S　　V　　　　C　　　　　（省略）関係詞節　　　（第2文型）

（これが科学者たちが30億年前に存在していたと信じている状態です）

#### チェックポイント

● SVの挿入がない場合は主格の関係代名詞は省略できない

誤：That is the man **rejected our offer**.

正：That is the man **who rejected our offer**.

### e) 名詞節のthatの省略

| S | V | O（省略）名詞節 |
|---|---|---|
| We | believe | (**that**) the Asian market is rapidly shrinking. |

（我々はアジアの市場は急速に縮小していると思っている）（第3文型）

| S | V | （省略）名詞節 |
|---|---|---|
| The report | says | (**that**) more than half of those surveyed are |

against the new regulation.

（報告によると、調査を受けた半分以上の人がその新しい規制に反対している）　　　　　　　　　　　　　　　　　　　　　　（第3文型）

### f) 分詞構文のBeing/Having beenの省略

| （省略）分詞構文 | S | V | 副詞 | 副詞句 | 副詞句 |
|---|---|---|---|---|---|
| (**Being**) Exhausted, | Tom | went | straight | to bed | without eating supper. |

（疲労困憊で、トムは夕食も食べずにすぐに寝た）　（第1文型）

(**Having been**) Completely destroyed by the tornado, the city looks like a
　　（省略）分詞構文　　　　　　　　　　　　　　S　　　V

waste land.　　　　　　　　　　　　　　　　　　　　　　（第1文型）

（トルネードで完全に破壊され、その都市はさながら不毛の地のようです）

### g) 共通要素の省略：次の共通構文を参照

| S（省略） | V | C |
|---|---|---|
| The pen and (**the**) paper on the desk | are | mine. |

（机の上にあるペンと紙は私のものです）　　　　　　（第2文型）

355

<u>Bill</u> <u>majored</u> in economics at college and (**majored in**) business administration
**S**　**V1**　　　　　　　　　　　　　　**V2（省略）**
at graduate school.　　　　　　　　　　　　　　　　　　（第1文型）
(ビルは大学で経済学を、大学院では経営学を専攻した)

<u>Susan</u>　is <u>as tall as</u> <u>Tom</u>　is　(**tall**).
**S1**　**V1**　**C1**　　**S2**　**V2**　**C2（省略）**　　　（第2文型）
(スーザンはトムと同じ背の高さだ)

---

## ●共通構文

文を簡潔にするために共通する語を外に出して、数学の公式 [AX + BX] = X [A + B] のように省略する構文があります。これを「共通構文」と呼びます。

### A. [A + B] X の型

a) 主語 [A + B] と動詞 [X]

<u>Bill</u>　(**is**)　or　<u>Tom</u> is <u>responsible</u> for it.
**A**　**X（省略）**　　**B**　**X**　　**C**　　　　　（第2文型）
(ビルかトムがそれに対して責任がある)

b) 動詞 [A + B] と目的語 [X]

<u>He</u> <u>studies</u> (**Japanese history**) and <u>teaches</u> <u>Japanese history</u>.
**S**　**A**　　**X（省略）**　　　　　　**B**　　　　**X**
(彼は日本史を研究し教えている)　　　　　　　　　　　　（第3文型）

c) 助動詞 [A + B] と動詞 [X]

<u>She</u> <u>may</u> (**come to the party**) or <u>may not</u> <u>come to the party</u>.
**S**　**A**　**X（省略）**　　　　　　**B**　　　　**X**　　（第1文型）
(彼女はパーティーに来るかもしれないし、来ないかもしれない)

d) 前置詞 [A + B] と目的語 [X]

<u>He</u> <u>saw</u> <u>a strange dog</u> on the way <u>to</u> (**the park**) and <u>from</u> <u>the park</u>.
**S**　**V**　　**O**　　　　　　　**A**　**X（省略）**　　**B**　　**X**
= He saw a strange dog on the way {to and from} {the park}.
(彼は公園への行き帰りに変な犬を見た)　　　　　　　　（第3文型）

e) 修飾語 [A + B] と被修飾語 [X]

<u>She</u> <u>is</u> <u>slowly</u> (**progressing**) but <u>steadily</u> <u>progressing</u>
**S**　**V**　**A**　　**X（省略）**　　　　**B**　　　　**X**　　（第2文型）
(彼女はゆっくりと、しかし確実に進歩している)

## B．X［A + B］型

a）主語［X］と動詞［A + B］

He has been (**loyal to you**) and (**he**) will be loyal to you.
　X　　 A　　　　（省略）　　X（省略）B　　　　X　　（第2文型）
（彼はずっとあなたに忠誠をつくしてきたし、今後も忠誠をつづけるだろう）

b）動詞［X］と目的語［A + B］

She has been learning singing and (**has been learning**) dancing.
　S　　 X　　　　　 A　　　　　 X（省略）　　　　　 B
（彼女は歌と踊りを習っている）　　　　　　　　　　　（第3文型）

c）動詞［X］と補語［A + B］

Her comments are always short but (**are**)　 to the point.
　　　S　　 X　　　 A　　 X（省略）　　B　　（第2文型）
（彼女のコメントはいつも短いが、的を得ている）

d）前置詞［X］と目的語［A + B］

Be careful about the length as well as (**about**) the organization of your
V　C　　 X　　 A　　　　　　　 X（省略）　　　　　 B
essay.　　　　　　　　　　　　　　　　　　　　　（第3文型）
（エッセイの組立だけでなく長さにも注意してください）

e）被修飾語［X］と修飾語［A + B］

She speaks English as well as　 or　(she **speaks** English) better than he.
S　 X　　　　 A　　 接続詞　　　X（省略）　　　　 B
（彼女は彼と同等かそれ以上にうまく英語を話す）　　　（第3文型）

A or Bのような場合は、A、Bに意味のまとまり（as well as、better than）がきちんと入っていなければなりません。She speaks English as well or better than he.のような間違いをしないように気をつけましょう。

357

## ルール111 | 慣用的に省略した形が確立して使われているものがある

a) (little) if any = if there is/are any ― (たとえ―であるにしても)

- There is **little** milk left, **if any**.
 (あるにしても、ほんの少しの牛乳しか残っていない)

b) if anything (どちらかと言えば、むしろ、いずれにしても)

- His policy is, **if anything**, rather conservative.
 (彼の政策はどちらかと言えばかなり保守的である)

- Intelligence has **little**, **if anything**, to do with race.
 (知性はいずれにしても民族とはほとんど関係がない)

c) seldom ／ rarely, if ever, --- (めったに―しない)

- My father **seldom, if ever**, drinks coffee after 10 p.m.
 (私の父は、夜10時以降はめったにコーヒーを飲まない)

d) if not --- (もし―でないにしても、もし―でないとしたら)

- Her help is necessary, **if not** essential, for our success.
 (絶対にではないが、彼女の援助は我々の成功のためには必要だ)

- Who can take care of your mother, **if not** you?
 (もし君でなければ、いったい誰が君のお母さんの面倒を見れるんだい)

e) if so (もしそうならば)、even so (そうであっても) [前の文の内容を受けるso]

- The plane from New York will be 50 minutes late. **If so**, we have to call him to change the start of the meeting.
 (ニューヨークからの飛行機は50分遅れるでしょう。もしそうならば、彼に電話をして会議の開始時間を変更してもらわなければならない)

- He didn't do it intentionally. **Even so**, he is responsible for what he did.
 (彼はそれを故意にしたわけではない。たとえそうであっても、彼は自分がしたことに対して責任を取らなくてはならない)

f) No doubt = There is no doubt that ― (疑いなく、確かに)

- **No doubt** she has something to do with the matter.
 (疑いなく彼女はその事件に関わっている)

g) Why not ---? = Why don't you ―? (どうして―しないの／いいじゃない、そうしよう) [同意]

- <u>Why not</u> come with us to the summer camp?
  (どうして私たちと一緒にサマーキャンプに来ないの)
- "Let's go to the beach and have a camp there." "<u>Why not</u>?"
  (「海岸へ行ってそこでキャンプをしよう」「いいね、そうしよう」)

h) What if ---? = What will happen if —? (—したらどうなるだろう)
　　　　　　　What does it matter if ---? (---したってかまうものか)

- <u>What if</u> we have another typhoon this week?
  (もし今週また台風がきたらどうなるだろ)
- <u>What if</u> we lose several points here?
  (ここでいくつかポイントを失ってもかまうものか)

i) see that --- = see to it that — (—するように気をつける、取りはからう)

- <u>See that</u> he buys everything on the list.
  (気をつけて彼がリストにあるもの全部買うようにしなさい)

j) No wonder --- = It is no wonder that — (—しても少しも不思議はない)

- <u>No wonder</u> she didn't show up on time.
  (彼女が時間通りに来なかったのは無理もない)

## クイックレビュー ……45

次の（　　）に適当な語句を入れなさい。

1. I happened to meet an old friend of mine (　　) (　　) for a train to come.
   列車が来るのを待っている間に旧友と出くわした。
2. The girl (　　) (　　) a toy there is my daughter.
   そこでおもちゃで遊んでいる女の子が私の娘です。
3. Do you know the name of the toy (　　) (　　) (　　) (　　) (　　)?
   私の娘が遊んでいるおもちゃの名前がわかりますか。
4. I know (　　) (　　) (　　) (　　) (　　).
   アメリカ製だということを知っています。
5. It (　　) (　　) (　　) (　　) be safe to play with.
   遊んでも安全かも知れないし安全でないかも知れない。
6. I hope it is safe. (　　) (　　), I don't think I can let her play with it.
   もし安全でなければ、娘にそれで遊ばせるわけには行きません。

□解答：1. while waiting　2. playing with　3. my daughter is playing with　4. it is made in America　5. may or may not　6. If not

## 英語力をアップする筋力トレーニング

●リスニング（正しく聞いてポイントの理解を深める）演習●

**1** 音声を聞いて空所に入る語を書きなさい。

1. You should go to bed early, especially _____ _____ _____ _____.
2. There seem to be many young people _____ _____ _____ _____ _____ _____ surfing on the Internet.
3. This is _____ _____ _____ _____ _____ _____ _____.
4. This is _____ _____ _____ _____ _____ _____ _____ _____.
5. _____ _____ _____ an American researcher has found a new cure for cancer.
6. The company specializes in _____ _____ _____ _____ _____.
7. _____ _____ _____ _____ _____ _____ _____ _____ optimistic about the future of the Japanese economy.
8. _____ _____ _____ _____ _____ _____ _____ _____ _____ _____ this evening about the closing of the factory.
9. The condition of the patient is, _____ _____, a little better today.
10. _____ _____ everybody has at least two days off this week.

[解答]
1. when tired or sick
2. staying up until late at night
3. the most fantastic movie I have ever seen
4. the evidence I believe led to the arrest of the culprit
5. The article says
6. buying and selling secondhand computers
7. They have been and will continue to be
8. The president or the vice president will have a press conference
9. if anything
10. See that

●リーディング（読めるようにする）演習●

**2** リスニング演習の解答を記入した後、その英文を日本語に訳しなさい。

訳は[4]の日本文を参照。

●オーラルオーラル（正しく発音し意味を伝えられるようにする）演習●

**3** リスニング演習の解答を記入した後、その英文を見ながら音声を聞き正しく発話しなさい。

**4** 下の日本文はリスニング演習の訳です。日本文を見て、それに該当する英文を正しく発話しなさい。

1. 特に疲れたときや気分の悪いときはすぐに寝るべきだ。
2. インターネット探索をやって夜遅くまで起きている若者が多いようだ。
3. これは私がこれまでに見た映画の中で最もすばらしい映画だ。
4. これは犯人の逮捕に至った証拠と私が信じるものです。
5. その記事によると、あるアメリカの研究家が新しいガンの治療薬を発見したとある。
6. その会社は中古のコンピュータの売買を専門にしている。
7. 彼らはこれまでも、そして今後も、日本の経済の将来に対しては楽観的であり続けるでしょう。
8. 社長か副社長がその工場閉鎖に関して今晩記者会見を開きます。
9. 患者の状態はどちらかと言えば今日は少し良いようです。
10. 今週はみんなが少なくとも2日休めるように手配してください。

●ライティング（書けるようにする）演習●

**5** 次の単語を並べ替えて正しい文を作りなさい。

1. [ the, politician, man, famous, you, saw, a, is, restaurant, the, in, yesterday ]

2. [ when, properly, effective, is, taken, really, medicine, this ]

3. [ strategy, team, basic, of, the, been, has, will, and, same, the, be, our ]

[解答-5]
1. The man you saw in the restaurant yesterday is a famous politician.
（あなたが昨日レストランで見た人は有名な政治家です）
2. When taken properly, this medicine is really effective.
（ちゃんと使えば、この薬は本当に効きます）
3. The basic strategy of our team has been and will be the same.
（我がチームの基本戦略はいままでもそうだったが今後も変らないだろう）

362

**6** 次の日本文を英語に直しなさい。

1. 私のエッセイをチェックして、もし間違いがあれば、直していただけますか。

2. 本の中には、もし不注意に読まれれば、益よりはむしろ害をなすものがある。

3. 南極の氷河が全部溶けたらいったいどうなるのだろう。
(南極の氷河＝the Antarctic glacier)

[解答-6]
1. Would you check my essay and correct errors, if any?
2. Some books, if read carelessly, will do more harm done good.
3. What if all the Antarctic glaciers melt?

## 著者紹介

### 阿部友直（あべともなお）

福島県いわき市出身。獨協大学外国語学部英語学科卒業。3年間の教師経験を経て北アイオワ州立大学院にて応用言語学修士（英語教授法）。ウィリアムペン大学で教育学を学んだ後、アイオワ教員免許を取得し現地の小・中学生を教える。帰国後トフルゼミナールで教鞭をとる。現在トフルゼミナール英語教育研究所研究員。著書『TOEFL TEST 対策完全英文法』は発行以来 20 万部を突破、TOEFL 受験生のバイブルとなっている。他に『TOEFL TEST 対策 iBT&ITP 基礎演習』『TOEFL TEST 対策 iBT&ITP 学習法ガイド』『文法と一緒に覚える基本英単語 3000』『速読英文法完全トレーニング』『すらすら覚えてどんどん使える！高速マスター英文法』『正しく話す・書くためのトータル実用英文法』（以上テイエス企画）『はじめて受ける TOEFL ITP テスト教本』（共著・テイエス企画）『上智の英語』（監修・テイエス企画）。

英文校閲： Geoff Tozer
ナレーション： Colleen Lanki, Matt Lagan
装幀： 有限会社ギルド

## 英語文型完全トレーニング　第3版

発行：2001年3月31日第1版第1刷
　　　2016年3月20日第3版第1刷

著者：阿部友直 ©
　　　（トフルゼミナール英語教育研究所研究員）
発行者：山内哲夫
企画・編集：トフルゼミナール英語教育研究所

発行所：テイエス企画㈱
　　　　東京都新宿区高田馬場 1-30-5 千寿ビル 6F
　　　　電話（03）3207-7590
　　　　E-mail books@tsnet.co.jp
　　　　URL http://www.tsnet.co.jp/books
印刷：図書印刷㈱

ISBN978-4-88784-173-4 C0082

乱丁・落丁はお取り替え致します。